Christian Gauer, Sabine Grünschläger-Brenneke,
Micaela Röse

Bergedorfer® Grundschulpraxis

Religion

3. Klasse

Persen
Persen Verlag

Die Autoren:

▷ **Christian Gauer**
Mag. theol., ehemaliger Schulreferent im Kirchenkreis Herne, Entwicklung von praxisorientierten Arbeitshilfen

▷ **Sabine Grünschläger-Brenneke**
Evang. Pfarrerin, Schulreferentin der Kirchenkreise Hattingen-Witten und Schwelm, Entwicklung von Schulgottesdiensten und praxisorientierten Arbeitshilfen

▷ **Micaela Röse**
Schulreferentin im Kirchenkreis Herne, Grundschullehrerin, langjährige Erfahrung bei der Planung und Durchführung von Schulgottesdiensten und erlebnisorientierten Projekten (musikalische Erlebnisreisen, Kindermusicals ...)

Gedruckt auf umweltbewusst gefertigtem, chlorfrei gebleichtem und alterungsbeständigem Papier

1. Auflage 2007

7. Auflage 2013

Illustrationen: Wibke Brandes, Sprockhövel
Satz: media.design, Neumünster
Notensatz: Notensatzstudio Nikolaus Veeser, Schallstadt

ISBN 978-3-8344-**3952**-9

www.persen.de

INHALTSVERZEICHNIS

Im **Mittelteil** sind die Materialien, die als Folien eingesetzt werden sollen, farbig abgedruckt (siehe Liste auf Seite 165).

Verwendete Abkürzungen

AT	**A**ltes **T**estament	**M**	**M**aterial	**S**	**S**chwerpunkt
B	**B**ereich	**NT**	**N**eues **T**estament	**Std.**	Schul**st**un**d**e
L	**L**ehrerin/**L**ehrer	**OHP**	**O**ver**h**ead**p**rojektor		
LP	**L**ehr**p**lan	**RU**	**R**eligions**u**nterricht		

VORBEMERKUNGEN

Dieses Unterrichtswerk bietet Unterrichtsreihen zu den Themen des Evangelischen Religionsunterrichts in der 3. Klasse. Es knüpft an die Themen des ersten und zweiten Bandes der „Bergedorfer® Grundschulpraxis: Religion" an und vertieft Themen, zu denen bereits Zugänge im 1. und 2. Schuljahr angebahnt wurden.*

Der Schwerpunkt dieses Unterrichtswerkes liegt in der Erweiterung der Kenntnisse über Inhalt und Auslegung elementarer biblischer Texte des Alten und Neuen Testaments, die als Orientierungsangebote für das eigene Leben begriffen werden sollen (Kap. 3 und Kap.15).

Das Hören und Reflektieren biblischer Geschichten fördern die Auseinandersetzung mit eigenen Gottesvorstellungen unter Einbeziehung der Glaubensaussagen

- Gott ist Schöpfer und schenkt Leben (siehe z. B. Kap. 2),
- Gott wendet sich allen Menschen zu und nimmt sie an (siehe z. B. Kap. 5, 6),
- Gott verzeiht und schenkt immer wieder einen neuen Anfang (siehe z. B. Kap. 14),
- Gott ist dem Menschen nahe und begleitet auf dem Lebensweg (siehe z. B. Kap 3).

Religionsunterricht in der Grundschule

Der Religionsunterricht geschieht auf der Grundlage der biblischen Überlieferung und des christlichen Glaubens und ist eingebettet in die Biographien der Kinder. Er umfasst dabei die Erfahrung des einzelnen Kindes in seiner Beziehung *zu sich selbst, zu anderen Menschen, zu Gott und zur Schöpfung.* Diese vier Erfahrungsräume sind miteinander vernetzt.

Religionsunterricht ist ganzheitlich orientiert

Dieser Ansatz des Religionsunterrichts hat seine theologische Begründung in der biblisch-christlichen Sicht vom Menschen als einem ganzheitlichen Geschöpf Gottes. Der Mensch wird von Gott angenommen mit allen Stärken und Schwächen. Daraus ergibt sich für den Religionsunterricht u. a., das Lernen mit allen Sinnen zu fördern und didaktisch umzusetzen. Dazu werden Unterrichtssituationen geschaffen, in denen Kinder Dinge und Sachverhalte individuell erfahren, entdecken und erforschen können.

Religionsunterricht ist gemeinschaftsfördernd und beziehungsstiftend

In der Grundschule begegnen sich Kinder verschiedener Herkunft. Ausgehend von ihrer Lebenswirklichkeit und ihren Erfahrungen bietet der Religionsunterricht die Möglichkeit, aufgeschlossen aufeinander zuzugehen, Gemeinsamkeiten zu entdecken und zu lernen, Verschiedenartigkeit zu akzeptieren.

Gemeinschaftsfördernde und beziehungsstiftende Aspekte des Religionsunterrichts zeigen sich im fächerübergreifenden und projektorientierten Lernen. Dazu gehört auch, interkonfessionelle und interreligiöse Begegnungen zu ermöglichen.

Religionsunterricht ist sprachfördernd

Der Religionsunterricht sensibilisiert Schülerinnen und Schüler für religiöse Sprache und hilft ihnen dabei, eine eigene zu entwickeln. Insbesondere durch die Erschließung bildhafter Textelemente lernen die Kinder, die biblische Sprache zu verstehen sowie eigene Erfahrungen und Emotionen, religiöse Vorstellungen, Zweifel und Nichtbegreifen zum Ausdruck zu bringen.

In Gesprächssituationen, die sich auf die Erfahrungswelt der Kinder beziehen, werden Grundfragen des christlichen Glaubens reflektiert.

Dem Erzählen kommt im Religionsunterricht besondere Bedeutung zu. Der narrative Ansatz ermöglicht den Kindern Identifikations- und Erfahrungslernen. Biblische Geschichten werden durch das Erzählen lebendig und entfalten so die christliche Botschaft als lebensbedeutsame Kraft.

Religionsunterricht ist kompetenzorientiert

Die Kompetenzerwartungen des Religionsunterrichts weisen die anzustrebenden Ziele aus und geben Orientierung für die individuelle Förderung. Sie konzentrieren sich auf zentrale fachliche Zielsetzungen. Somit ist das Lernen auf die Bewältigung von Anforderungen hin ausgerichtet und als kumulativer Prozess organisiert. Der Blick wird auf die Lernergebnisse hingelenkt.

---

* z. B. Kirchengemeinde (Bd. 1, Kap. 6/ Bd. 2, Kap. 16/Bd. 3, Kap. 12), Begegnung mit Judentum, Christentum, Islam (Bd. 1, Kap. 11 / Bd. 2, Kap. 14/ Bd. 3, Kap. 7 + 8), Bd. 1 Kap. 12 mit Bd. 2, Kap. 11 und Bd. 3, Kap. 11

Konzeption der „Bergedorfer® Grundschulpraxis: Religion"

Die Reihe „Bergedorfer® Grundschulpraxis" ist im Kontext der Lehrplanentwicklung Nordrhein-Westfalens entstanden. Die vorliegenden Unterrichtsreihen sind jedoch in jedem Religionsunterricht einsetzbar.
Das Unterrichtswerk basiert auf den vier Erfahrungsräumen des Lernens (s. o.).
Aus ihnen ergeben sich die eng miteinander vernetzten Lernperspektiven *Identität entwickeln, Gemeinschaft leben, Verantwortung übernehmen* und *Hoffnung schöpfen.*
Diese Lernperspektiven gelten für jeden der sechs Bereiche des Faches Evangelische Religionslehre:

- Miteinander leben
- Wir leben in Gottes Schöpfung
- Gott begleitet auf dem Lebensweg
- Gott sucht den Menschen, Menschen suchen Gott
- Jesus lebt und verkündet das Gottesreich
- Jesus Christus begegnen

Den Bereichen des Faches werden *Schwerpunkte* zugeordnet (siehe dazu auch die Tabelle, S. 12).
Zu Beginn eines jeden Kapitels werden die *Themen* mit den *Lernperspektiven* des Faches in Beziehung gebracht. Ein schwarzes Rechteck zeigt durch seine Position in einer von den vier Lernperspektiven umrahmten Matrix, in welcher Gewichtung die Perspektiven jeweils zum Tragen kommen.
Ein einleitender *theologisch-didaktischer Kommentar* bietet Lehrerinnen und Lehrern eine Einführung in die jeweilige Thematik.
Die Unterrichtseinheiten sind in thematische *Bausteine* aufgegliedert. Diese sind nicht mit Unterrichtsstunden gleichzusetzen. Die zeitliche Strukturierung nehmen die Unterrichtenden unter Berücksichtigung der Lernausgangssituation vor.
Im Sinne eines Spiralcurriculums werden bestimmte Themen und Aspekte in den vier Schuljahren immer wieder unter neuen Fragestellungen und in anderen inhaltlichen Zusammenhängen aufgenommen.
Die „Bergedorfer® Grundschulpraxis: Religion" verfolgt das Ziel eines lebendigen, durch unterschiedliche Medien unterstützten Religionsunterrichts.

Praxistipps zum Umgang mit diesem Buch

Themen, die aufeinander Bezug nehmen

Bei der Planung des Unterrichts ist die Reihenfolge bei folgenden Einheiten zu beachten, da sie im Sinne eines vernetzten Unterrichts besonders aufeinander bezogen sind:

Kap.3 „Singt Gott, denn er hat eine mächtige Tat getan" und Kap.6 „Ich-bin-da"
Kap.5 „Licht erhellt die Dunkelheit" und Kap.9 „Ich bin das Licht der Welt"
Kap.15 „Jesus begegnen" und Kap.16 „Das Gleichnis vom Senfkorn"
Kap.13 „Das Vaterunser" und Kap.14 „Jesus und die Ehebrecherin"
Kap.4 „Kirchenjahr und kirchliches Brauchtum" und Kap.12 „Begegnung mit evangelischem und katholischem Gemeindeleben"

Rituale (Ritualesammlung)

Es ist sinnvoll, den Religionsunterricht mit einem Ritual zu beginnen, das den Kindern deutlich macht: „Jetzt fängt der Religionsunterricht an."* Dasselbe Ritual sollte möglichst über einen längeren Zeitraum beibehalten werden.
Auch in Band 3 werden zu Beginn einiger Unterrichtsreihen Rituale vorgeschlagen, die den Unterricht durch die ganze Einheit begleiten können (z. B. in Kap. 9).
Oftmals ist der Beginn der Unterrichtseinheit mit einem meditativen Einstieg verbunden, der der Transparenz der Unterrichtsziele dient (z.B. in Kap. 5).

Gebete

Gebete im Religionsunterricht haben für jede Lehrerin/jeden Lehrer eine andere Bedeutung.
Bisher war das Thema Gebete häufig mit dem Thema Psalmen verbunden. Selbst formulierte Lob- und Dankverse schlossen sich an die Erarbeitung der Sprache der Psalmen an.
In Kap. 1 des vorliegenden Bandes lernen die Kinder besondere Ausdrucksformen des selbst formulierten Gebets kennen. Damit werden Inhalte des 1. u. 2. Schuljahres aufgegriffen und vertieft. Darüber hinaus lernen die Kinder das Vaterunser als vorformuliertes Grundgebet der Christen kennen (Kap. 13).

Lieder und Tänze

Gemeinsames Singen ist ein konstitutiver Bestandteil des Religionsunterrichts. In diesem Band kommen vornehmlich Lieder vor, die ein Thema inhaltlich verstärken, z. B. „Du bist da, wo Menschen leben" (Kap.1), „Vertraut mir doch" (Kap.6). Darüber hinaus gibt es Lieder mit Bewegung und Tanz , z. B. „Preiset den Herrn" (Kap.13) und „Der Herr ist mein Hirte" (Kap.11).

* vgl. dazu Bd. 1, S. 9

Feste und Feiern

Feste und Feiern sollten fester Bestandteil eines jeden Religionsunterrichts sein. Manche Unterrichtsreihen haben einen (feierlichen) meditativen Abschluss, z. B. Kap. 1 „Danken-loben-klagen-bitten“. Hier steht das gemeinschaftliche Erleben im Vordergrund.
Möglich sind auch Feste, die themenbedingt eine Unterrichtsreihe beschließen, z. B. ein Schöpfungsfest am Ende von Kap. 2. Die Elemente der Unterrichtsreihe können dabei die inhaltlichen Schwerpunkte des Festes sein.

Schulgottesdienste

Besonders im Anschluss an die Unterrichtseinheiten „Ich-bin-da“ (Kap. 6), „Licht erhellt die Dunkelheit“ (Kap. 5) und „Ich bin das Licht der Welt“ (Kap. 9) bieten sich Schulgottesdienste an, die aus den Elementen, welche die Kinder im Unterricht erlebt und erarbeitet haben, gestaltet werden können.
Auch in Anschluss an Kap. 13 „Das Vaterunser“ und Kap. 11 „Psalm 23“ ist es gut möglich, zur Vertiefung der inhaltlichen Aspekte einen Gottesdienst zu feiern.

Bilder (Sprach- und Kunstbilder)

Die biblische Sprache ist geprägt von vielen Bildern. Durch die Erschließung bildhafter Textelemente lernen die Kinder, biblische Sprache zu verstehen.
Die Erschließung der bildreichen Sprache der Psalmen wird vertieft und auf das Verstehen des bildhaften Charakters neutestamentlicher Geschichten hin erweitert (Kap. 15).
Auch der Umgang mit Kunstbildern ist ein wichtiges Element des RU. Schon im 1. Schuljahr wurden Bildbetrachtungen und -deutungen in den Unterricht aufgenommen. Im 2. Schuljahr fand eine Einführung in die Farbsymbolik statt.
Beide Ansätze werden in diesem Unterrichtswerk aufgenommen und weitergeführt, z.B. in Kap. 5 mit dem Bild „Anbetung der Hirten“.

Bilderbücher

Für Kinder im 3. Schuljahr ist es motivierend, Texte zu schreiben, eigene Bilderbücher zu gestalten und damit Arbeitsergebnisse individuell festzuhalten. So entsteht z. B. in Kap. 3 als Dokumentation der Bibeldetektive ein Aufklappbuch. Bilderbücher sind aber auch ein motivierendes Medium zur Erarbeitung von Themen im Religionsunterricht. Im vorliegenden Unterrichtswerk wird mithilfe eines Bilderbuches das Thema „Angst, Trauer, Trennung, Tod“ erschlossen (Kap. 10).

Arbeitsstationen/Projekte im Unterricht

Arbeitsstationen und Projekte als Methoden des Unterrichts fördern das selbstständige Lernen der Kinder. In Kap. 2 „Fragen zur Entstehung der Welt“ und Kap. 3 „Singt Gott, denn er hat eine mächtige Tat getan“ erarbeiten die Kinder Lerninhalte in Gruppen und/oder Stationen. In Kap. 12 „Begegnung mit evangelischem und katholischem Gemeindeleben“ wird das Leben der Kirchengemeinde in einem Projekt erforscht.

Fächerübergreifendes Arbeiten

Kinder haben einen ganzheitlichen Zugang zu ihrer Lebenswelt. Da sie in Sinnzusammenhängen handeln, werden Fächergrenzen überschritten. Fächerübergreifendes Lernen hilft den Kindern in Zusammenhängen zu denken. In einzelnen Kapiteln wird exemplarisch auf die Möglichkeit fächerübergreifenden Arbeitens hingewiesen, z. B. Kap. 4 „Kirchenjahr und kirchliches Brauchtum“.

Portfolio

Ein Portfolio ist eine sorgfältig zusammengestellte Sammlung von Arbeitsergebnissen, die den Lehrenden, den Kindern und deren Eltern ein Bild davon vermitteln, was das Kind weiß und kann. In der Portfolio-Mappe werden die besten Arbeitsergebnisse präsentiert. Wenn die Kinder ihre Arbeitsergebnisse bei der Auswahl für die Portfolio-Mappe selbst einschätzen, reflektieren sie dadurch ihre Lernfortschritte.
Dieses Buch ist so angelegt, dass möglichst in jeder Unterrichtsreihe Arbeitsergebnisse durch unterschiedliche Methoden festgehalten und dokumentiert werden können.

CD

Zu diesem Unterrichtswerk gibt es eine CD als Begleitmaterial, welche das Einüben und Singen der Lieder unterstützt. Jedes Lied liegt sowohl mit Gesang als auch als Playback vor. Des Weiteren finden sich zwei meditative Stücke auf der CD, die in verschiedenen Kapiteln eingesetzt werden können.

Folien

Ein Foliensatz mit 9 Farbfolien nimmt die Suche nach unterstützendem Bildmaterial ab. Detaillierte Übersichten zur Begleit-CD und zum Foliensatz finden sich im hinteren Teil des Buches.

Religionsunterricht in der 1. Klasse

Lernperspektiven – Bereiche – Schwerpunkte

Diese Themen finden Sie in der „Bergedorfer® Grundschulpraxis: Religion – 1. Klasse“

VERANTWORTUNG ÜBERNEHMEN

IDENTITÄT ENTWICKELN

GEMEINSCHAFT LEBEN

Schwerpunkte	Bereich
1. Ich bin viel wert 1.1 So bin ich 1.2 Ich bin anderen viel wert 1.3 Jesus segnet die Kinder (Mk 10,13-14.16) 2. Wir brauchen einander 2.1 In der Schule, in der Gruppe, am Nachmittag ... 2.2 Verschieden und doch Freunde 2.3 Streiten – sich die Hand reichen, sich vertragen	Miteinander leben
3. Weihnachten: Gott kommt zu den Menschen (Lk 2,1-20) 4. Freundschaft: unsere Erfahrungen und Erwartungen 5. Mit Gott reden wie mit einer Freundin/einem Freund Danken, loben, bitten (2. Mose 33,11a)	Gott sucht den Menschen, Menschen suchen Gott
6. In unserer Kirchengemeinde leben Kirche/Gemeindezentrum kennen lernen 7. Freude über die Gemeinschaft Essen gemeinsam an einem Tisch	Miteinander leben
8. Menschen erfahren Ostern: Aus dem Tod wächst neues Leben (Mk 11,1-9; Mk 15 in Auszügen)	Jesus Christus begegnen
9. Die vielfältige Schönheit der Schöpfung staunend entdecken	Wir leben in Gottes Schöpfung
10. Abraham und Sara gehen im Vertrauen auf Gott 1. Mose 12,1-4a 1. Mose 15,5.6 1. Mose 21,2.3	Gott begleitet auf dem Lebensweg
11. Begegnungen mit Judentum, Christentum, Islam Viele Kinder – viele Religionen	Miteinander leben
12. Gott begleitet mich (Ps 139,3.5)	Gott begleitet auf dem Lebensweg

HOFFNUNG SCHÖPFEN

Die Kapitelreihenfolge ist bezogen auf das Schul- und Kirchenjahr.

Religionsunterricht in der 2. Klasse

Lernperspektiven – Bereiche – Schwerpunkte

Diese Themen finden Sie in der „Bergedorfer® Grundschulpraxis: Religion – 2. Klasse“

VERANTWORTUNG ÜBERNEHMEN

IDENTITÄT ENTWICKELN

GEMEINSCHAFT LEBEN

HOFFNUNG SCHÖPFEN

1. Gott für seine Schöpfung danken und loben 2. Das Erntedankfest feiern	Wir leben in Gottes Schöpfung
3. Mein Leben ist wie ein Weg 4. Gott begleitet mich (Ps 18,30b) 5. Gott begleitet Rut (Rut 1,14-19) (Rut 4,13-17)	Gott begleitet auf dem Lebensweg
6. Jesus sucht Mitarbeiterinnen und Mitarbeiter (Mk 1,16-20; Lk 8,1-3)	Jesus lebt und verkündet das Gottesreich
7. Wir brauchen einander (Lk 10,30-35)	Miteinander leben
8. Menschen werden nicht aufgegeben (Lk 19,1-10)	Jesus lebt und verkündet das Gottesreich
9. Freude über die Gemeinschaft (Mk 2,13-17)	Miteinander leben
10. Weihnachten: Gott kommt zu den Menschen (Mt 2,1-12) 11. Reden von Gott (z. B. Ps 91,1; Jes 66,13a)	Gott sucht den Menschen, Menschen suchen Gott
12. Gott ermöglicht Umkehr (Jona 1-4 in Auszügen)	Gott begleitet auf dem Lebensweg
13. Menschen erfahren Ostern: Aus dem Tod wächst neues Leben (Lk 24,13-36)	Jesus Christus begegnen
14. Begegnung mit Judentum, Christentum, Islam 14.1 Kinder zur Zeit Jesu: Schule in der Synagoge 14.2 Feste und Feiertage	Miteinander leben
15. Gott begleitet Josef (1. Mose 37,23-24; 1. Mose 41,14.25-28; 1. Mose 45,4.5)	Gott begleitet auf dem Lebensweg
16. In unserer Kirchengemeinde leben Gemeinde(leben) begegnen	Miteinander leben

Die Kapitelreihenfolge bezieht sich auf das Schul- und Kirchenjahr.

Diese Themen finden Sie in der „Bergedorfer® Grundschulpraxis: Religion – 3. Klasse“

Religionsunterricht in der 3. Klasse

Lernperspektiven – Bereiche – Schwerpunkte

VERANTWORTUNG ÜBERNEHMEN

IDENTITÄT ENTWICKELN

GEMEINSCHAFT LEBEN

1. Reden mit Gott – fragen nach Gott	Gott sucht den Menschen, Menschen suchen Gott
2. Gott als Schöpfer	Wir leben in Gottes Schöpfung
3. Gott rettet und befreit sein Volk - Mose und Mirjam	Gott begleitet auf dem Lebensweg
4. In unserer Kirchengemeinde leben	Miteinander leben
5. Weihnachten – Gott wird Mensch – Gottes Licht ist in der Welt (Jesaja 9,1; Psalm 27,1) 6. Gottes Name als Versprechen (2. Mose 3,14))	Gott sucht den Menschen, Menschen suchen Gott
7. Begegnung mit Judentum, Christentum und Islam 8. Begegnung mit Judentum, Christentum und Islam	Miteinander leben
9. Auferstehung – Christus, Licht der Welt (Joh. 8,12)	Jesus Christus begegnen
10. Reden mit Gott – fragen nach Gott	Gott sucht den Menschen, Menschen suchen Gott
11. Gott bewahrt vor dem Verlorengehen (Psalm 23)	Gott begleitet auf dem Lebensweg
12. In unserer Kirchengemeinde leben	Miteinander leben
13. Reden mit Gott – fragen nach Gott (Das Vaterunser, Mt 6,9-13)	Gott sucht den Menschen, Menschen suchen Gott
14. Gott vergibt – wir können vergeben (Joh. 8,1-11, Mt. 6,12))	Miteinander leben
15. Aufgerichtet werden, Leben aus der Fülle haben, getröstet werden, sehend werden 16. Hoffnung wächst – Frieden ist möglich (Lk 13,18.19)	Jesus Christus begegnen

HOFFNUNG SCHÖPFEN

Die Kapitelreihenfolge bezieht sich auf das Schul- und Kirchenjahr.

1 Reden mit Gott – fragen nach Gott

Thema: Danken – loben – klagen – bitten

Intention der Unterrichtsreihe

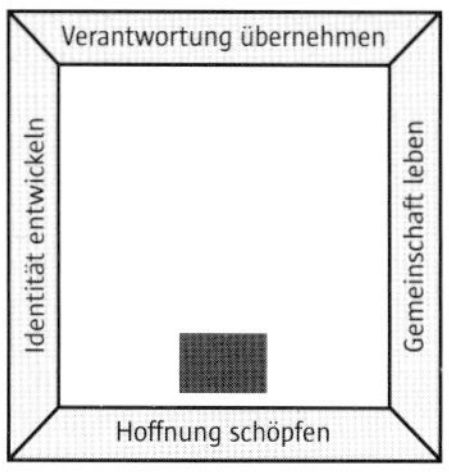

Danken, loben, klagen und bitten als Ausdrucksformen des Gebets kennenlernen und dazu eigene Gebetssätze formulieren.

2–4 Std.

Kompetenzerwartung:

Die Schüler unterscheiden Gebetsanlässe.

Theologisch-didaktischer Kommentar

Das Thema Beten ist bereits in Band 1 und Band 2 mit unterschiedlichen Schwerpunkten behandelt worden. Insbesondere auf die grundsätzliche Entfaltung des Themas in Band 1 (Kap. 5, S. 75 ff.) sei hier verwiesen. In dem vorliegenden Entwurf wird das Gebet als unmittelbare Aussprache mit Gott verstanden. In allen Religionen ist es als Urform des Kontakts mit Gott bekannt. In ihm kommen Dank, Lob, Klage und Bitte zum Ausdruck.*
In der christlichen Gebetstradition werden im Allgemeinen drei Gebetsarten unterschieden: das Lob-, Dank- und Bittgebet.**
Das *Lobgebet* preist Gottes Güte. Dabei weist der Betende selbstlos auf Gott. Im *Dankgebet* wird der großen Taten Gottes gedacht. Daran schließt sich der Dank für die weiteren in der Geschichte und auch im eigenen Leben erfahrenen Wohltaten an.
Das biblische Hebräisch hat kein Wort für danken. Deshalb musste für das moderne Hebräisch ein eigener Begriff geschaffen werden. Wenn in den Übersetzungen des AT das Wort danken auftaucht, liegt im Original immer ein Wort zugrunde, das loben, preisen, bekennen und gestehen bedeutet.
Der Unterschied im Denken und Sprechen wird in einer Geschichte von Sara und Abraham klar: Gott verspricht Sara trotz ihres hohen Alters ein Kind. Sie ist überglücklich. Aufgrund der Sprache, in der die Geschichte erzählt wird, kann sie nicht sagen: „Lieber Jahwe, ich danke dir, dass ich in meinem Alter noch einen Sohn bekomme.“ Da sie Gott aber ein Zeichen ihrer Freude geben will, singt sie spontan ein Loblied:

> *„Hallelujah! Lobe den Herrn!*
> *Er hat gesagt, ich soll einen Sohn haben*
> *übers Jahr.*
> *Er verwandelt mein Alter in Liebe und Lachen.“*
> *(nach 1. Mose 18)*

Im Lob *zeigt sie von sich weg auf Gott.* So *antwortet* sie dem, der etwas Wunderbares für sie getan hat. Hätte sie antworten können „Gott, ich danke dir von ganzem Herzen für die Aussicht, endlich doch noch ein Kind zu bekommen“, wäre dies viel formaler gewesen als ihr Lobgebet.
Beim *Lob also wird Gott zum Subjekt:* Er verwandelt mein Alter, er lässt die Quellen sprudeln ...
Beim *Dank ist der Betende das Subjekt* und drückt im Dank seine Gesinnung und vielleicht auch eine Verpflichtung gegenüber Gott aus. Vielleicht sagt er auch noch: „Nie werde ich vergessen, was du für mich getan hast.“
Auch das *Bittgebet* ist in der biblischen Tradition verankert. Es darf jedoch nicht so verstanden werden, als könne das Bittgebet Gottes Handeln im Sinne der Kausalität beeinflussen. Der Mensch kann die Freiheit Gottes nicht bestimmen. Der Betende kann seine Bitte Gott nur vortragen und die Erhörung in Gottes Hand legen. Im NT wird der Erfolg des Bittgebets vorbehaltlos verkündet: „Bittet, so wird euch gegeben...“ (Mt 7,7).
Die Klage bringt die menschliche Erfahrung von Leid und Trauer in ritueller Form zum Ausdruck. In den biblischen Texten, insbesondere in den Psalmen, ist jedoch zu erkennen, dass der Betende nicht bei der Klage stehen bleibt. Die Worte werden „zwar in der Situation der Gottverlassenheit gesprochen, aber doch in der Hoffnung, dass Gott gerade in dieser Not nahe ist.“*** So kann es zu einem Umschwung kommen, der die Klage in Lob verwandelt.

---

* vgl. *Bergedorfer® Grundschulpraxis: Religion – 1. Klasse,* Kap. 5 sowie *2. Klasse,* Kap. 1 und 11
** Häring 1988, S. 385.
*** Janowski 2001, Sp. 1390.

In der Bibel ist Beten als Alltags- und Festtagspraxis vorausgesetzt. Es wird gemeinsam gebetet (Gemeinde) und auch allein. Es gibt keine Vorschrift für eine einheitliche Gebetshaltung, daher gibt es eine Vielfalt von und eine Freiheit bei den Gestaltungsmöglichkeiten.

Im folgenden Unterrichtsentwurf entwickeln und gestalten die Kinder miteinander die vier Ausdrucksformen des Gebets. Das abschließende gemeinsame Gebet kann in seiner Form (evtl. verkürzt) auch als neues Ritual zu Beginn oder am Ende einer Stunde übernommen werden.

Bausteine der Unterrichtsreihe

Baustein 1: Danken – loben – klagen – bitten

Unterrichtsmaterial:

- ▷ Ritual-Kerze
- ▷ Bilder mit Gebetshaltungen und Klagemauer aus Band 1, Kap. 5, S. 82
- ▷ Fotos mit Kind (1 und 2) **M 1.1**
- ▷ Karten mit den Worten beten, danken, loben, klagen, bitten (von L beschriftet)
- ▷ Magnete oder Klebeband

Unterrichtsschritte:

1. L sitzt mit den Kindern um eine *gestaltete Mitte:* Im Zentrum steht die Ritualkerze, auf einem Tuch liegen die einzelnen Bilder mit Gebetshaltungen und der Klagemauer aus Band 1. Dadurch sollen sich die Kinder an das *erinnern,* was sie zum *Thema Gebet* schon alles wissen. Es bietet sich an, ein bereits *bekanntes Gebet* (Psalm) mit den Kindern zu *besprechen* und im Unterrichtsgespräch herauszuarbeiten, aus welchem Grund wir uns oder der Psalmbeter sich an Gott wenden (um zu danken oder zu bitten usw.).

> **Tipp:**
>
> Wenn unterschiedliche Gebetshaltungen noch nicht bekannt sind, können sie gut hier eingeführt werden (siehe dazu auch Band 1, S. 82).

2. Als neuen Impuls *befestigt* L nacheinander *Fotos* an der Tafel, auf denen ein Kind durch unterschiedliche Körperhaltungen danken, loben, klagen und bitten ausdrückt. **M 1.1**
   Die Kinder *äußern ihre Gedanken* zu einem Bild, bevor das nächste präsentiert wird.

3. Die Kinder *überlegen,* was das Kind auf den Bildern jeweils tut und was es sprechen könnte. L *hält die Äußerungen an der Tafel* unter den jeweiligen Bildern *fest.*
   Im Unterrichtsgespräch wird *herausgearbeitet,* dass auf allen Bildern ein Kind zu sehen ist, das *betet.* L heftet als Überschrift oberhalb der Bilder eine Karte mit dem Wort „beten“ an die Tafel.

4. Danach werden die *Unterschiede im Beten* auf den Bildern *benannt.* Die Kinder *ordnen* den Bildern vier vorbereitete *Karten* mit den Worten danken, loben, klagen, bitten *zu.*

Baustein 2: Ein Gebetsbild gestalten

Unterrichtsmaterial:

- ▷ Fotos mit Kind (1 und 2) **M 1.1**
- ▷ Karten aus Baustein 1
- ▷ Schuhkartondeckel für alle Kinder
- ▷ Buntstifte, Wachsmalstifte, Farben (z.B. Wasserfarbe, Plakafarbe, Fingerfarbe)
- ▷ Arbeitskarten **M 1.2–1.5**
- ▷ Federn
- ▷ Schwarzer Karton
- ▷ Weiße Tafelstifte oder Buntstifte
- ▷ Schablone „Kerze“ **M 1.6**
- ▷ Schablone „Blume“ **M 1.7**
- ▷ Tonpapier in verschiedenen Farben
- ▷ Klebstoff und Scheren
- ▷ Klebeaufhänger für Bilder
- ▷ Klebeetiketten
- ▷ Ritual-Kerze
- ▷ Lied: „Du bist da, wo Menschen leben“ **M 1.8** (◉ Track 1/2)
- ▷ Gebetsmeditation **M 1.9**
- ▷ Material für die Meditation: Steine, Federn, Teelichter, Blüten/Blütenblätter, Kerze, Tuch

Unterrichtsschritte:

1. Die *Fotos* und Karten aus Baustein 1 *hängen* an der Tafel. **M 1.1**

2. Jedes Kind *gestaltet ein eigenes Gebetsbild* zu den Worten danken, loben, klagen, bitten auf der Deckelinnenseite eines Schuhkartons.

Dazu wird zunächst der Deckel durch ein aufgemaltes Kreuz in vier Felder geteilt. Anschließend wird zu jedem Wort ein Feld gestaltet. Dafür stehen im Klassenraum vier Tische mit Materialien und Arbeitskarten (**M 1.2–1.7**) bereit. In der Gruppenarbeit *berät* L die Kinder bei der *Wahl der Farben.*

4. Wenn die Gestaltung der Deckelinnenseite abgeschlossen ist, *beschriftet* jedes Kind *vier Klebeetiketten* mit den Worten danken, loben, klagen, bitten. Die einzelnen Etiketten werden dann den *vier Feldern* des Gebetsbildes *zugeordnet* und z. B. auf den Innenrand des Deckels *geklebt.*

5. In einer Bilderausstellung (auf die Rückseite des Deckels kann ein Bildaufhänger geklebt werden) werden *alle Ergebnisse gewürdigt.*

6. Abschließend wird ein *gemeinsames Gebet* gesprochen, in dem einige Kinder stellvertretend für alle ihre Sätze zu Dank, Lob, Klage und Bitte aus Schritt 2 vortragen. Zwischen den Abschnitten kann gemeinsam das *Lied* „Du bist da, wo Menschen leben“ *gesungen* werden. **M 1.8 + M 1.9**

Klagen

Bitten

Fotos mit Kind (2)

M 1.1

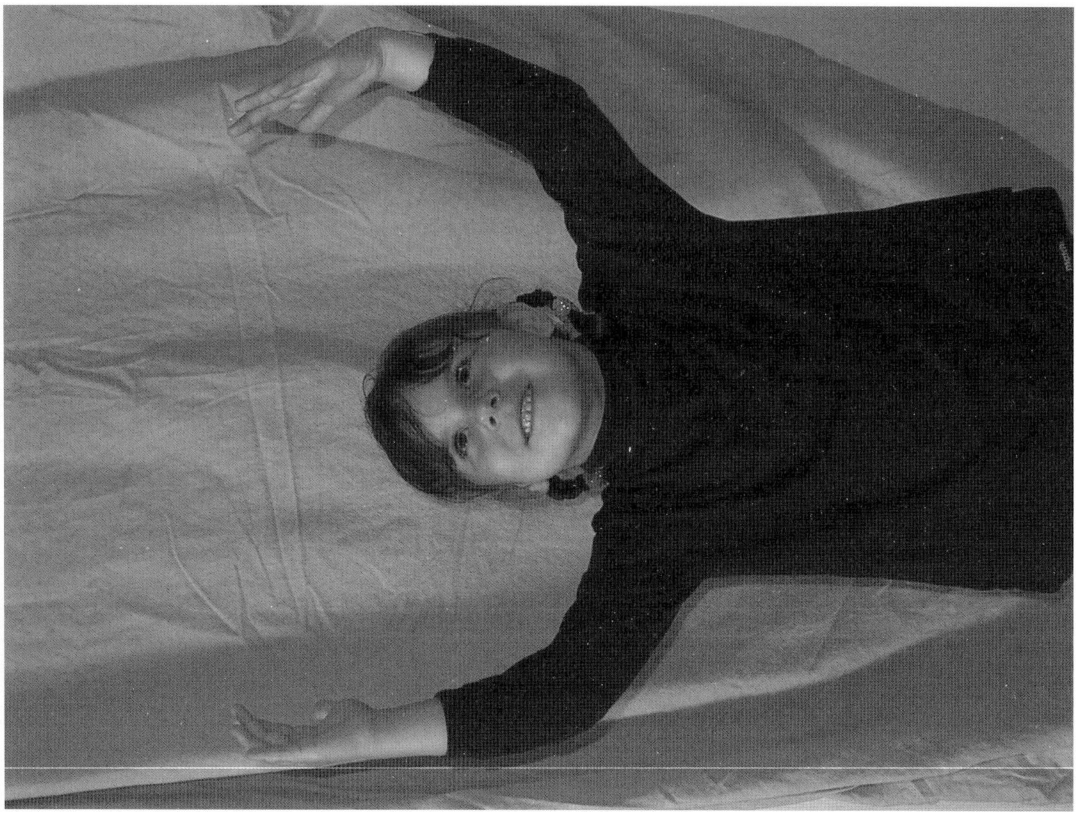

Loben

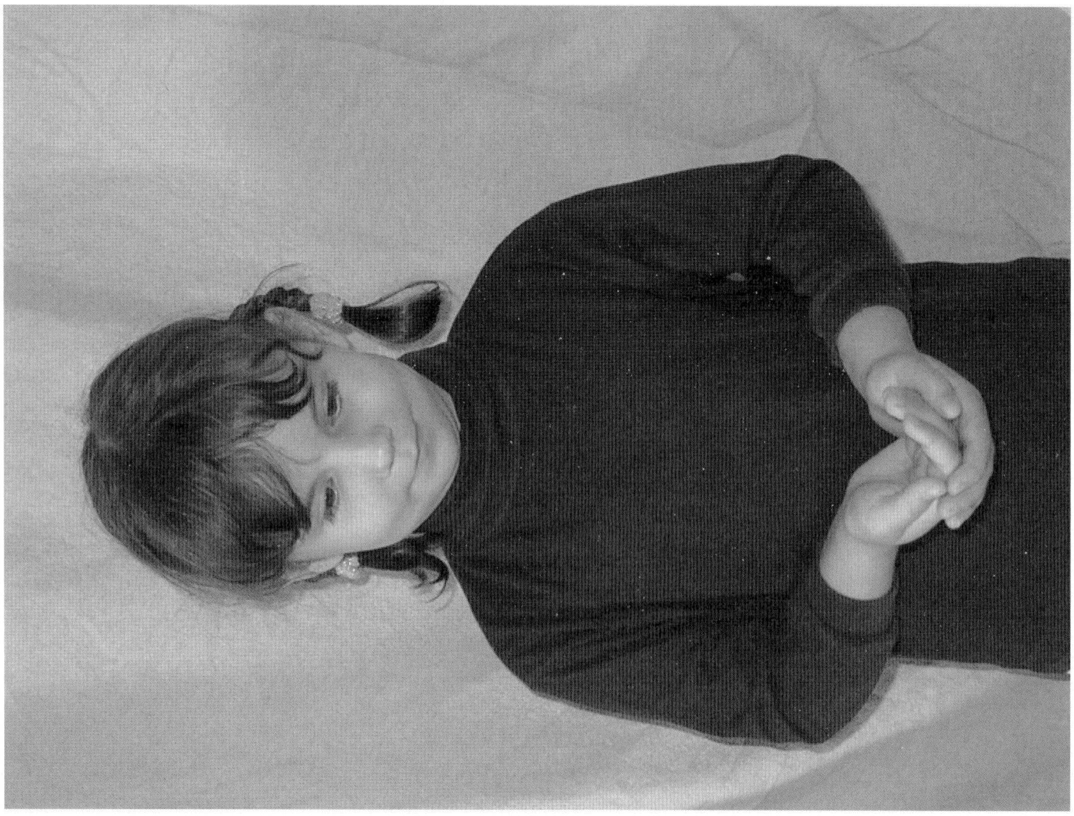

Danken

KOPIERVORLAGE

Arbeitskarte 1: danken

M 1.2

1. Wähle eine Farbe,
   die zu dem Wort „danken“ passt.
2. Male ein Feld auf dem Kartondeckel
   in dieser Farbe aus.
3. Zeichne eine Blume auf das Tonpapier
   und schneide sie aus.
   Sie muss auf das Kartonfeld passen!
4. Überlege dir, wofür du
   Gott danken möchtest.
   Vervollständige den Satz:
   „Gott, ich danke dir ...“
5. Schreibe den Satz auf deine Blume
   und klebe sie in das ausgemalte Feld.

Arbeitskarte 2: loben

M 1.3

1. Wähle eine Farbe,
   die zu dem Wort „loben“ passt.
2. Male ein Feld auf dem Kartondeckel
   in dieser Farbe aus.
3. Klebe eine Feder
   in das ausgemalte Feld.
4. Überlege dir, wofür du Gott loben möchtest.
   Vervollständige den Satz:
   „Gott, ich lobe dich, weil ...“
5. Schreibe den Satz
   neben die Feder.

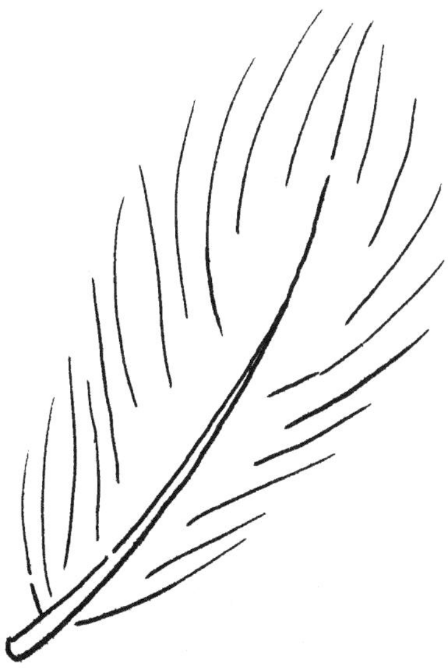

Arbeitskarte 3: klagen

M 1.4

1. Wähle eine Farbe,
   die zu dem Wort „klagen“ passt.
2. Male ein Feld auf dem Kartondeckel
   in dieser Farbe aus.
3. Reiße aus schwarzem Tonpapier
   die Form eines Steins. Der Stein
   muss auf das Kartonfeld passen!
4. Überlege dir, warum du traurig bist
   oder was du beklagen möchtest.
   Vervollständige den Satz:
   „Gott, ich bin traurig, weil ...“
5. Schreibe den Satz mit einem weißen Stift
   auf den schwarzen Tonpapier-Stein
   und klebe ihn in das ausgemalte Feld.

Arbeitskarte 4: bitten

M 1.5

1. Wähle eine Farbe,
   die zu dem Wort „bitten“ passt.
2. Male ein Feld auf dem Kartondeckel
   in dieser Farbe aus.
3. Zeichne eine Kerze auf das Tonpapier
   und schneide sie aus.
   Die Kerze muss auf das Kartonfeld passen!
4. Überlege dir, für was oder für wen du Gott
   um etwas bitten möchtest.
   Vervollständige den Satz:
   „Gott, ich bitte dich ...“
5. Schreibe den Satz auf die Kerze
   und klebe sie in das ausgemalte Feld.

Schablone „Kerze" M 1.6

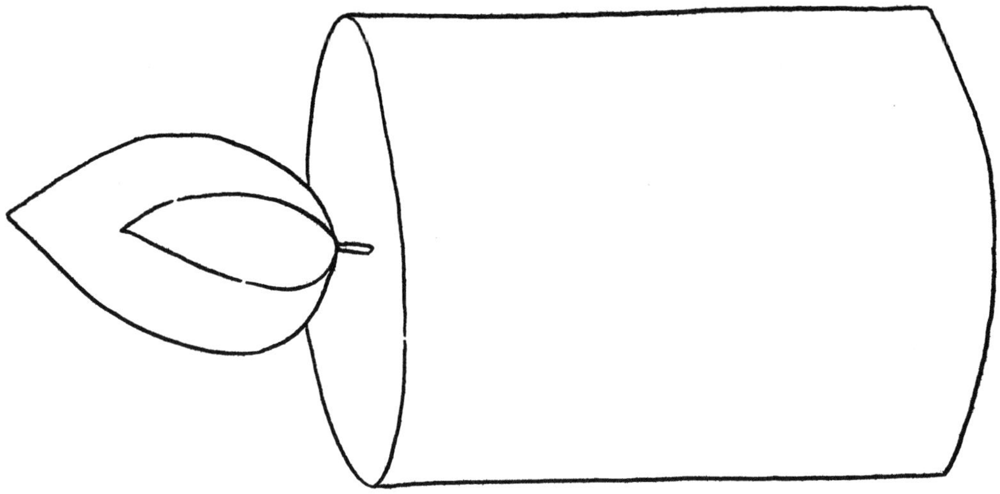

Schablone „Blume" M 1.7

Du bist da, wo Menschen leben

M 1.8

Text und Melodie: Detlev Jöcker ◎ 1/2

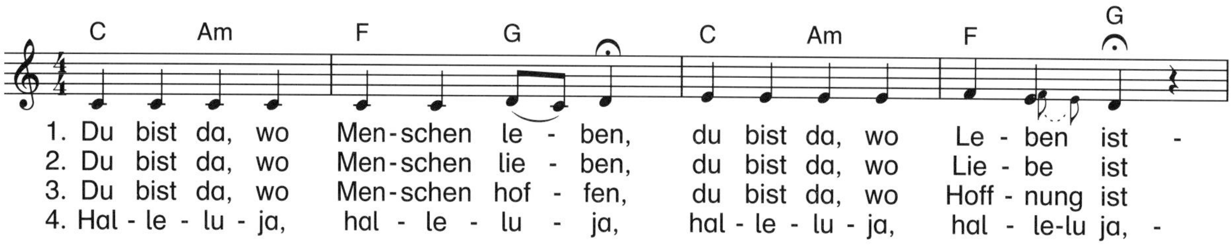

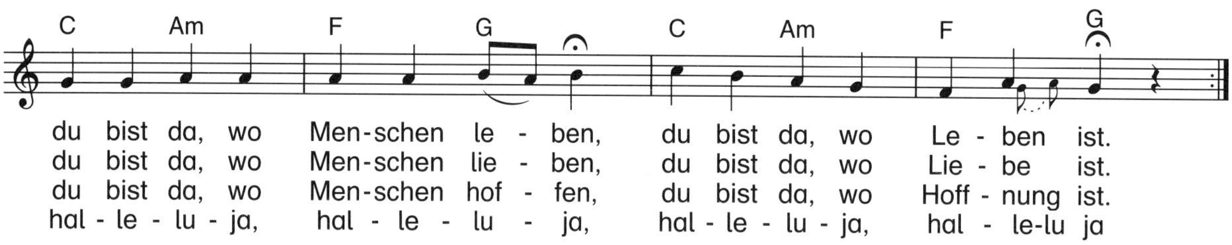

Aus: Das Liederbuch zum Umhängen 1

Gebetsmeditation

M 1.9

L sitzt mit den Kindern um eine mit einem Tuch und der Ritual-Kerze gestalteten Mitte.
Das Lied: „Du bist da, wo Menschen leben“ (M 1.5) wird gesungen.

Gott, wir danken dir, dass wir dir erzählen können, was uns beschäftigt:
Alles, was uns traurig macht und alles, was uns freut.
Manchmal erleben wir Dinge, die uns schwer wie ein Stein auf dem Herzen liegen. Wir sind froh, dass wir dir davon erzählen können.

1–3 Kinder tragen ihre Sätze vor: „Gott, ich bin traurig, weil ...“, dabei legen sie einen Stein in die Mitte.*

Manchmal erleben wir etwas, was uns das Herz leicht macht wie eine Feder. Wir freuen uns so, dass wir dich loben wollen.

1–3 Kinder tragen ihre Sätze vor: „Gott, ich lobe dich, weil ...“, dabei legen sie eine Feder in die Mitte.*

Manchmal ist es so dunkel um uns, dass wir selbst nicht weiter wissen.
Dann hoffen wir, dass du uns ein Licht bist und hilfst.

1–3 Kinder tragen ihre Sätze vor: „Gott, ich bitte dich ...“, dabei entzünden sie Teelichter an der Ritual-Kerze in der Mitte.*

Manchmal ist alles gut und hell und schön.
Dann möchten wir danke sagen.

1–3 Kinder tragen ihre Sätze vor: „Gott, ich danke dir ...“, dabei legen sie Blüten in die Mitte.

Das Lied: „Du bist da, wo Menschen leben“ M 1.8 wird gesungen.

* Wenn viel Zeit zur Verfügung steht, kann jeweils, nachdem die Kinder ihre Sätze vorgetragen haben, das Lied M 1.8 gesungen werden.
Weitere Strophen für das Lied könnten sein:
„Du bist da, wo Menschen klagen, du bist da, wo Trauer ist ...“
„Du bist da, wo Menschen loben, du bist da, wo Freude ist ...“
„Du bist da, wo Menschen bitten, du bist da, wo Hoffnung ist ...“
„Du bist da, wo Menschen danken, du bist da, wo Leben ist ...“

2 Gott als Schöpfer

Thema: Fragen zur Entstehung der Welt (1. Mose 1,1 – 1. Mose 2,4a)

Intention der Unterrichtsreihe

Den biblischen Text 1. Mose 1,1–1. Mose 2,4a, der von Gott dem Schöpfer spricht, kennenlernen, seine Struktur erfassen und als eine mögliche Antwort auf die Frage nach der Entstehung der Welt begreifen.

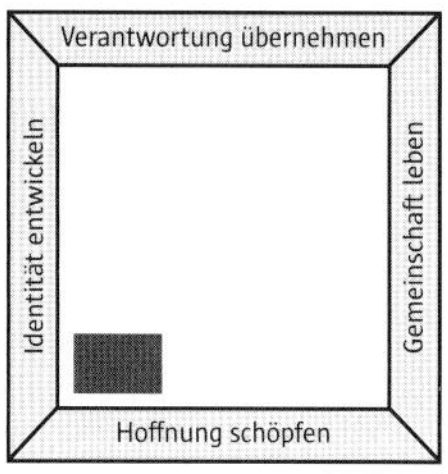

6–8 Std.

Kompetenzerwartung:

Die Schüler unterscheiden naturwissenschaftliche Erkenntnisse und biblische Deutungsperspektiven zur Entstehung der Welt.

Theologisch-didaktischer Kommentar

Der Text 1. Mose 1,1–2,4a* wurde entweder um 520 vor Chr. in Babylonien oder, was wahrscheinlicher ist, zwischen 500 und 450 vor Chr. in Jerusalem geschrieben.

Die Sprache zeigt, dass der Text in Priesterkreisen entstanden ist. Der Verfasser wird deshalb der Priester genannt. Er ist an seinem sachlich-nüchternen Schreibstil zu erkennen. Er versucht, Pflanzen und Tiere zu klassifizieren (1. Mose 1,21.24.25), verzichtet auf Szenarien und ist stärker an Tatbeständen interessiert.

Seine durch die Zahl 7 strukturierte Schöpfungsdarstellung kann sehr leicht behalten werden, weil sie als Gedächtnisstützen wiederkehrende Elemente benutzt:

- und Gott sprach
- und Gott machte
- und Gott segnete
- und Gott sah, dass es gut war
- aus Abend und Morgen wurde der ... Tag

Aufgrund dieser eingängigen Struktur kann dieser Text eigentlich nur für die Benutzung im Gottesdienst geschrieben worden sein.

Der Weg ins Exil

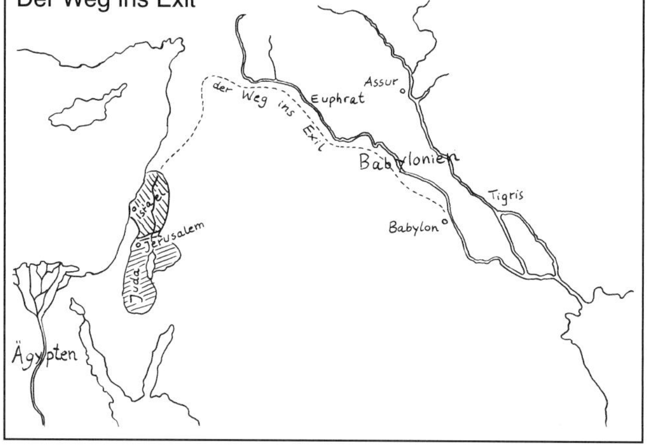

Der geschichtliche Hintergrund der Textentstehung:

Im Vorderen Orient kämpften Ägypten im Süden und verschiedene Reiche des Zweistromlandes im Osten (heutiger Irak) um die Vorherrschaft. Zwischen ihren Herrschaftsgebieten lagen kleine Königreiche und Stadtstaaten. Zu ihnen gehörte auch das Königreich Juda mit der Hauptstadt Jerusalem.

Um als Vasallenstaat zu überleben, ging es wechselnde Koalitionen mit den beiden Großmächten ein.

König Zedekia (597–587 v. Chr.) wollte die Herrschaft der Neubabylonier abschütteln und setzte auf die Ägypter. Daraufhin griffen 587 v. Chr. die Babylonier an und eroberten, plünderten und zerstörten Jerusalem. Die Schätze des Königs und des Tempels konfiszierten sie.

Den Teil der Führungsschicht, den sie nicht töteten, siedelten sie zusammen mit Teilen der Bevölkerung ins Zweistromland um. Die Deportierten standen in dieser Situation vor der Wahl: Sollen wir uns anpassen und in der babylonischen Gesellschaft aufgehen oder sollen wir versuchen, unseren Glauben und unsere kulturelle Selbständigkeit zu bewahren?

Die Landbevölkerung durfte in Juda bleiben. Das Königreich wurde aufgelöst und die Zurückgebliebenen fragten sich: Wie bewahren wir unsere Identität in einer Zeit politischer Bedeutungslosigkeit und ohne religiöses Zentrum?

* Der Text wurde aufgrund seiner Länge nicht abgedruckt.

Den politischen und religiösen Zusammenbruch im Blick dachte der Priester über ein tragfähiges Fundament für die Gestaltung der Zukunft und eine Ermutigung seines Volkes nach. Er begann zu schreiben: *Am Anfang schuf Gott Himmel und Erde.* Das ist sein programmatischer Vorspann: Der Gott, der das Leben will, wird es auch nicht aus der Hand geben. Wer nach dem Wie der Schöpfung fragt, erhält vom Priester keine detaillierten Antworten. An einer Beschreibung der einzelnen Schöpfungsabläufe war er nicht interessiert. Ihm ging es um die Entfaltung des ersten Verses: Angesichts der zerstörten und lebensfeindlichen Situation, in der sich das Volk Israel befand, entwickelte der Priester das Bild einer geordneten und lebensbejahenden Welt. Damit zeigt er, dass Gott, der das Leben will, sein Volk nicht fallen lässt.

Am Anfang schafft Gott Himmel und Erde (1. Mose 1,1). Doch die Erde bietet noch keine Lebensmöglichkeiten. Sie ist ein einziges Tohuwabohu*. Sie ist wüst und leer. „Tohu" bedeutet eine weglose Wüste, in der es keine Orientierung gibt, und „bohu" ist wie ein leeres Haus ohne Menschen und Einrichtung.**
Die Voraussetzungen für Leben müssen erst noch geschaffen werden.

Um Leben zu ermöglichen, schafft Gott das *Licht*. Er *trennt* es von der *Dunkelheit* und schafft damit die Zeit als strukturierendes Element. Die Vorherrschaft der Dunkelheit, die zum Chaos gehört, wird begrenzt, ist aber nicht völlig gebrochen. Fortan gehört die Dunkelheit zum Leben (1. Mose 1,3.4). *Die Welt wird immer von Chaos und Dunkelheit bedroht bleiben.*
Danach *trennt* Gott das *Oben* vom *Unten*. Bei der Schilderung dieses Vorgangs benutzt der Priester die alte Vorstellung von einem Himmelsgewölbe, das die Fluten des Himmelsozeans zurückhält. Nun muss Gott nur noch das *Land* vom *Wasser trennen*, damit die Erde trocken und bewohnbar wird (1. Mose 1,6-10).

Nach der Trennung von Licht und Finsternis, Oben und Unten, Land und Meer ist die erste Hälfte der Schöpfung abgeschlossen und *Ordnung ins Chaos* gekommen. Der Raum für die nächsten Schöpfungswerke ist vorbereitet:
Die Erde bringt samentragende Pflanzen und früchtetragende Bäume hervor. Mit diesen beiden Kategorien fasst der Priester die ganze Pflanzenwelt zusammen. Die Nahrung für Tiere und Menschen ist damit sichergestellt (1. Mose 1,11.12).
Eigentlich erwartet der Leser nun die Erschaffung der Tiere. Stattdessen berichtet der Priester aber von der Entstehung der Gestirne, die den Zusammenhang unterbrechen und viel besser in den ersten Teil gepasst hätten (1. Mose 1,14-18). Offenbar ist das aber für ihn die richtige Stelle, um sich mit gängigen religiösen Vorstellungen auseinanderzusetzen. Im Vorderen Orient gab es viele Völker, die Sonne und Mond als Götter verehrten. Der Priester bezieht eindeutig Stellung gegen Sonnen- und Mondkulte. Für ihn sind die Gestirne nur Lampen mit Kalenderfunktion für den Menschen. Mit ihrer Hilfe *gliedern* die Menschen die Zeit. Sie verdienen keine göttliche Verehrung, denn sie werden von Gott ganz einfach an die Himmelsfeste geheftet.

Nach dieser religiösen Abgrenzung nimmt der Priester den Faden wieder auf:
Da Gott das Land vom Meer getrennt hatte, finden die jetzt geschaffenen Fische und Vögel ihre Lebensbereiche (1. Mose 1,20-22). Bei der Erschaffung der ersten Lebewesen führt der Priester den Begriff *Segen* ein. Segen bedeutet hier Fruchtbarkeit und Wachstum für Menschen und Tiere. Segen ist eine von Gott gegebene, die *Zukunft eröffnende Kraft*. Merkwürdig ist, dass die Pflanzen nicht gesegnet wurden. Was veranlasste den Priester, Gott keinen Segen über die Pflanzen aussprechen zu lassen, ohne die weder Tiere noch Menschen leben können? Vielleicht verkörperten Menschen und Tiere für ihn eine Lebendigkeit, die er in der Pflanzenwelt nicht sah.

Am letzten Schöpfungstag gehen die Landtiere aus der Erde hervor (1. Mose 1,24.25). Der Priester wusste natürlich, dass die Erde keine Tiere hervorbringt. Sonst würde er ja nicht von Vermehrung schreiben. Meint er damit, dass die Erde mit ihren unterschiedlichen Ausformungen Lebewesen hervorbringt, die sich den verschiedenen Lebensbedingungen angepasst haben?

Bei der Erschaffung des Menschen erweckt Gott den Eindruck, als sei er nicht allein. Denn es heißt: Lasst uns Menschen machen (1. Mose 1,26). Dieser Satz klingt merkwürdig, da der Priester sonst immer die Einzigkeit Gottes betont. Die am ehesten nachvollziehbare Erklärung ist die, dass es sich hier, wie in einem Selbstgespräch, um den Vorgang des Überlegens und Entscheidens handelt. Das ist eine im AT auch an anderer Stelle verwendete literarische Form (vgl. 1. Mose 11,7; Jes 6,8).
Gott schafft den Menschen nach seinem Bilde (1. Mose 1,26.27). Der Priester verwendet zwei verschiedene hebräische Wörter, die beide Abbild, Bild, Gleichheit, Statue und Skulptur bedeuten. Jede Bedeutung macht eine andere Erklärung möglich. Die ansprechendste Deutung ist: „Alle Menschen hat Gott ... so geschaffen, dass etwas zwischen dem Schöpfer und diesem Geschöpf geschehen kann." ***

* „Tohu wa bohu" ist hebräisch und bedeutet wüst und leer.
** Zenger 1983, S. 81f.
*** Westermann 1983, S. 218

Das gilt für alle Menschen und auch für die, die nichts von den Religionen halten. Es handelt sich also um eine Beziehungsaussage. Der Mensch verwirklicht sich in der Beziehung zu Gott.
Der Mensch erhält den Auftrag, über die Tiere zu herrschen*. Und im Anschluss erinnert Gott noch einmal daran, dass er den Lebewesen Futterkraut, Pflanzen und Bäume als Nahrung gegeben hat (1. Mose 1,28-30). Der Abschlusssatz 1,31 klingt so, als würde Gott seine Augen noch einmal prüfend über die Schöpfung wandern lassen, um dann zu dem Schluss zu kommen: „... und siehe, es war sehr gut."
Mit diesem beurteilenden „gut" hatte er die einzelnen Schöpfungsschritte abgeschlossen. Das *Prädikat sehr gut* bekommt aber nur das Gesamtwerk. Das hebräische Wort für gut beschreibt die Funktionalität der Schöpfung, denn es bedeutet brauchbar, zweckmäßig und angenehm. Gott übergibt den Menschen eine *zweckmäßige* Schöpfung, die gut für sie ist. Am siebten Tag hört Gott auf zu arbeiten (M. Luther übersetzt: er ruhte) und der Ton wird feierlich: „So wurden vollendet Himmel und Erde mit ihrem ganzen Heer (= mit ihrer ganzen Fülle)". Die Schöpfung ist vollendet, sie muss nicht mehr verbessert werden. Diesen Tatbestand drückt auch die Zahl Sieben aus, die in der hebräischen Zahlensymbolik für Vollkommenheit, Vollständigkeit und Fülle steht.
Nun fehlt nur noch der Abschlusssegen für das Gesamtwerk. Den gibt es aber nicht.
Stattdessen wird der *siebte Tag* gesegnet und geheiligt und so deutlich von den anderen sechs Tagen getrennt. Damit reserviert der Priester ihn für Gott.
Gott hat ein gegliedertes System von Arbeit und arbeitsfreier Zeit geschaffen. Durch die Heiligung hat er den siebten Tag hervorgehoben, ihn durch den Segen aber mit seinem Schöpfungswerk verklammert. Der siebte Tag erhält seinen Sinn nur im Blick auf die Schöpfung. Der Priester äußert sich nicht dazu, wie dieser Tag begangen werden soll und gibt ihm auch keinen Namen. Deshalb ist es verfrüht, hier von der Einsetzung des Sabbat zu sprechen. Der Sabbat wird aber „die kulturelle Errungenschaft, durch die sich die Menschen regelmäßig mit der Schöpfung und dem Schöpfer verbinden. Dadurch, dass wir den Wochenrhythmus leben, werden wir daran erinnert, dass das ganze Leben ein ständiger Schöpfungsprozess ist oder sein soll, von dem wir uns periodisch ausruhen, indem wir uns am Geschaffenen erfreuen."**

Der Priester, der eigentlich einprägsame Strukturen liebt, beendet den siebten Tag nicht mit der Feststellung „und es wurde Abend und Morgen der siebte Tag". Wenn er seine Struktur absichtlich verlässt, könnte das vielleicht bedeuten, dass das Ende der Schöpfung für ihn offen ist?
Gott will die Welt, die er geschaffen hat, zusammen mit den Menschen trotz Chaos und Dunkelheit verwirklichen. Das zeigt auch die sich anschließende Fluterzählung, in der Gott die Utopie seiner Schöpfung nicht aufgibt. Für den Priester beginnt die Verwirklichung mit Abraham, der ein *Segen für alle Geschlechter* sein soll: Geh, Abraham, geh, mach dich auf den Weg.

Kinder werden oft mit einer Darstellung des altorientalischen Weltbildes konfrontiert. Und dann heißt es: So haben sich die Menschen damals die Welt vorgestellt. „Die modernen Darstellungen des (angeblich) ao*** Weltbildes übersehen, dass für den AO die Welt nie ein geschlossenes, profanes System, sondern eine nach allen Seiten offene Größe war. Die Mächte, die diese bestimmten, interessieren ihn mehr als die Bauart des Weltgebäudes, von der man sich (je nach Ausgangspunkt) die verschiedensten, niemals koordinierten Vorstellungen machte."****
Darüber hinaus lassen sie nicht genug ahnen, „wie sehr dem AO die Frage nach den Fundamenten des Alls, nach der letzten Gründung und Sicherung seines Lebensraumes Problem blieb." *****

Während es im 1. Schuljahr darum ging, die Schöpfung Gottes staunend zu entdecken, rückte in der 2. Klasse die Wertschätzung durch eigenes Loben und Danken in den Vordergrund. Der Blick auf die Gemeinschaft wurde durch die Vernetzung des Unterrichtsgegenstandes mit dem Erntedankfest erreicht. In diesem Schuljahr liegt der Schwerpunkt auf Gott dem Schöpfer. Die Kinder sollen den Genesistext als biblische Antwort auf die Frage zur Entstehung der Welt kennen lernen, seinen Aufbau erfassen und erfahren, warum der Text entstanden ist.

* „herrschen" heißt hier nicht „Gewalt ausüben", sondern wird im Sinne von „sorgen (für)" eingesetzt
** Staubli 2003, S. 146
*** ao = altorientalisch
**** Keel 1984, S. 48, Anm. 57
***** a. a. O. S. 47

Bausteine der Unterrichtsreihe

Baustein 1: Vermutungen und Fragen der Kinder zur Entstehung der Welt

Unterrichtsmaterial:

- Folie von Material: Das Universum (Folie 1) **M 2.1**
- Erdwasserball oder Globus
- Pappkarten
- Klebeband
- großer Papierbogen

Unterrichtsschritte:

1. L *zeigt* den Kindern die *Folie* „Das Universum". **M 2.1**
   Die Kinder stellen dazu *Vermutungen* an.

2. L führt mit den Kindern ein *Gespräch* darüber, was sie schon über die *Entstehung der Welt* gehört haben, was für Vermutungen sie dazu haben und welche Fragen sie mit dem Thema verbinden. Die Vermutungen werden von den Kindern auf *Pappkarten geschrieben* und an den Erdwasserball oder den Globus geklebt. Die Fragen werden auf einem großen Papierbogen gesammelt und zur *Recherche* (Lexika, Internet ...) freigegeben. Die gefundenen Informationen können dann während der Unterrichtsreihe zu den Fragen gehängt werden.

Baustein 2: Verschiedene Völker erzählen von der Entstehung der Welt

Unterrichtsmaterial:

- Geschichten vom Anfang **M 2.2/M2.3**
- Erdwasserball oder Globus

Unterrichtsschritte:

1. L *sitzt* mit den Kindern im *Kreis*. In der Mitte liegt der Wasserball oder steht der Globus. Die Pappkarten aus Baustein 1 werden entfernt und auf den Papierbogen (s. Baustein 1) geklebt.

   Einführung:
   So wie ihr in der letzten Stunde haben sich Menschen schon immer und überall überlegt, wie die Welt wohl entstanden ist.
   Viele Völker haben dazu ihre eigenen Vorstellungen.

2. L oder Kinder lesen die Geschichten nacheinander vor. **M 2.2/M 2.3**

3. Die Kinder suchen die Länder auf dem Globus oder dem Wasserball, äußern sich zum Inhalt der Geschichten und suchen die Absicht, mit der sie geschrieben wurden.

Baustein 3: Wie die biblische Schöpfungsgeschichte entstanden ist

Unterrichtsmaterial:

- Erdwasserball oder Globus
- Erzählung: Die Babylonier kommen **M 2.4**
- 3 verschiedenfarbige Tonpapierscheiben (eine kleine, zwei größere)
- Text: Lied der Verlierer **M 2.5**

Unterrichtsschritte:

1. L *sitzt* mit den Kindern im *Kreis*. In der Mitte liegt der *Erdwasserball* oder steht der Globus:

   Wir haben in der letzten Stunde herausgefunden, dass die Geschichten von der Entstehung der Welt in verschiedenen Ländern aus bestimmten Gründen erzählt und aufgeschrieben worden sind.

   Evtl. *wiederholen* die Kinder *Erinnerungen* aus der letzten Unterrichtsstunde.

2. L zeigt den Kindern das Land *Israel:*

   Eine weitere Geschichte zur Entstehung der Welt ist hier im Land Israel entstanden. Die Bibel beginnt mit dieser Geschichte. Ich erzähle euch, wie sie entstanden ist und warum sie aufgeschrieben wurde.

3. L legt die *3 Scheiben* auf den Boden und *beschriftet* sie vor den Kindern:

   – kleine Scheibe: Israel
   – zwei größere Scheiben: Babylon und Ägypten

   L *zeigt* den Kindern Babylon und Ägypten auf dem *Globus* oder Erdwasserball.

4. Es folgt die Erzählung: Die Babylonier kommen. **M 2.4**

5. Die Kinder *deuten* das Übereinanderlegen der

Scheiben während der Erzählung: Was ist hier geschehen?

6. Der Text „Lied der Verlierer" wird abschnittsweise von Kindern *vorgelesen*. Jeder Abschnitt wird mit einem Tamburinschlag o. Ä. und dem Zwischenruf „Wer tröstet uns in unserer Not?" beendet. **M 2.5**

Baustein 4: Der Priester schreibt eine Schöpfungsgeschichte

Unterrichtsmaterial:

- Erzählung: Der Priester schreibt eine Schöpfungsgeschichte **M 2.6**
- Text: Die Geschichte über Gott, den Schöpfer (für die Kinder die Anweisungen rechts abschneiden) **M 2.7**
- Arbeitskarte (in Anzahl der Gruppen kopiert) **M 2.8**
- Lied: „Siehe da, es war gut" (◎ Track 3/4) **M 2.9**
- Text: Lied der Verlierer **M 2.5**

für den Materialtisch:

- Styroporplatte (60 cm Durchmesser)
- Styropor- oder Pappscheibe (50 cm Durchmesser)
- Farbe (z. B. Abtönfarbe) in schwarz, weiß, grün, blau
- Tonpapier und -karton in verschiedenen Farben
- weiße Papiere unterschiedlicher Stärke,
- Wasserfarben, Wachsmalstifte ...
- Zahnstocher, Schaschlikspieße
- Schere, Klebstoff (evtl. Heißklebepistole)
- Goldfolie, Naturmaterialien wie z. B. Moos, Äste ...

Unterrichtsschritte:

1. Aufbauend auf den Text „Lied der Verlierer" **M 2.5** führt L ein *Gespräch* mit den Kindern darüber, wodurch das Volk Israel getröstet werden könnte.

2. L *erzählt* die *Geschichte* „Der Priester schreibt eine Schöpfungsgeschichte". **M 2.6**

3. Die Kinder *wiederholen*, was der Priester sich als *Trost* für das Volk überlegt hat: Er will für das Volk eine Geschichte schreiben.

4. L leitet zur *Gruppenarbeit* in Verbindung mit dem Text „Die Geschichte über Gott, den Schöpfer" über: **M 2.7**
Der Priester will das Volk trösten, dem alles zerstört wurde. Dagegen setzt er seine Geschichte, in der er beschreibt, wie etwas geschaffen wird.
Bevor wir die Geschichte kennenlernen, wollen wir erst etwas zu den einzelnen Abschnitten herstellen.

5. Die Kinder *arbeiten* in Gruppen zum Text: **M 2.7/M 2.8**
   – Lesen des Textabschnittes
   – Unterstreichen der Sätze in den verschiedenen Schriften
   – Erstellen der Gestaltungselemente

6. Die Kinder *lernen* den *Liedruf:* „Siehe da, es war gut!" **M 2.9**

7. Die Gruppen *lesen* jeweils ihren *Textabschnitt* vor, *erklären* ihre gestalteten *Elemente* und *singen* den *Liedruf.*

8. Die Kinder *lesen* den *Schöpfungsbericht* noch einmal bis zur Vollendung des dritten Tages und *entdecken* die wiederkehrende *Textstruktur* bei der Beschreibung der einzelnen Schöpfungstage: Gott macht Ordnung, indem er trennt (**fett gedruckt**).

9. Sie *lesen* die Sätze in der kursiven Schrift und entdecken auch hier sich wiederholende Textelemente: „Und Gott sprach ...", „Und Gott sah ..." (*kursiv gedruckt*).

10. Sie *überlegen*, welchen *Sinn* diese Elemente haben: zum Merken, zum Aufsagen, zum Auswendiglernen.

11. Die Texte „Das Lied der Verlierer" und „Die Geschichte über Gott den Schöpfer" werden gelesen und miteinander verglichen: **M 2.5 + M 2.7**
    – Zerstörung / Schöpfung
    – Trostlosigkeit / Hoffnung
    – Chaos / Ordnung
    – Dunkelheit / Helligkeit
    – Öde / Elemente der Schöpfung

Baustein 5: Das habe ich alles für euch gemacht

Unterrichtsmaterial:

- Pappkarten
- Lied: „Laudato si ..." (◎ Track 5/6) **M 2.10**

Unterrichtsschritte:

1. Die Kinder *vergegenwärtigen* sich noch einmal den *Schöpfungsbericht* und die *Absicht* seines Schreibers:

   - Gott schafft Ordnung im Chaos.
   - Gott gibt seine Schöpfung nicht auf.
   - Gott lässt die Welt nicht in Dunkelheit versinken.

2. Die Kinder *formulieren Sätze* des Trostes für die Bewohner Israels und beziehen sich dabei auf den Schöpfungsbericht, z. B.

   - Freut euch an den Blumen, die habe ich alle für euch gemacht.
   - Seht die Vögel am Himmel, die habe ich alle für euch gemacht.
   - Schaut nur, wie die Pflanzen wachsen, die habe ich alle für euch gemacht.
   - Seht nur, was alles für euch wächst und euch Nahrung gibt.
   - Auch das Wasser habe ich geschaffen, damit Tiere und Pflanzen davon trinken können.

3. Die Kinder *schreiben* ihre Sätze *auf Pappkarten* und legen sie zu den Schöpfungselementen.

4. *Lied:* „Laudato si ..." **M 2.10**

Eine Geschichte gegen die *Dunkelheit*:

Im dunklen Himmel, der kein Ende zu nehmen schien, wohnte Wanna issa, der Älteste. Mit ihm lebten die Brüder Wäjnämöjne und Ilmarine, seine weisen Ratgeber.
Wäjnämöjne war ein Meister des Gesangs und Ilmarine als Schmied ein Künstler mit seinen Händen.
Eines Tages sagte Wanna issa, dass die Zeit gekommen sei, die Welt zu erschaffen. Und er tat dies, während die Brüder schliefen. Als sie erwachten, sahen sie in der Finsternis die Erde. Der Älteste, zufrieden mit seinem Werk, ruhte sich aus.
Vom Himmel aus betrachteten die Brüder die öde, von finsterer Nacht umgebene Erde. Ilmarine hielt es als erster nicht mehr aus. Er warf ein großes Stück Eisen in seinen Gluthaufen und fachte das Feuer an.
Das glühende Metall warf er auf seinen Amboss und bearbeitete es mit einem Hammer. Zunächst schuf er ein gewaltiges Gewölbe, das er über der Erde hinabließ. Doch so leer erschien es überflüssig. Ilmarine arbeitete weiter und hämmerte noch eine silberne Mondkugel zurecht. Dabei flogen kleine und große silberglänzende Sterne durch die Luft. All dies befestigte er am Gewölbe über der Erde und setzte noch eine Lampe des Ältesten als Sonne dazwischen. So brach nach der Schöpfung der Welt der erste helle Tag an.
Wäjnämöjne schaute seinem Bruder zu und griff nach seiner Harfe. Bald tönte ein Lied von der Erde, über die die Sonne erstrahlte, in den Himmel. Und als er mit Anlauf vom Himmel auf die Erde hinabsprang, begleitete ihn ein Schwarm Vögel. Und als seine Füße die Erde berührten, begannen Blumen, Bäume und Sträucher zu wachsen.
Der Älteste blickte voller Erstaunen um sich, als er erwachte. Er freute sich über das *blühende* Paradies, das *strahlende* Licht und die *leuchtenden* Farben. Daraufhin beschloss er, Menschen und Tiere zu erschaffen.

(nach einem finnischen Märchen)

Geschichten vom Anfang: Philippinen

M 2.3

Eine Geschichte von Völkern, die sich *verstehen*:

Dort wird erzählt, dass zwei mächtige Wesen, Tuglay und Tuglibon, die Welt erschaffen haben. Eines Tages stellten sie fest, dass auf dieser Erde die Menschen fehlten, die sich an der Schöpfung erfreuen sollten. So formte Tuglay, der Mann, aus mit Wasser vermischtem Maismehl zwei Gestalten, bedeckte sie mit Schuppen und hauchte ihnen das Leben ein. Doch seiner Frau gefielen die beiden Wesen nicht: Ohne Gelenke stolperten sie beim Gehen, ihre Augen und Ohren fand sie zu klein und mit den Schuppen ähnelten sie Kriechtieren. Sie wollte nicht, dass die Erde von solch hässlichen Wesen bevölkert wurde. Weil ihr Mann nicht auf sie hören wollte, streute Tuglibon ihm Maismehl in die Augen, bereitete einen Teig und schuf zwei neue Gestalten: mit Gelenken, klaren Augen, wohlgeformten Ohren und glatter Haut. Zuletzt gab sie ihnen noch ein großes Herz, damit sie zur Liebe fähig wurden. Dann hauchte sie ihnen Leben ein.

Als Tuglay das Maismehl aus den Augen gewaschen hatte, ärgerte er sich zuerst über seine Frau. Aber dann sah er, dass ihre Gestalten schöner waren als seine Schöpfung.

„Deine Geschöpfe sind gewiss schöner als meine. Sie werden sich an den Blumen und Tieren erfreuen. Und des Abends werden sie zum Himmel schauen und dankbar sein, wie wunderbar alles erschaffen wurde.“

Darauf lächelte er mit Tuglibon der ersten Frau und dem ersten Mann zu.

(nach einem philippinischen Märchen)

Die Babylonier kommen

M 2.4

Israel ist nur ein kleines Land.

L zeigt auf die Israelscheibe.

Doch es besitzt die schöne Stadt Jerusalem mit dem Tempel.
Den Menschen geht es gut.
In ihren Gärten wachsen Pflanzen
und für ihre Tiere haben sie immer genug Futter.

Israel hat zwei sehr mächtige und große Nachbarn, das Königreich Babylonien und das Königreich Ägypten.

L zeigt auf die Ägyptenscheibe und Babylonscheibe und legt sie entfernt von einander ab.

Weil Israel so klein ist, muss es dem König von Babylon gehorchen.

L bewegt die Israelscheibe dicht an die Babylonscheibe.

Einmal sagte der König von Israel: „Ich glaube, ich habe eine gute Idee: Wir halten einfach zu den Ägyptern. Das sind unsere Freunde. Dann können uns die Babylonier nichts tun.“

L bewegt die Israelscheibe auf die Ägyptenscheibe zu.

Als die Babylonier davon erfuhren, schickten sie ihre Soldaten.

L bewegt die Babylonscheibe auf die Israelscheibe zu.

Der König wartete auf die Hilfe der Ägypter.
Aber sie kamen nicht.
Sie halfen ihm und seinem Volk nicht.

L bewegt die Ägyptenscheibe von der Israelscheibe weg.

Der König von Babylonien kam mit seinem großen Heer in Israel an. Gegen das große Babylonien war das kleine Israel viel zu schwach.

L legt die Babylonscheibe langsam von oben auf die Israelscheibe, sodass sie nicht mehr zu sehen ist. Die Kinder deuten diesen Vorgang.

Lied der Verlierer

Und sie zerstörten, was sie nur konnten.
Sie erstürmten Jerusalem.
Sie rissen die Stadtmauern nieder.
Sie drangen in den Palast des Königs ein.
Und sie nahmen mit, was sie nur fanden.
Das Gold aus dem Palast schleppten sie nach Babylon.
Den siebenarmigen Leuchter holten sie aus dem Tempel.
Sie durchsuchten die Häuser nach Schmuck und Edelsteinen.

Tamburinschlag

Und sie brannten ab, was sie nur konnten.
Sie zündeten den Palast an.
Sie steckten den Tempel an.
Sie legten Feuer in den Häusern.

Tamburinschlag

Und sie vernichteten, was sie nur konnten.
Unsere Gärten zertrampelten sie.
Unsere Pflanzen rissen sie aus.
Unsere Dattelpalmen und Olivenbäume fällten sie.

Tamburinschlag
Wer tröstet uns in unserer Not?

Und sie trieben weg, was sie nur konnten.
Sie nahmen uns unsere Schafe weg.
Sie schlachteten unsere Ziegen.
Sie holten sich unsere Rinder.

Tamburinschlag
Wer tröstet uns in unserer Not?

Und Dunkelheit herrschte, wo sie waren.
Viele Menschen töteten sie.
Ganze Familien brachten sie nach Babylon.
Sie nahmen uns das Land weg, auf dem wir lebten.

Tamburinschlag
Wer tröstet uns in unserer Not?

Hungrig und durstig,
weinend und klagend,
ganz ohne Hoffnung
blieben wir zurück.

Niemand war da, uns zu trösten
in unserer Not.

Tamburinschlag

Der Priester schreibt eine Schöpfungsgeschichte

M 2.6

Ich kann mich genau daran erinnern.
Schlimm sah es damals aus in Jerusalem.
Zum Glück hatten die Babylonier das Land verlassen.
Aber die Menschen lebten weiter in Angst.
Kaum ein Stein war mehr auf dem anderen.
Die Gärten und Felder waren verwüstet.
Lange wird es dauern,
bis alles wieder grünt und blüht.

Die Häuser müssen wieder aufgebaut werden.
Aber woher sollen die Menschen das Geld dafür nehmen?

Sie kamen zu mir und fragten:
Priester, wie soll das weiter gehen?
Nichts ist mehr in Ordnung.
Alles ist zerstört und durcheinander.
Du siehst es ja auch jeden Tag.
Einer fragte: „Was meinst du,
hat uns Gott verlassen?
Sag etwas, Priester.“

Ich ging durch die Stadt.
Es war einfach ein schreckliches Bild.
Beinahe hätte ich geweint.
Alles wieder aufzubauen wird länger
als ein Menschenleben dauern.

Aber ich ließ den Kopf nicht hängen.
Ich überlegte: Wie kann ich die Menschen trösten?
Ich möchte ihnen gerne Mut machen und Hoffnung geben.

Und eines Tages begann ich zu schreiben:
Am Anfang schuf Gott Himmel und Erde.
Das war die Überschrift, mein wichtigster Satz.
Beim Schreiben hatte ich immer Jerusalem vor Augen,
aber ich wusste: Die Welt, die Gott will, sieht anders aus.
Ich schrieb für die, die nichts mehr hatten.
Ich schrieb für die, die von einer anderen Welt träumten.
Ich schrieb von Gottes Welt für die Menschen.

Die Geschichte über Gott, den Schöpfer (1) — M 2.7

Am Anfang schuf Gott Himmel und Erde.
Und die Erde war wüst und leer.
Und Gott sprach: Es werde Licht.
Und Gott sah, dass das Licht gut war.
Gott trennte das Licht von der Dunkelheit.
Aus Abend und Morgen wurde der erste Tag.

runde Styroporplatte (ø 60 cm)
einen kleineren Kreis (ø 50 cm)
daraufkleben

Außenring halb schwarz, halb weiß
anmalen

Und Gott sprach: Eine Feste des Himmels soll
zwischen dem Wasser oben und dem Wasser
unten entstehen.
Und Gott trennte das Wasser oben
vom Wasser unten.
Aus Abend und Morgen wurde der zweite Tag.

kleine Platte blau anmalen

Und Gott sprach:
Das Wasser unter dem Himmel
soll sich an besonderen Stellen sammeln,
damit man das feste Land sehen kann.

Wolken auf Zahnstochern
in das Wasser stecken

Und Gott trennte das Wasser vom Land.
So entstanden Land und Meer.
Und Gott sah, dass es gut war.

auf kleineren Kreis Insel
malen oder aus grünem
Tonpapier aufkleben

Und Gott sprach: Auf der Erde sollen Gräser,
Pflanzen und Bäume wachsen,
die Früchte tragen.
Und Gott sah, dass es gut war.
Aus Abend und Morgen wurde der dritte Tag.

mit den Materialien vom
Materialtisch frei gestalten

Und Gott sprach: Lichter sollen an der Feste
des Himmels entstehen.
Und Gott machte zwei große Lichter,
ein großes Licht für den Tag und
ein kleines Licht für die Nacht,
dazu auch die Sterne.
Und Gott heftete sie an die Feste des Himmels.
Und Gott sah, dass es gut war.
Aus Abend und Morgen wurde der vierte Tag.

Sonne, Mond und Sterne
auf den Außenring kleben

Die Geschichte über Gott, den Schöpfer (2) M 2.7

Und Gott sprach: Das Wasser soll von Wassertieren
und Fischen wimmeln.
Vögel sollen am Himmel fliegen.
Und Gott sah, dass es gut war.
Und Gott segnete sie und sprach: Seid fruchtbar
und vermehrt euch.
Aus Abend und Morgen wurde der fünfte Tag.

Und Gott sprach: Die Erde soll Landtiere hervorbringen.
Und Gott machte die Landtiere.
Und Gott sah, dass es gut war.

Und Gott sprach: Ich will Menschen machen.
Und Gott schuf die Menschen als Männer und Frauen.
Er segnete sie und sprach zu ihnen:
Seid fruchtbar und vermehrt euch.
Und herrscht über die Erde.
Für eure Ernährung habe ich euch Pflanzen
und Bäume gegeben.
Und für die Tiere sind viele Pflanzen da.

Und Gott sah alles an, was er gemacht hatte,
und es war sehr gut.
Aus Abend und Morgen wurde der sechste Tag.

Tiere und Menschen werden von den Kindern frei oder mit den Schablonen aus Band 2, Kapitel 1, S.17f. und den Materialien vom Materialtisch gestaltet

Am siebten Tag wurden Himmel und Erde
vollendet mit allem, was dazugehört.
Und am siebten Tag hörte Gott auf zu arbeiten.
Und Gott segnete den siebten Tag.
Und Gott ruhte aus von seiner Arbeit.

Außenring aus Goldfolie auf die größere Styroporplatte kleben

	Arbeitskarte	M 2.8

1. Lest euren Textabschnitt aufmerksam durch.
2. Unterstreicht den fett gedruckten Text gelb. Unterstreicht den schräg gedruckten Text rot.
3. Fertigt die Schöpfungselemente an, die in eurem Abschnitt vorkommen. Benutzt dazu Materialien vom Materialtisch.

	Siehe da, es war gut	M 2.9

Text: 1. Mose 1,1ff.
Melodie: Volker Ochs

3/4

Laudato si

M 2.10

Text: nach dem italienischen Sonnengesang des Franz von Assisi 1225
Melodie: mündlich überliefert

5/6

2. Sei gepriesen für Licht und Dunkelheiten!
Sei gepriesen für Nächte und für Tage!
Sei gepriesen für Jahre und Gezeiten!
Sei gepriesen, denn du bist wunderbar, Herr!

3. Sei gepriesen für Wolken, Wind und Regen!
Sei gepriesen, du lässt die Quellen springen!
Sei gepriesen, du lässt die Felder reifen!
Sei gepriesen, denn du bist wunderbar, Herr!

4. Sei gepriesen für deine hohen Berge!
Sei gepriesen für Feld und Wald und Täler!
Sei gepriesen für deiner Bäume Schatten!
Sei gepriesen, denn du bist wunderbar, Herr!

5. Sei gepriesen, du lässt die Vögel singen!
Sei gepriesen, du lässt die Fische spielen!
Sei gepriesen für alle deine Tiere!
Sei gepriesen, denn du bist wunderbar, Herr!

6. Sei gepriesen, denn du Herr schufst den Menschen!
Sei gepriesen, er ist dein Bild der Liebe!
Sei gepriesen für jedes Volk der Erde!
Sei gepriesen, denn du bist wunderbar, Herr!

3 Gott rettet und befreit sein Volk – Mose und Mirjam

Thema: Singt Gott, denn er hat eine mächtige Tat getan

Intention der Unterrichtsreihe

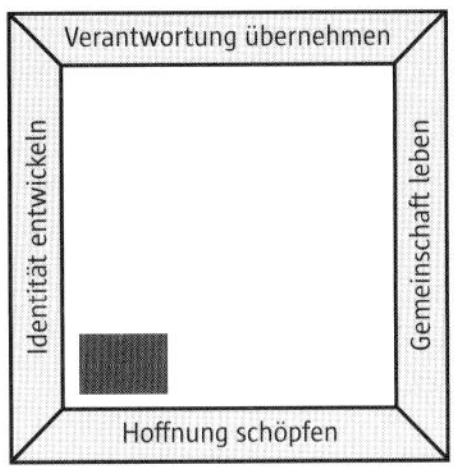

Ausgewählte Texte aus der Exodusgeschichte als Beispiele für Gottes rettendes Handeln kennenlernen und entdecken, warum diese Geschichten in der Bibel aufgeschrieben wurden und bis heute Bedeutung haben.

🕒 6–8 Std.

Kompetenzerwartung:

Die Schüler beschreiben Gott als Retter und Befreier Israels aus Unterdrückung. Sie kennen aus alttestamentlichen Texten die aktive und Verantwortung übernehmende Rolle von Frauen.

Theologisch-didaktischer Kommentar

Das 1. Buch Mose endet mit einer geschlossenen Erzählung, dem Aufstieg Josefs in Ägypten. Das 2. Buch Mose geht von einer völlig veränderten Situation aus. Vergessen ist Josef, der glänzende Organisator und Krisenmanager (2. Mose 1,8).
Der Wind hat sich gedreht. Damals, in der Zeit der Hungersnot, durften die Hebräer in Ägypten Getreide kaufen. Jetzt werden sie vom Pharao unterdrückt, weil er ihre wachsende Zahl als Bedrohung ansieht (2. Mose 1,7.9).
Was ist der geschichtliche Kern dieser Aussage?

1. Es ist nicht davon auszugehen, dass sich jemals alle zwölf Stämme Israels in Ägypten aufgehalten haben. Nur kleine Gruppen hebräischer Nomaden waren in Ägypten.* Ihre Erfahrung der Befreiung und ihre Aussagen von einem rettenden Gott wurden im Laufe der Geschichte zu einem wichtigen Teil des Glaubens aller Stämme.
2. In den Auszugserzählungen werden sehr häufig die Begriffe Hebräer und Hebräerinnen verwendet. Texte aus dem Vorderen Orient und Ägypten berichten von den chabiru. Die Lautverwandtschaft ist selbst zum eingedeutschten Wort Hebräer noch deutlich. Chabiru sind Mitglieder einer Volksgruppe, die kein Land besitzen, die keinen sicheren sozialen Status haben und die sich als Fronarbeiter oder Söldner verdingen. Chabiru lässt sich am besten mit „Fremdlinge“ übersetzen.
3. Der Bibeltext unterscheidet nicht zwischen den Bezeichnungen Hebräer (= frühe Nomadengruppen) und Israel (Bund der 12 Stämme und später Name des Nordreiches), sondern benutzt sie gleichwertig.

Nach Abraham und Josef betritt *Mose* als eine *neue Leitfigur* die Szene. Mit ihm beschäftigen sich die Bücher 2–5 des Pentateuchs**. Ägypten, der Auszug mit seinen lebendigen Schilderungen und die imponierende Gestalt des Mose sind tief und kaum hinterfragt im religionspädagogischen Bewusstsein verankert. Dennoch muss die Frage gestellt werden, welche gesicherten geschichtlichen Erkenntnisse es über Mose gibt. „Eine Mose-Biographie wird sich mit Bestimmtheit nie schreiben lassen.“*** Das ist erstaunlich, denn schließlich durchziehen die Mose-Erzählungen vier biblische Bücher. Aber sie sind nicht so sehr daran interessiert, Tatsachen zu berichten. Sie wollen Botschaften transportieren. Es sind Legenden, die aber auf ihren geschichtlichen Hintergrund befragt werden müssen.

Schifra und Pua

Text (2. Mose 1,13-22)

> [13] *Da zwangen die Ägypter die Israeliten unbarmherzig zum Dienst* [14] *und machten ihnen*
> *ihr Leben sauer mit schwerer Arbeit in Ton und Ziegeln und mit mancherlei Frondienst auf dem Felde, mit all ihrer Arbeit, die sie ihnen auflegten ohne Erbarmen.*
> [15] *Und der König von Ägypten sprach zu den hebräischen Hebammen, von denen die eine Schifra hieß und die andere Pua:*
> [16] *Wenn ihr den hebräischen Frauen helft und bei der Geburt seht, dass es ein Sohn ist, so tötet ihn; ist's aber eine Tochter, so lasst sie leben.*

* Im Folgenden Exodusgruppe genannt.
** Pentateuch bezeichnet die 5 Bücher Mose.
*** Staubli 2003, S. 167

17 Aber die Hebammen fürchteten Gott und ta-
ten nicht, wie der König von Ägypten ihnen ge-
sagt hatte, sondern ließen die Kinder leben.
18 Da rief der König von Ägypten die Hebammen
und sprach zu ihnen: Warum tut ihr das, dass
ihr die Kinder leben lasst?
19 Die Hebammen antworteten dem Pharao: Die
hebräischen Frauen sind nicht wie die ägypti-
schen, denn sie sind kräftige Frauen. Ehe die
Hebamme zu ihnen kommt, haben sie geboren.
20 Darum tat Gott den Hebammen Gutes. Und
das Volk mehrte sich und wurde sehr stark.
21 Und weil die Hebammen Gott fürchteten, seg-
nete er ihre Häuser.
22 Da gebot der Pharao seinem ganzen Volk
und sprach: Alle Söhne, die geboren werden,
werft in den Nil, aber alle Töchter lasst leben.

Das Buch Exodus* beginnt sofort mit dem Grundthema, der Befreiung aus Ägypten. Die Hauptakteurinnen sind Frauen. Weil der Pharao die wachsende Zahl der Hebräer fürchtet, befiehlt er die Hebammen Schifra und Pua zu sich. Bei der Geburtshilfe sollen sie den männlichen Nachwuchs der Hebräer töten. Offenbar schätzt der Pharao sie als kooperationswillig ein. Aber er hat sich getäuscht. Die Wegbereiterinnen des Lebens wehren sich mit Befehlsverweigerung. Sie tun einfach nicht, was von ihnen verlangt wird, denn sie fürchten Gott (1. Mose 1,17). Sie nehmen für sich das Recht des Ungehorsams zum Schutz der Mütter und ihrer Söhne in Anspruch. Vom Pharao deswegen zur Rede gestellt, belügen sie ihn mit mutiger Dreistigkeit: „Bei dem Tempo, mit dem die hebräischen Frauen gebären, kommen wir immer zu spät." Von Gott wird ihre entschiedene Haltung belohnt.
Daraufhin erweitert der Pharao den Tötungsbefehl: Alle neugeborenen Söhne der Hebräer sind in den Nil zu werfen.
Die Geschichte Israels hatte mit Gottes Versprechen zahlreicher Nachkommenschaft für Abraham begonnen. In dieser Verheißungslinie stehen Schifra und Pua, die nicht zulassen, dass das Volk der Hebräer dezimiert wird.

Geburt des Mose

Text (2. Mose 2,1-10)

1 Und es ging hin ein Mann vom Hause Levi und
nahm ein Mädchen aus dem Hause Levi zur
Frau. 2 Und sie ward schwanger und gebar ei-
nen Sohn. Und als sie sah, dass es ein feines
Kind war, verbarg sie ihn drei Monate. 3 Als sie
ihn aber nicht länger verbergen konnte, machte
sie ein Kästlein von Rohr und verklebte es mit
Erdharz und Pech und legte das Kind hinein und
setzte das Kästlein in das Schilf am Ufer des Nil.
4 Aber seine Schwester stand von ferne, um zu
erfahren, wie es ihm ergehen würde. 5 Und die
Tochter des Pharao ging hinab und wollte baden
im Nil, und ihre Gespielinnen gingen am Ufer hin
und her. Und als sie das Kästlein im Schilf sah,
sandte sie ihre Magd hin und ließ es holen.
6 Und als sie es auftat, sah sie das Kind, und
siehe, das Knäblein weinte. Da jammerte es sie,
und sie sprach: Es ist eins von den hebräischen
Kindlein. 7 Da sprach seine Schwester zu der
Tochter des Pharao: Soll ich hingehen und eine
der hebräischen Frauen rufen, die da stillt, dass
sie dir das Kindlein stille? 8 Die Tochter des
Pharao sprach zu ihr: Geh hin. Das Mädchen
ging hin und rief die Mutter des Kindes. 9 Da
sprach die Tochter des Pharao zu ihr: Nimm das
Kindlein mit und stille es mir; ich will es dir
lohnen. Die Frau nahm das Kind und stillte es.
10 Und als das Kind groß war, brachte sie es der
Tochter des Pharao, und es ward ihr Sohn, und
sie nannte ihn Mose; denn sie sprach: Ich habe
ihn aus dem Wasser gezogen.

Zu wunderbar fügen sich die Ereignisse aneinander. Zu deutlich sind die märchenhaften Züge. Zu viele ähnliche Erzählungen gibt es im Mittelmeerraum und im Vorderen Orient. Zu bekannt ist die Grundstruktur von Aussetzung, Rettung, Adoption und Namensgebung. Dieser Text ist eine Rettungslegende. Und wieder sind es Frauen, die die Rettung in die Hand nehmen. Sie tragen keine Namen. Vielleicht soll dadurch die Namensgebung der Hauptperson als großes Ereignis hervorgehoben werden. In einem wasserdichten Papyruskistchen setzt eine hebräische Frau ein namenloses Kind auf dem Nil aus. Sie schickt es in eine unsichere Zukunft, vielleicht sogar in den Tod. Aber im Vertrauen auf seine Rettung geht sie das Risiko ein. Die Pharaonentochter erkennt sofort, dass es sich um ein hebräisches Kind handelt und zeigt Mitleid. Genau wie Pua und Schifra handelt sie gegen die Direktive ihres Vaters. Das ist der geeignete Moment für den Auftritt der Schwester des Kindes. Sie bietet ihre Vermittlung einer Amme an. Während der damals üblichen zwei- bis dreijährigen Stillzeit kehrt das Kind zu seiner Mutter zurück (2. Mose 2,9). Und die bekommt auch noch Kindergeld aus der Palastkasse. Welch eine Ironie! Erst als das Kind herangewachsen ist, übergibt die Mutter es der Pharaonentochter. Aber

---

* Genesis (Entstehung) = 1. Buch Mose
Exodus (Auszug) = 2. Buch Mose
Levitikus (priesterliche Ordnungen) = 3. Buch Mose
Numeri (Zahlen) = 4. Buch Mose
Deuteronomium (Zweites Gesetz) = 5. Buch Mose

es hat noch immer keinen Namen. In 2. Mose 2,10 wählt die Pharaonentochter einen hebräischen Namen aus. Mose bedeutet hier: „Ich habe ihn aus dem Wasser gezogen“ oder „der Herausgezogene“. Diese Deutung ist aus grammatikalischen Gründen aber sehr umstritten, sodass die Vermutung nahe liegt, dass es sich um einen ägyptischen Namen handelt. Der lässt sich vom ägyptischen Verb für gebären ableiten. Das Verb findet sich zum Beispiel in den Pharaonennamen Thut-moses und Ra-mses (geboren von Ra oder Sohn des Ra). Mose ist dann die Kurzform eines solchen Namens, und die ist in Ägypten belegt. Dies passt auch besser zu der geschilderten Adoption des Mose durch die Pharaonentochter. Damit ist Mose naturalisiert. Das Ziel der Legende ist erreicht. Sie entbehrt aber nicht einer gewissen Pikanterie: Der Befehl des Pharao bringt seinen späteren Gegner an den Hof. Und ausgerechnet unter dem Schutz seiner Tochter wächst er heran. So hatte er das nicht geplant. Doch der Leser weiß, dass Gott seine Hände im Spiel hat, auch wenn er nicht genannt wird. Der im *Verborgenen wirkende Gott* hat eine wirklich *geniale Führungsstrategie* entwickelt.

Blut schützt

Text (2. Mose 12,12-13)

> 12 *Denn ich will in derselben Nacht durch Ägyptenland gehen und alle Erstgeburt schlagen in Ägyptenland unter Mensch und Vieh und will Strafgericht halten über alle Götter der Ägypter.*
> 13 *Dann aber soll das Blut euer Zeichen sein an den Häusern, in denen ihr seid: Wo ich das Blut sehe, will ich an euch vorübergehen, und die Plage soll euch nicht widerfahren, die das Verderben bringt, wenn ich Ägyptenland schlage.*

Die Ankündigung von der Tötung der erstgeborenen Söhne der Ägypter ist in die Einsetzung des Pessach-Festes eingebettet. Dieses Vorgehen Gottes klingt wie ein Racheakt gegen den Befehl des Pharao, die hebräischen Erstgeborenen umzubringen. Um Nebenwirkungen auf die Exodusgruppe zu verhindern, soll diese die Türpfosten und den Türsturz mit dem Blut eines Opfertieres bestreichen. Wer die Anweisung befolgt, an dem wird der vernichtende Gott vorübergehen.
Woher kommt dieser Blutritus? Das Schlüsselwort zur Lösung dieser Frage liegt in dem hebräischen Verb pasach. Pessach oder Passa leiten sich davon ab. Pasach hat mehrere Bedeutungen: lahm sein und hinken aber auch tanzen, über etwas hinweghüpfen und etwas überspringen. Die Wurzeln des Passa liegen bei den Kleinviehnomaden, die in der Steppe lebten. Ein Opferritus wurde zu Beginn der Dürrezeit im April vorgenommen. Der April ist die Zeit, in der der Chamsin, der 50-Tage-Wind, ein trockener, heißer Ostwind aus der Wüste, über die Steppe zu wehen beginnt. Dann sinkt die relative Luftfeuchtigkeit auf 10–20 Prozent. In der Steppe versiegen die Quellen und die Wasserstellen trocknen aus. Das Gras verdorrt. Dieser Klimawechsel verursacht Durchfall und Ausschlag. Die trockene Hitze entzieht dem Körper das Wasser und verringert die Widerstandskraft der Menschen*. Ephraim Kishon berichtet: „Wenn der Chamsin bläst, bekommt man keine Luft, kann sich kaum auf den Beinen halten und fühlt das Verdorren der Nervenstränge beinahe plastisch. Einem Beduinen, der während des Chamsin eine seiner Frauen umbringt, geschieht nichts.“** Für die Kleinviehnomaden ist es nun höchste Zeit, die Weideplätze zu wechseln und sich mit den Herden in Richtung Kulturland zu bewegen, um dort bis zum Beginn der Regenzeit im Herbst zu überleben.
Nach Ansicht der Nomaden war das Aufkommen des lebensbedrohenden Windes das Werk von Dämonen, die in Gestalt des Windes in der Nacht ihr Unwesen treiben. Deshalb begingen sie zur Zeit der Tagundnachtgleiche (21. März) einen nächtlichen Opferritus vor dem Aufbruch ins Kulturland. Das an die Zelteingänge gestrichene Blut der Opfertiere sollte die besonders nachts angreifenden Dämonen abwehren und davor schützen, in das Chaos von Hitze, Dürre und Vernichtung gerissen zu werden. Das Blut sollte die Dämonen veranlassen, über die Zelte hinwegzuspringen (= pasach) und Mensch und Tier zu verschonen.
Im Zuge des ständigen Weidewechsels siedelten sich die Kleinviehnomaden im Kulturland an, gaben aber ihre Bräuche nicht auf. Der Schutzritus wurde im Laufe der Zeit in einen anderen und passenden Kontext übertragen. Seine neue Heimat fand er in der Exodustradition. Aus dem Überspringen der Zelte durch die Dämonen wurde nun das Verschonen der Erstgeborenen und das Vorbeigehen Gottes an den Häusern der Exodusgruppe.
Kinder haben eher die Vorstellung von einem friedlichen, gnädigen und liebenden als von einem kriegerischen Gott, der alle Erstgeborenen vernichtet. Jahwe Zebaoth, der die Erstgeborenen vernichtet, wird auch die ägyptischen Reiter und Rosse ins Meer werfen (2. Mose 15,21). Die Flüchtenden werden die toten Ägypter am Ufer des Meeres liegen sehen (2. Mose 14,30). Die Exodusgruppe wird sich darüber freuen und Mirjam und die Frauen werden ein Siegeslied singen. Denn Gott hat seine taktischen Fähigkeiten bewiesen und der Exodusgruppe die Flucht ermöglicht. Entstanden ist das Bild eines Gottes, der nicht zimperlich mit

* Keel 1972, S. 414–434
** Kishon 2003, S. 107

seinen Gegnern umgeht. Konsequenz seines Einsatzes ist: Das Volk glaubt an ihn (2. Mose 14,31). Der von Gott geführte Krieg produziert den Glauben.
Fazit: Die geschichtliche Situation prägt das Gottesbild.

Wie ist mit dieser Erkenntnis umzugehen?

1. Die Vorstellung von kriegführenden Göttern findet sich im ganzen Kulturkreis des Vorderen Orients, und Israel macht keine Ausnahme. Ohne Beteiligung der Götter gibt es keinen Krieg. Sie unterstützen die Truppen, sie nehmen es allein mit dem Feind auf und setzen übernatürliche Kampfmittel (z. B. Blitze und Steinregen) ein. Deshalb lesen sich auch viele Kriegsschilderungen im AT wie religiös überhöhte Frontberichte.
2. Eine konsequent sich durchziehende pazifistische Linie gibt es im AT zwar nicht, wohl aber den Versuch (5. Mose 20,1-20), eine rechtliche Basis zu schaffen, um die schrecklichsten Kriegsgräuel zu verhindern und den prophetischen Traum von einer friedlichen Welt zu verwirklichen.
3. Das AT verschweigt nicht, dass Gewalt und Krieg seit Kain und Abel Teile der Geschichte sind.
4. Alle situativen Gottesbilder, also auch das kriegerische, müssen an 2. Mose 3,14 gemessen werden: Ich bin, der ich sein werde.

Teilung des Meeres

Text (2. Mose 14, 29-30)

> [29] *Aber die Israeliten gingen trocken mitten durchs Meer, und das Wasser war ihnen eine Mauer zur Rechten und zur Linken.* [30] *So errettete der Herr an jenem Tage Israel aus der Ägypter Hand. Und die sahen die Ägypter tot am Ufer des Meeres liegen.*

Zwei Fragen werden immer wieder zur Erzählung vom Durchzug durch das Meer gestellt. Wo hat er stattgefunden? Gibt es eine Erklärung für das, was da geschehen ist?

Für den Durchzug gibt es drei Lokalisierungstheorien (s. Karte rechts):

1. Am Sirbonischen See östlich vom Nildelta. Antike Schriftsteller berichten vom Versinken und Verschwinden ganzer Armeen im wässrigen Schlamm.
2. Am Golf von Akaba, wo sich das Schilfmeer befunden haben soll.
3. An der Nordspitze des Golfes von Suez.

Alle drei Theorien überzeugen nicht gänzlich und bleiben hypothetisch.

Einen Erklärungsversuch zum Durchschreiten bietet 2. Mose 14,21: Ein starker Ostwind macht den Meeresboden wasserfrei. Im richtigen Moment fließt das Wasser dann wieder zurück und die Ägypter kommen um. Das Teilen des Wassers ist unrealistisch. Nun wird aber diese Erzählung nicht total aus der Luft gegriffen sein.
Eine Erinnerung an eine Rettung am Wasser steckt wohl dahinter. Aber leider wissen wir nicht genau, was und wo es geschehen ist. Wenn diese beiden Fragen nicht zufriedenstellend zu beantworten sind, was ist dann der geschichtliche Boden, auf dem wir uns bewegen?

Sicher ist, ...

- dass einer kleinen Gruppe von Hebräern, der Exodusgruppe, die Flucht aus Ägypten gelang.
- dass die Exodusgruppe von ägyptischen Grenztruppen verfolgt wurde.
- dass die Exodusgruppe ein Wassergebiet durchquert haben muss.
- dass ein Führungsteam eine Rolle spielte.
- dass die Exodusgruppe eine Rettung erfahren hat.
- dass die Rettung theologisch interpretiert wurde.
- dass die Exodusgruppe mit ihrer Befreiungserfahrung zur Keimzelle, „zum theologischen Sauerteig“*, des späteren Israel wurde.
- dass der Auszug um 1200 v. Chr. stattfand.

Durchzug durch das Meer

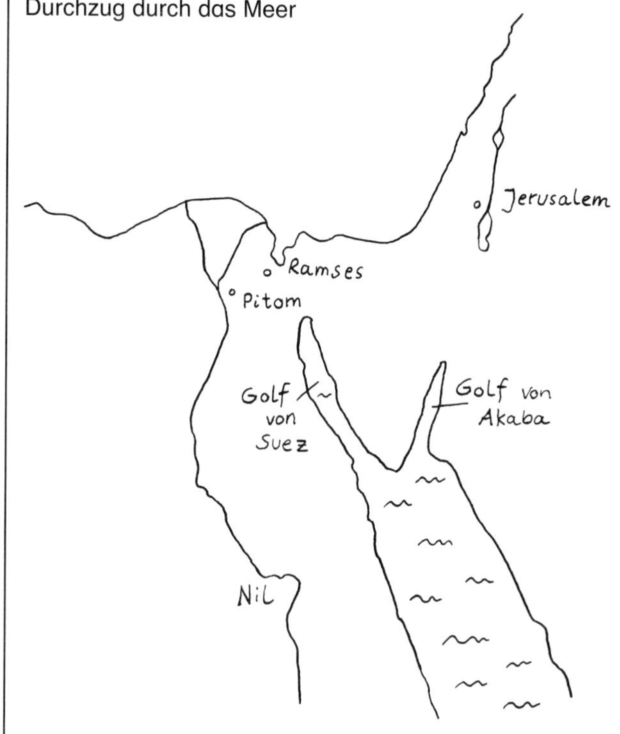

* Weimar/Zenger 1975, S. 115

Wer die Rettung am Meer (2. Mose 14) nacherzählt, merkt, dass es sich hier um ein Zeugnis des Glaubens handelt, in dem es um die Auseinandersetzung zwischen Gott und Pharao geht. Gott ist der Held, der dem Pharao entgegentritt. Mose spielt eine untergeordnete Rolle. Er hebt die Hand, aber Gott handelt. Die Machtdemonstration des Pharao mit mehr als 600 Kriegswagen wird zu einer Niederlage. Kein Naturereignis hat ihn besiegt, sondern Gott. Alles wird mit lebendigen Bildern erzählt. Zu überlegen ist aber noch eins: Macht die Exodusgruppe eine Erfahrung, die sie später ihrem Gott zuschreibt oder unternimmt sie im Vertrauen auf ihren Gott das Wagnis einer Durchquerung? Immerhin befindet sie sich in einer gefährlichen Klemme. Vor ihr das Meer und im Rücken die Ägypter: Tod auf beiden Seiten. Wer ins Wasser geht, versinkt oder lernt schwimmen. Denn „das Wasser ist verschlingend und gebärend zugleich.“* Kommt die Exodusgruppe neugeboren, das Leben gerettet ans Land, dann hat sie Grund, mit Mirjam und den Frauen zu singen.

Mirjams Pauke

Text (2. Mose 15,20f)

> [20] *Da nahm Mirjam, die Prophetin, Aarons Schwester, eine Pauke in ihre Hand, und alle Frauen folgten ihr nach mit Pauken und Reigen.*
> [21] *Und Mirjam sang ihnen vor: Laßt uns dem Herrn singen, denn er hat eine herrliche Tat getan; Roß und Mann hat er ins Meer gestürzt.*

Mirjam die Prophetin

Die Rettung der Hebräer hat mit dem mutigen Widerstand zweier Hebammen begonnen und endet mit dem kurzen Auftritt Mirjams. Wer Kapitel 15 ganz liest, ist erstaunt, wie Mose in einem Hymnus breit entfaltet, was Mirjam in zwei Zeilen auf den Punkt bringt: Gott hat unser Volk befreit.
In welchem der beiden Lieder liegt der Höhepunkt, im Mosehymnus oder im Mirjamlied? Nimmt man den Mosehymnus einfach aus dem Text heraus und schließt die beiden Mirjamverse an 2. Mose 14,29 an, dann entsteht ein Zusammenhang und die Erzählung hat einen Sinn: Die Grenztruppen des Pharao versinken (2. Mose 14,28) und die Exodusgruppe bleibt vom Wasser unbehelligt. Die Prophetin weiß, was in diesem Moment zu tun ist: Unter dem Eindruck der gerade geschehenen Rettung preist sie Gott. Mirjam greift zur Handtrommel. Sie stimmt das Lied der Befreiung an und singt es dem Volk vor. Sie hat ein Gespür für die Dramatik der Situation. Die Redaktoren aber behandeln Mirjam schlecht und setzen ihrem Lied den breiten Mosehymnus vor die Nase. Sie lassen ihr Lied wie ein kleines, unbedeutendes Liedchen erscheinen. Und sie gehen noch einen Schritt weiter. Sie „nahmen ihr das Lied einfach aus dem Mund und gaben es ... Mose“.** Aus den wenigen Erwähnungen Mirjams im AT geht hervor, dass sie als Prophetin zum Führungskreis der Ägyptenflüchtlinge gehörte. Mit Mose entzündete sich ein Kampf um den Führungsanspruch, weil er ihre Fähigkeit bestritt, eine kompetente Prophetin zu sein (4. Mose 12). Um die Bedeutung Mirjams zu schmälern, wurde sie einfach zur Schwester des Mose gemacht (2. Mose 2, 2.4 und 7).

Mirjam die Musikerin

Die Handtrommel schlagend, singend und tanzend treten Mirjam und die Frauen auf.
Die von Frauen gespielte Handtrommel war ein im Vorderen Orient verbreitetes Instrument. Sie spielten eine vom Rhythmus bestimmte Musik. Im Gegensatz zum Tamburin hat die Handtrommel keine Schellen oder Glöckchen. Die hebräische Bezeichnung für Handtrommel lautet top. Das ist ein lautmalerischer Name, der den Klang des Instruments nachahmt. Frauengruppen, die singend, tanzend und trommelnd auftreten, werden drei Mal im AT genannt (Richter 11,34, 1. Sam. 18,6). Obwohl die Redaktoren Mirjam nur zwei Verse zugestanden haben, entsteht dennoch ein lebendiges Bild der Führerin und Musikerin.

Am Beispiel dieser ausgewählten Passagen aus der Exodusgeschichte sollen die Kinder erkennen, wie Gott sein Volk rettet und bewahrt. Gleichzeitig entdecken sie, dass die Geschichten der Bibel von Menschen aufgeschrieben wurden, weil sie etwas Wesentliches von Gott mitteilen. Dabei entwickeln die Kinder ein Gespür dafür, dass Menschen diese Geschichten immer in einer bestimmten Situation und mit einer bestimmten Absicht erzählt haben (vgl. dazu auch das Kapitel 2 „Fragen zur Entstehung der Welt“).
Somit erwerben die Kinder im dritten Schuljahr Kenntnisse über den Inhalt und die Auslegung biblischer Geschichten. Um diese Ebene für die Kinder deutlich zu machen, schlüpfen sie in die Rolle von Bibeldetektiven. Damit die Textarbeit überschaubar bleibt, beschäftigen sich die Gruppen arbeitsgleich mit unterschiedlichen Bibelstellen. Durch die Präsentation der Gruppenergebnisse und die Anfertigung des Aufklappbuches ist für jedes Kind der Zugang zu allen Texten gewährleistet.

* Fischedick 1987, S. 84
** Trible 1994, S. 172
(„redactors ... took the song right out of her mouth and gave it ... to Moses.“)

Bausteine der Unterrichtsreihe

Baustein 1: Darum erzählen wir Geschichten

Unterrichtsmaterial:

- Material für die Mitte (Ritual-Kerze, Bücher, Bibel)
- Rätsel **M 3.1**
- heller Plakatkarton
- dicker Faserschreiber, Magnete

Unterrichtsschritte:

1. Die Kinder *sitzen* um eine gestaltete *Mitte*. In dieser Mitte steht die Ritual-Kerze und liegen Bücher mit Geschichten, die die Kinder in der Schule schon kennen gelernt haben.

2. L *führt* mit den Kindern ein *Gespräch* darüber, warum wir Menschen uns gegenseitig Geschichten erzählen:
   - um anderen etwas mitzuteilen, was wir erlebt haben
   - um von bestimmten Traditionen zu erzählen (z. B. „Wenn ich traurig war, dann hat meine Oma mir immer eine heiße Schokolade gekocht" oder „Wenn ich enttäuscht war, dann hat meine Mutter mir immer eine Geschichte erzählt, die sie schon von ihrer Mutter gehört hat" ...)

3. L legt die *Bibel* in die gestaltete *Mitte* und führt mit den Kindern ein *Gespräch* darüber,
   - ob es einen Unterschied zwischen der Bibel und den anderen Büchern auf dem Tuch gibt.
   - was das Besondere an der Bibel ist.
   - ob es ein Kriterium gibt, das allen Geschichten der Bibel gemeinsam ist (z. B. Sie erzählen alle auf unterschiedliche Art und Weise von Gott).

4. Die Kinder *lösen* das *Rätsel* und erinnern sich so an Geschichten, die sie schon aus der Bibel kennen. L *sammelt* die *Lösungen* auf einem Plakat, das an der Tafel befestigt ist. Das Lösungswort wird erst in Baustein 2 ermittelt. **M 3.1**

5. Die Kinder *vermuten*, warum diese Geschichten erzählt und dann sogar aufgeschrieben wurden:
   - um sich zu unterhalten
   - weil es spannend ist
   - damit sie nicht vergessen werden
   - weil sie etwas über Gott erzählen
   - weil in ihnen Botschaften über Gott verborgen sind
   - damit sie die Menschen froh machen

Baustein 2: Geschichten über das Volk Israel

Unterrichtsmaterial:

- Folie von Material: „Israel und Ägypten zur Zeit des AT" (Folie 2) **M 3.2**
- Plakat des gelösten Rätsels aus Baustein 1
- rote Wachsmalkreide
- Magnete
- Lupe
- Aufgabenkarten für die Gruppenarbeit **M 3.3–3.7**
- Arbeitsblatt **M 3.8**
- DIN-A3-Kopie des Arbeitsblattes

Unterrichtsschritte:

1. L *befestigt* das *Plakat* mit dem gelösten Rätsel (s. Baustein 1) an der Tafel. Gemeinsam mit den Kindern wird das *Lösungswort* „Volk Israel" *ermittelt*. Zur besseren Sichtbarkeit werden die Buchstaben mit roter Wachsmalkreide übermalt.*

2. L führt die Kinder in den weiteren Ablauf der Unterrichtsreihe ein:

   Wir haben herausgefunden, warum Menschen Geschichten erzählen und warum die Geschichten der Bibel immer weiter erzählt werden:
   – weil sie mitteilen, wie Gott ist
   – weil man in ihnen Gottes Spuren entdecken kann
   Manchmal sind diese Spuren nicht gleich auf den ersten Blick zu sehen (L nimmt eine Lupe zur Hand), deshalb müssen wir sehr genau hinschauen.

   L *erinnert* an die Geschichte von *Josef*, der auch oft das Gefühl hatte, von Gott verlassen zu sein und keine Spur mehr von ihm entdecken konnte. Bei genauerem Hinsehen stellten die Kinder allerdings fest, dass Gott Josef auf seinem Weg immer begleitete (s. Band 2, S. 190 ff.).
   Die Kinder *erzählen* von weiteren *Spuren Gottes*, die in den anderen Geschichten, die sie bereits kennen, zu entdecken sind.

3. L: *In den nächsten Stunden werden wir uns mit neuen Geschichten aus der Bibel beschäftigen, die von einem Volk namens Israel erzählen. Wir werden uns diese Geschichten genau anschauen und wie Detektive herausfinden, welche Spuren Gottes in ihnen zu finden sind. Damit wir auch die winzigsten*

* Möglicherweise erinnern sich die Kinder an das Volk Israel aus dem Kapitel 2 „Gott als Schöpfer".

Spuren finden können, müssen wir sie ganz genau unter die Lupe nehmen.

4. Mithilfe der Karte und der Lupe *entdecken* die Kinder *Ägypten* und erfahren, dass hier die Geschichte beginnt. Sie *erinnern* sich an das, was sie schon alles über dieses *Land* wissen, z. B. durch die Geschichte von Josef (s. Band 2, S. 190 ff.). **M 3.2**

5. L *beschreibt* den Kindern kurz, in welcher *Situation* sich das Volk Israel befand (vgl. dazu den didaktischen Kommentar):
   - Schon Josefs Brüder zogen nach Ägypten, weil es dort genug zu essen gab.
   - Der regierende Pharao wusste nichts mehr von Josefs guten Taten für Ägypten.
   - Der Pharao hatte Angst, dass das Volk Israel in seinem Land zu groß und zu mächtig würde.
   - Die Israeliten waren nicht sehr angesehen, sie wurden als Fremdlinge bezeichnet.
   - Sie mussten für den Pharao harte Arbeiten auf den Feldern und beim Bau der Paläste verrichten. Wenn sie sich nicht fügten, wurden sie bestraft.
   - Sie durften das Land nicht verlassen.

6. Die Kinder werden in die Arbeit der Geschichtendetektive eingeführt, deren Aufgabe es ist, die *biblischen Geschichten* genau zu *erforschen* und unter die Lupe zu nehmen. Dabei gilt es wie bei der Arbeit von Detektiven, den Handlungsort und die Personen zu ermitteln, den Text genau anzusehen und die Spuren Gottes zu entdecken. Zur Erklärung der Aufgaben *hängt* L das auf DIN A3 vergrößerte *Arbeitsblatt* an die Tafel. **M 3.8**

7. In *Gruppenarbeit* werden mittels der Aufgabenkarten fünf unterschiedliche Geschichten bearbeitet. **M 3.3–3.7**

8. Die Gruppen *sammeln ihre Ergebnisse* auf dem Arbeitsblatt. **M 3.8**

Beachte:

Das DIN-A4-Blatt wird erst später auseinander geschnitten. Damit es bei der Ordnung der einzelnen Zettel kein Durcheinander gibt, muss jede Gruppe ihr Zeichen oder ihre Ziffer auf den einzelnen Blättern in dem vorgegebenen Kästchen eintragen. Nachdem die Ergebnisse festgehalten wurden, wird jedes der fünf ausgefüllten Arbeitsblätter für alle Kinder vervielfältigt und jeweils für die Präsentation (s. Baustein 3) einmal auf DIN A3 vergrößert.

M 3.8

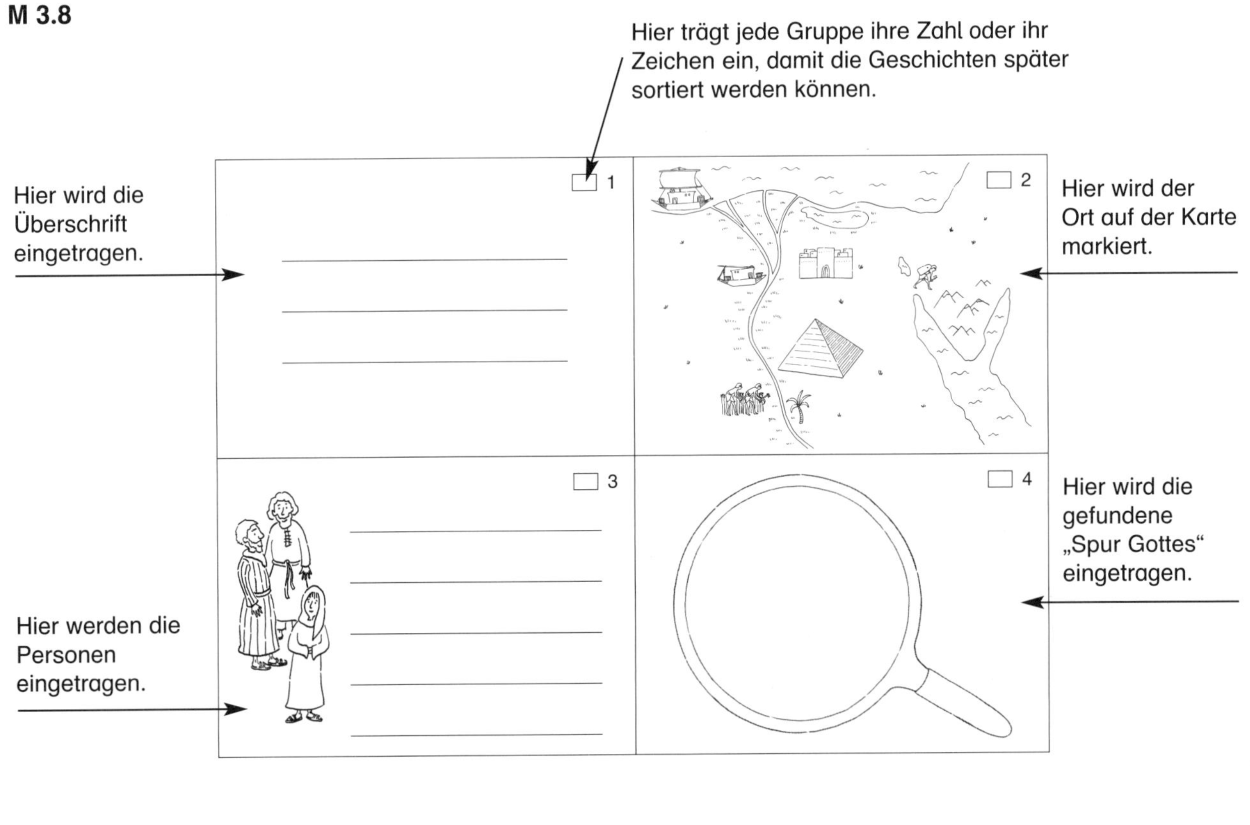

Baustein 3: Die Entdeckungen der Geschichtendetektive

Unterrichtsmaterial:

- ▷ Anleitung Aufklappbuch **M 3.9**
- ▷ Ausgefüllte Arbeitsblätter (**M 3.8**) aus Baustein 2 (vervielfältigt für jedes Kind in DIN A4)
- ▷ Ausgefüllte Arbeitsblätter (**M 3.8**) aus Baustein 2 je einmal vergrößert auf DIN A3
- ▷ Magnete
- ▷ Bunte Tonpapierstreifen (DIN-A4-Blätter längs halbiert)
- ▷ Scheren, Locher und Band
- ▷ Lied: „Hört auf Gott" (◎ Track 7/8) **M 3.10**

Unterrichtsschritte:

1. Die Kinder *sitzen* im *Halbkreis* vor der Tafel. Die auf DIN A3 vergrößerten Arbeitsblätter (s. Baustein 2) werden mit Magneten an der Tafel befestigt.

2. Gemeinsam mit L *finden* die Kinder heraus, in welcher *Reihenfolge* die bearbeiteten Geschichten in der Bibel erzählt werden. L weist darauf hin, dass die unter den Geschichten angegebenen Textstellen auf die Reihenfolge hindeuten.

3. Die einzelnen Gruppen *stellen* ihre *Ergebnisse* vor. Sie beginnen mit dem Verlesen der Geschichte, die sie untersucht haben. Zwischen den Präsentationen kann das Lied „Hört auf Gott" gesungen werden. **M 3.10**

4. *Zusammenfassend* arbeitet L mit den Kindern heraus,
   - dass es wichtig war, die Geschichten in eine Reihenfolge zu bringen, weil sie ein größeres Ganzes sind.
   - was die Geschichte als Ganzes in ihrem Ablauf erzählt.
   - welche Personen in dieser Geschichte eine besondere Rolle spielen.

5. *Vertiefend* weist L darauf hin, dass eine Person ausdrücklich etwas über Gott sagt und damit die ganze Geschichte zusammenfasst. Die Kinder finden heraus, dass dies in dem Lied der Mirjam geschieht. L schreibt den ersten Teil des Mirjam-Lieds an die Tafel: „Singt Gott, denn er hat eine mächtige Tat getan."

6. Die Kinder *überlegen,* welche herrlichen Taten Gottes (Spuren Gottes) sie in den Geschichten gefunden haben und *ergänzen* das *Mirjam-Lied* dementsprechend:
   - Ross und Mann hat er ins Meer gestürzt.
   - Er hat die Kinder des Volkes Israel gerettet.
   - Er hat Mose gerettet.
   - Er hat die Ägypter bestraft und die Israeliten gerettet.

7. Es wird gemeinsam überlegt, welche Tat (Spur) Gottes allen Geschichten gemeinsam ist. Daraus *formuliert* jedes Kind einen *Titel* für das Deckblatt des von ihm zu gestaltenden Aufklappbuches (z. B. Gott rettet, Gott hilft).

8. Danach wird in folgenden Schritten ein eigenes Notizbuch als Aufklappbuch gestaltet: **M 3.9**
   - Das Deckblatt wird mit dem gefundenen Titel beschriftet.
   - Die einzelnen Arbeitsblätter werden auseinandergeschnitten und die Geschichten in die besprochene Reihenfolge gebracht.
   - Die Blätter werden gelocht und mit einem Band zusammengebunden.
   - Die Blätter werden in das Deckblatt gelegt.

9. L erinnert noch einmal daran, warum diese Geschichten in der Bibel aufgeschrieben wurden.
   L führt mit den Kindern ein abschließendes *vertiefendes Gespräch* über die Fragen:
   Warum erzählen wir diese Geschichten heute noch? *(Weil wir aus diesen alten Geschichten etwas über Gott erfahren.)*
   Warum haben wir zu diesen Geschichten ein Buch gemacht? *(Weil wir das, was wir herausgefunden haben, behalten wollen.)*

10. Lied: „Hört auf Gott" **M 3.10**

Rätsel

M 3.1

1. Mit welchem Zöllner hat Jesus gemeinsam an einem Tisch gegessen?
2. Wer wurde von Gott nach Ninive geschickt und landete im Bauch eines Fisches?
3. In welche Stadt zog Jesus auf einem Esel ein?
4. Wohin legte Maria ihr Kind, als es in einem Stall geboren wurde?
5. Wem erzählten die Engel zuerst etwas von der Geburt Jesu?
6. Wer segnete die Kinder?
7. Wie hießen die ägyptischen Herrscher?
8. Wen heiratete Rut?
9. Abraham machte sich mit seiner Frau Sara auf einen langen ... in ein unbekanntes Land.
10. Welchen Beruf hatten Levi und Zachäus?

Aufgabenkarte zu 2. Mose 1,13-22

M 3.3

Viele Jahre lebten die Israeliten nun schon in Ägypten und wurden ein großes Volk. Ein neuer Pharao kam auf den Thron, der vor den vielen Israeliten im Land Angst hatte. Er sagte: „Wir müssen etwas gegen sie tun." Deshalb suchte der Pharao besonders schwere Arbeit für sie aus: aus Lehm Ziegel formen, Städte bauen und auf den Feldern schuften. Und er ließ sie streng bewachen. Weil die Israeliten nicht weniger wurden, rief der Pharao Schifra und Pua zu sich. Das waren zwei hebräische Hebammen.

Ihnen befahl er: „Wenn ihr seht, dass eine hebräische Frau einen Sohn zur Welt bringt, dann tötet ihn. Ist es ein Mädchen, dann lasst es leben." Aber die Hebammen taten nicht, was der Pharao ihnen befohlen hatte. Weil sie an Gott glaubten, ließen sie die Jungen am Leben. Der Pharao erfuhr davon. Er befahl Schifra und Pua zu sich und fragte: „Warum lasst ihr die Söhne leben?" Die Hebammen antworteten: „Immer, wenn wir zu den hebräischen Frauen kommen, sind die Kinder schon geboren." Da befahl der Pharao seinem ganzen Volk: „Alle neugeborenen Söhne der Hebräer werft in den Nil! Aber die Töchter lasst am Leben!"

Gott segnete Schifra und Pua für das, was sie getan hatten.

Hebräer = Israeliten

1. Lies den Text sorgfältig.
2. Finde eine Überschrift für die Geschichte.
3. Schreibe sie auf die Linie von Blatt 1.
4. Markiere auf der Landkarte (Blatt 2), wo die Geschichte spielt.
5. Schreibe auf Blatt 3, welche Personen in der Geschichte vorkommen.
6. Schreibe in die Lupe auf Blatt 4, welche Spur von Gott du in der Geschichte entdeckt hast.

Aufgabenkarte zu 2. Mose 2,1-10

M 3.4

Zu dieser Zeit brachte eine hebräische Frau einen Sohn zur Welt. Und als sie sah, dass es ein schönes Kind war, versteckte sie es drei Monate. Weil sie es aber nicht für immer verstecken konnte, machte sie eine kleine Kiste aus Papyrus. Mit Asphalt dichtete sie die Kiste ab. Dann legte sie ihren Sohn hinein. Am Ufer des Nils setzte sie die Kiste ins Schilf. Von weitem beobachtete die Schwester des Jungen, was mit ihm geschah.

Sie sah, wie die Tochter des Pharao zum Nil kam, um zu baden. Ihre Begleiterinnen blieben am Ufer. Im Schilf entdeckte die Tochter des Pharao die kleine schwimmende Kiste. Sofort befahl sie einer Dienerin, diese zu holen. Und als sie den Deckel öffnete, sah sie einen weinenden Jungen. Ihr tat das Kind leid und sie sagte: „Das muss einer von den hebräischen Jungen sein." In diesem Augenblick kam die Schwester und sprach: „Ich kenne eine hebräische Frau, die sich um das Kind kümmern und es stillen kann. Soll ich sie rufen?" Die Tochter des Pharao antwortete: „Lauf und hol diese hebräische Frau." Natürlich lief das Mädchen zur Mutter. Die Tochter des Pharao sagte zu ihr: „Nimm den Jungen, stille ihn und sorge für ihn. Ich werde dich dafür auch bezahlen."

Als er groß war, brachte die Mutter ihren Sohn in den Palast. Die Tochter des Pharao behandelte ihn wie ihren eigenen Sohn und nannte ihn Mose. Das bedeutet: Ich habe ihn aus dem Wasser gezogen.

Hebräer = Israeliten

1. Lies den Text sorgfältig.
2. Finde eine Überschrift für die Geschichte.
3. Schreibe sie auf die Linie von Blatt 1.
4. Markiere auf der Landkarte (Blatt 2), wo die Geschichte spielt.
5. Schreibe auf Blatt 3, welche Personen in der Geschichte vorkommen.
6. Schreibe in die Lupe auf Blatt 4, welche Spur von Gott du in der Geschichte entdeckt hast.

Aufgabenkarte zu 2. Mose 12,12.13

M 3.5

Viele
Jahre arbeiteten die Israeli-
ten für den Pharao. Sie mussten Ziegel
formen, Städte bauen und auf
den Feldern arbeiten.
Immer wieder war Mose zum Pharao gegangen.
Immer wieder hatte er zu ihm gesagt: „Wir wollen nicht
in Ägypten bleiben.
Wir wollen nicht von den Aufsehern bewacht werden.
Wir wollen frei sein.“
Und immer wieder versprach es der Pharao.
Aber immer wieder brach er sein Versprechen.
Ein letztes Mal ging Mose zum Pharao und sprach zu ihm:
„Lass uns gehen, sonst sterben um Mitternacht alle
ältesten Söhne in Ägypten.
Auch dein ältester Sohn wird sterben.
Dann wird ganz Ägypten vor Verzweiflung weinen und schreien.
Aber unseren Söhnen wird nichts geschehen.
Unser Gott wird sie beschützen.
Dann wirst du uns gehen lassen. Da bin ich sicher.
Dann wirst du sagen: Zieht nur fort.
Und wir werden Ägypten verlassen!“

1. Lies den Text sorgfältig.
2. Finde eine Überschrift für die Geschichte.
3. Schreibe sie auf die Linie von Blatt 1.
4. Markiere auf der Landkarte (Blatt 2), wo die Geschichte spielt.
5. Schreibe auf Blatt 3, welche Personen in der Geschichte vorkommen.
6. Schreibe in die Lupe auf Blatt 4, welche Spur von Gott du in der Geschichte entdeckt hast.

Aufgabenkarte zu 2. Mose 14,29.30

M 3.6

Mose
führte die Israeliten
aus Ägypten.
Der Weg ging durch die Wüste.
Sie dachten: In der Wüste sind wir sicher.
Der Pharao schickt uns bestimmt keine Soldaten hinterher.
Und bald haben wir es geschafft.
Doch der Pharao dachte:
Warum habe ich die Israeliten gehen lassen?
Das war ein großer Fehler.
Nun arbeiten sie nicht mehr für mich.
Darum befahl er seinen Soldaten: „Verfolgt die Israeliten!"
Mit schnellen Pferden und Streitwagen setzten sie ihnen nach.
Die Israeliten schrien: „Sollen wir hier sterben?
Wären wir bloß in Ägypten geblieben."
Mose antwortete ihnen: „Seid endlich still.
Gott lässt euch nicht allein."
Die Israeliten kamen an ein großes Wasser.
Und die Ägypter rückten immer näher.
Aber die Israeliten gingen durchs Wasser.
Die Soldaten lagen tot am Ufer.
So rettete Gott sie an diesem Tag.

1. Lies den Text sorgfältig.
2. Finde eine Überschrift für die Geschichte.
3. Schreibe sie auf die Linie von Blatt 1.
4. Markiere auf der Landkarte (Blatt 2), wo die Geschichte spielt.
5. Schreibe auf Blatt 3, welche Personen in der Geschichte vorkommen.
6. Schreibe in die Lupe auf Blatt 4, welche Spur von Gott du in der Geschichte entdeckt hast.

Aufgabenkarte zu 2. Mose 15,20.21

M 3.7

Wasser
bedeckte die Streitwagen
der Ägypter.
Mirjam und die Frauen erreichten zuerst
das rettende Ufer.
Mirjam war ihnen vorangegangen.
Mirjam war immer ganz vorne gewesen.
Mirjam war mutig.
Mirjam war eine Prophetin.
Und Mirjam war eine Musikerin.
Wenn sie ihre Handtrommel schlug, fiel ihr oft eine neue Melodie ein.
Und im Nu entstand daraus ein Lied.
Die Frauen, die wieder auf festem Boden standen, jubelten:
„Gott sei Dank, wir sind gerettet. Wir haben es geschafft."
Als die anderen ans Ufer kamen, griff Mirjam zu ihrer Handtrommel.
Sie schlug einen schnellen Rhythmus:
top top toptoptop top toptoptoptop.
Auch die Frauen holten ihre Handtrommeln hervor: top top toptoptop.
Sie folgten Mirjams Rhythmus.
Und einige fingen an zu tanzen.
Dann begann Mirjam zu singen.
Zuerst hörten die Frauen nur zu,
dann sangen sie mit:
„Singt Gott, denn er hat eine mächtige Tat getan.
Ross und Reiter warf er ins Meer."

1. Lies den Text sorgfältig.
2. Finde eine Überschrift für die Geschichte.
3. Schreibe sie auf die Linie von Blatt 1.
4. Markiere auf der Landkarte (Blatt 2), wo die Geschichte spielt.
5. Schreibe auf Blatt 3, welche Personen in der Geschichte vorkommen.
6. Schreibe in die Lupe auf Blatt 4, welche Spur von Gott du in der Geschichte entdeckt hast.

2 ☐

4 ☐

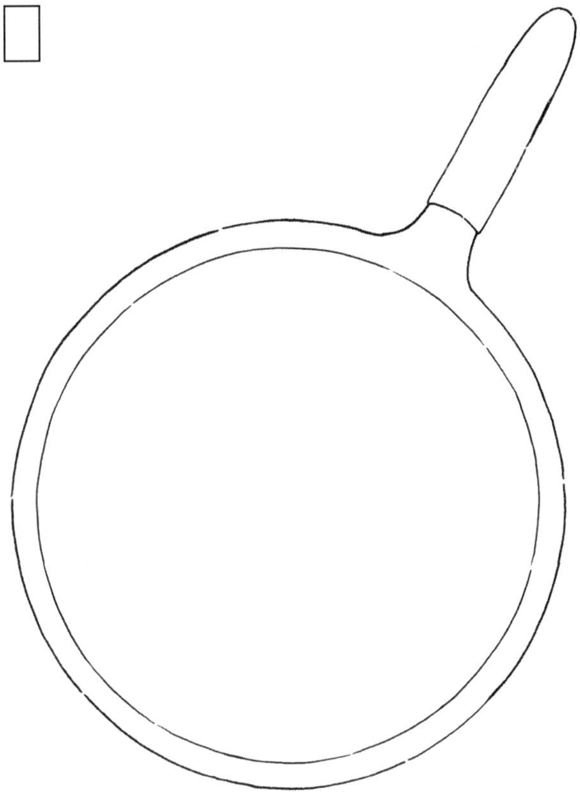

1 ☐

3 ☐

Anleitung Aufklappbuch

M 3.9

①

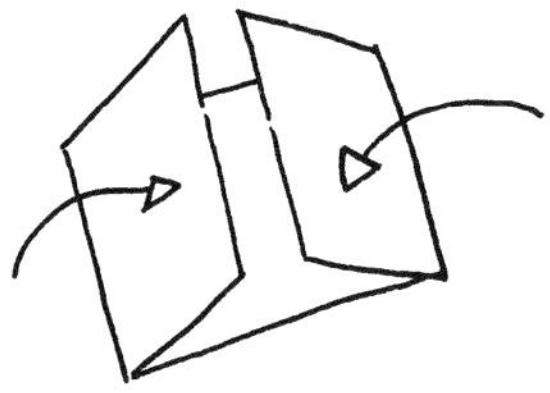

1. Knicke den Streifen Tonpapier von zwei Seiten in die Mitte.

②

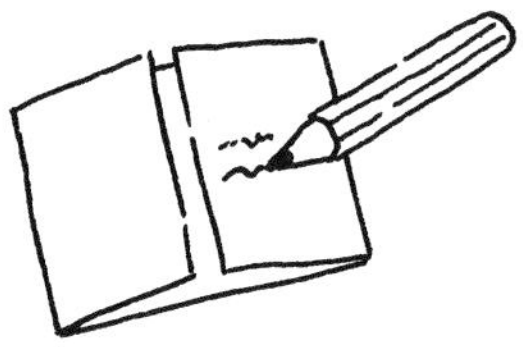

2. Schreibe deinen Titel auf den Umschlag.

③

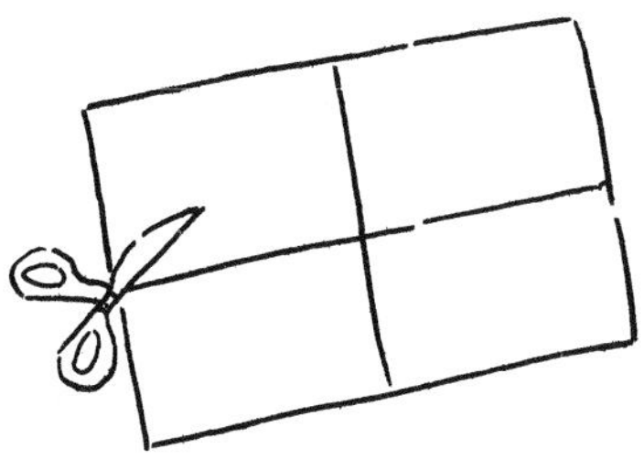

3. Schneide die Arbeitsblätter auseinander und sortiere die einzelnen Blätter in der richtigen Reihenfolge.

④

4. Loche die Blätter, ziehe einen Faden durch die Löcher und binde ihn mit einem Knoten zusammen.

⑤

5. Lege die zusammengebundenen Seiten in den Umschlag aus Tonpapier.

Hört auf Gott

M 3.10

Text: Rolf Krenzer
Melodie: Ludger Edelkötter

7/8

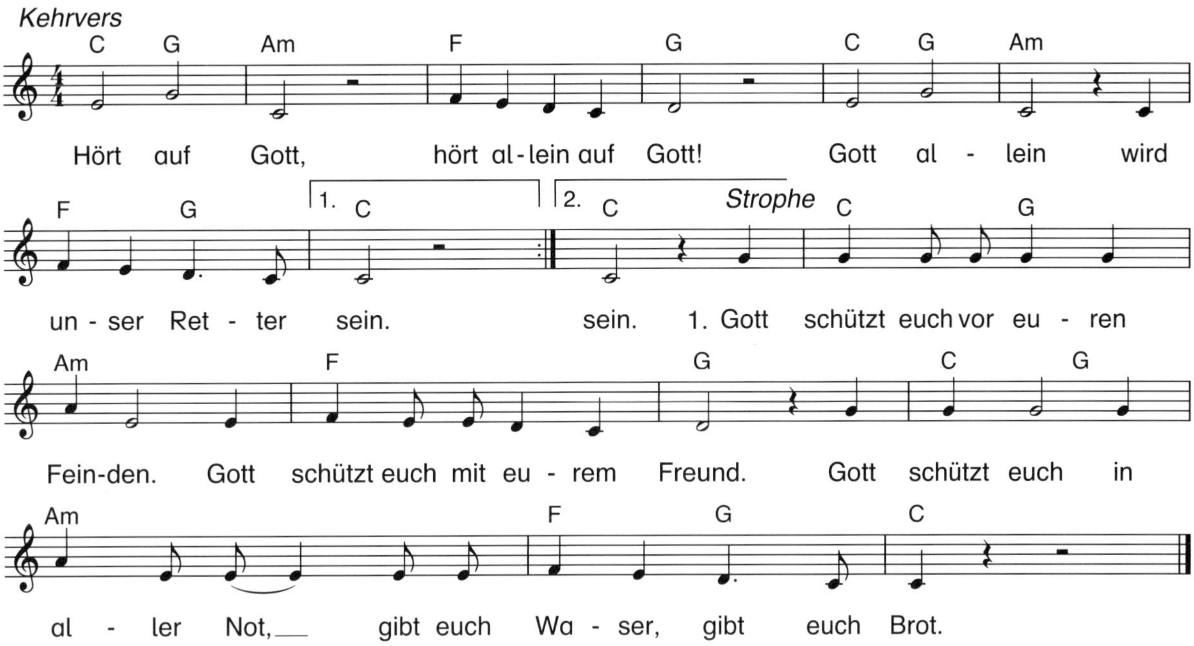

2. Will euch das Meer verschlingen,
er wird euch ans Ufer bringen,
rettet euch aus der Gefahr.
Was Gott tut, ist wunderbar.

3. Unser Danklied soll erklingen,
und von Gott wollen wir singen,
weil Gott unser Vater ist,
der uns liebt und nie vergisst.

4 In unserer Kirchengemeinde leben

Thema: Kirchenjahr und kirchliches Brauchtum

Intention der Unterrichtsreihe

Das Kirchenjahr in seinem Ablauf mit den wichtigen Festen, Feiertagen und liturgischen Farben kennenlernen.

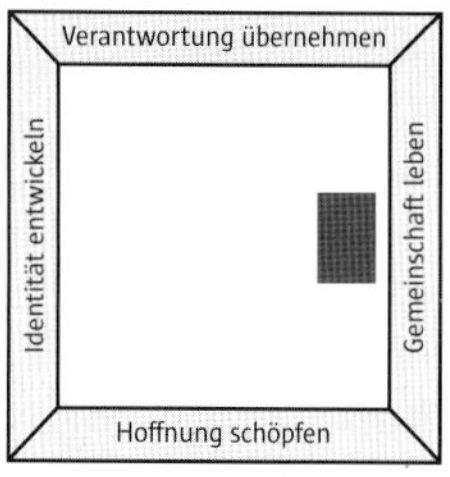

2–6 Std.

Kompetenzerwartung:

Die Schüler verstehen den Sinn christlicher Texte und christlichen Brauchtums in Bezug zu den Ursprungsgeschichten.

Theologisch-didaktischer Kommentar

Im Gegensatz zum Kalenderjahr beginnt das Kirchenjahr mit dem 1. Advent, der 4 Wochen vor dem 25. Dezember liegt. Neben der Einteilung des Jahreskreises durch Sonntage wird das christliche Kirchenjahr durch Feiertage und Feste bestimmt, die im Wesentlichen bei evangelischen und katholischen Christen identisch sind.
Die Bezeichnung Kirchenjahr findet sich das erste Mal 1589 bei Johannes Pomarius.* Es wird durch zwei große Abschnitte bestimmt:
Vom 1. Sonntag im Advent bis Pfingsten geht es um das Leben Jesu. Die zweite Hälfte greift verschiedene Inhalte des Glaubens und der Geschichte der Christen auf.
Das Kirchenjahr gliedert sich in drei „Festkreise“: Osterfestkreis, Weihnachtsfestkreis und Trinitatiszeit.
Das älteste uns bekannte christliche Jahresfest ist das Osterfest. Seit dem Konzil von Nizäa 325 wird es nach dem 1. Vollmond im Frühling gefeiert. Vom 4. Jahrhundert an feierte die Christenheit zunächst drei heilige Tage (Freitag bis Sonntag), denen eine vierzigtägige Vorbereitungszeit (Fastenzeit) vorausging. Daraus entwickelte sich eine heilige Woche, die Karwoche (von althochdeutsch „kara“ = Trauer/Klage). Später hing man noch eine „Freudenwoche“ an. Der 40. Tag nach Ostern wurde als Christi Himmelfahrtstag begangen. Mit dem 50. Tag nach Ostern schloss die siebenwöchige, österliche Freudenzeit feierlich ab. An diesem Tag dachte die Christenheit an die Ausgießung des Heiligen Geistes (Apostelgeschichte 2, 17 f.). Daraus entwickelte sich später Pfingsten als eigenständiges Fest.**
Außer dem Osterfest kannte die Christenheit in den ersten 3 Jahrhunderten kein anderes Jahresfest. Da aber das Bedürfnis bestand, die Christusgeschichte in jeweils eigenen Festen zu begehen, wurde im 4. Jahrhundert in Rom der 25. Dezember als Geburtsfest Jesu gefeiert. Wie zum Osterfest die Passionszeit, gehört auch zum Weihnachtsfest eine Vorbereitungszeit, die Adventszeit. Den Abschluss des Weihnachtsfestkreises bildet die Feier der Darstellung des Herrn am 2. Februar. Hier wird an die Geschichte erinnert, in der die Eltern Jesus in den Tempel bringen (Lk 2,22-40) und vorstellen. Im Gegensatz zum beweglichen Datum des Osterfestes, das dem Mondjahr folgt, hat das Weihnachtsfest ein festes Datum, weil es durch das Sonnenjahr bestimmt wird.***
Dem Osterfestkreis folgt die Trinitatiszeit****.

Diese schließt mit dem Ewigkeitssonntag, auch Totensonntag genannt. Mit ihm endet das Kirchenjahr.

Folgende *Feste und Feiertage im Kirchenjahr* sollen den Kindern vermittelt werden. Zur Unterstützung werden den Festen und Feiertagen Zeichen zugeordnet.

I. Der Weihnachtsfestkreis

Advent (Zeichen: Adventskranz)
Etwa ab dem 6. Jahrhundert wurde dem Weihnachtsfest als Geburtsfest Jesu mehr Bedeutung beigemessen. Zu dieser Zeit setzte sich der Advent als Beginn des Kirchenjahres durch. Schon unter Papst Gregor dem Großen (590–604) wurde die Zeit vom vierten Sonntag vor Weihnachten an als Vorbereitungszeit,

* Bieritz 1987, S. 27
** Der Osterfestkreis schließt somit Palmsonntag, Karfreitag, Ostern, Himmelfahrt und Pfingsten ein.
*** Zum Weihnachtsfestkreis gehören der Advent, das Weihnachtsfest und Epiphanias (Heilige Drei Könige – k). k = katholisch
**** Die Trinitatiszeit beinhaltet Trinitatis (Dreifaltigkeitssonntag – k), Fronleichnam – k, die Sonntage nach Trinitatis, das Erntedankfest, den Reformationstag, Allerheiligen – k, Allerseelen – k / Ewigkeitssonntag, St. Martin und den Buß- und Bettag.

im ursprünglichen Sinne als Fastenzeit, bestimmt.*
Mit vielen Bräuchen bereiten sich die Menschen auf Weihnachten vor, z. B. mit dem Aufstellen des Adventskranzes, dem Öffnen der Fenster am Adventskalender, dem Basteln von Adventstransparenten oder dem Adventssingen. So soll die Adventszeit, die Zeit des Wartens auf die Ankunft (lat. = adventus), die Geburt Jesu Christi, gestaltet werden.

Weihnachten (Zeichen: Krippenbild)
„Weihnachten" von mittelhochdeutsch „wihenaht" bedeutet geweihte, heilige Nacht.
Namen wie Natale (ital.), Navidad (span.) oder Noel (frz.) weisen noch auf den lateinischen Ursprung hin, als das Fest „Geburtstag unseres Herrn Jesus Christus" hieß (Geburtstag = nativitatis, natalis).
Nachdem die Geburt Jesu nicht mehr im Zusammenhang mit dem Epiphaniastag gefeiert wurde, wählte man den 25. Dezember als Festdatum. Die Wahl fiel wahrscheinlich auf dieses Datum, da nach heidnischem Brauch an diesem Tag die Wiederkehr des „Sol invictus", des unbesiegbaren römischen Sonnengottes, gefeiert wurde. Für die Christen war nun Jesus das Licht, das in die dunkle Welt gekommen war.
Jesu Geburtsjahr liegt wohl zwischen den Jahren 7 und 4 vor unserer Zeitrechnung. In der Bibel stehen die Geburtsgeschichten bei Lukas (Lk 2,1-20) und Matthäus (Mt 1,18–2,12).

Epiphanias (Zeichen: Heilige Drei Könige)
Epiphanias kommt aus dem Griechischen und bedeutet „Erscheinung" – Tag der Erscheinung des Herrn. Volkstümlich ist die Bezeichnung „Heilige Drei Könige" gebräuchlich. Das Epiphaniasfest hat seinen Ursprung in Alexandria. An ihm wurde und wird auch heute noch in der orthodoxen Kirche die Geburt Jesu gefeiert.
Als Ende des 4. Jahrhunderts dem Weihnachtsfest in der abendländischen Kirche immer mehr Bedeutung zukam, verschob sich der Sinn des Epiphaniasfestes. Durch die Evangelienlesung Mt 2,1-12, die diesem Tag zugeordnet ist, wurde der Tag im Laufe der Zeit so durch Legenden ausgeschmückt, dass sich der 6. Januar zum volkstümlichen Fest der „Heiligen Drei Könige" wandelte.**

II. Der Osterfestkreis

Wenn im Zusammenhang mit dem Osterfestkreis über die Passionszeit gesprochen wird, ist es möglich, dass die Kinder auf die Fastenzeit zu sprechen kommen, da diese vielleicht in manchen Familien in Form des Verzichts auf Genussartikel oder Fernsehen begangen wird. Im AT galt das Fasten als Ausdruck von Demut und Buße. Jesus sah es z. B. als Unterstützung des Gebets an. Die Fastenzeit beginnt am Aschermittwoch, dauert 40 Tage und endet am Karsamstag.
Es ist die Zeit, in der sich Christen auf das Leiden und Sterben Jesu besinnen (lat. „passio" = Leiden). Seit dem Mittelalter wird in fortlaufenden Passionsandachten der Leidensgeschichte Jesu gedacht. Von den lateinischen Anfängen der biblischen Lesungen leiten sich die Namen der 6 Passionssonntage ab.
Die Karwoche ist der Abschluss der Passionzeit.

Palmsonntag/Palmarum (Zeichen: Palmzweig)
Nach Joh. 12,13 begrüßte das Volk Jesus bei seinem Einzug in Jerusalem mit Palmzweigen. Das aus der griechischen Mythologie kommende Symbol für Sieg und Triumph, jedoch auch für Frieden und Leben übernahmen die Christen. Für sie symbolisiert es in Bezug auf Jesus Christus den Sieger und Überwinder des Todes (Offenbarung des Johannes 7, 9).***
Viele römisch-katholische Gemeinden segnen noch heute am Palmsonntag Buchsbaum- oder immergrüne Zweige.
Im 8. Jahrhundert kam es unter dem Einfluss östlicher Liturgien zu Darstellungen des Einzugsgeschehens. Seit dem Mittelalter wurden diese Prozessionen immer weiter ausgebaut.

Karfreitag (Zeichen: Kreuz)
Der Karfreitag, Tag der Kreuzigung und des Todes Jesu, ist ein Tag der Besinnung und des Fastens. In vielen Familien wird an diesem Tag kein Fleisch gegessen.
In den ersten Jahrhunderten wurde am Karfreitag kein Gottesdienst gefeiert, wohl aber wird von einem „Trauerfasten" am Karfreitag und Karsamstag berichtet. Wenn heute Gemeinden ihren Karfreitagsgottesdienst um 15 Uhr feiern, dann hängt das damit zusammen, dass die Juden ihre Stundenzählung um 6 Uhr begannen und Jesu Tod nach den Evangelienberichten um die „neunte Stunde" eintrat. (Mt 27,46; Mk 15,34; Lk 23,44)

Ostern (Zeichen: Ostersonne)
Für die Entstehung des Namens gibt es die unterschiedlichsten Erklärungen. Der englische Benediktinermönch Beda leitete ihn von dem Namen der angelsächsischen Frühlingsgöttin „Eostrae" (germanisch: „Ostera", lateinisch: „Aurora") ab. Auch die Ableitung von „Ostra", der Bezeichnung für die Jahreszeit, in der die Sonne nach den Winternächten wieder ganz im Osten erscheint, ist möglich.
Im Namen „Pâques" (frz.) ist noch Passa zu erkennen.

* Everding 1997, S. 81
** Näheres zum Fest der „Heiligen Drei Könige" vgl. Bd. 2, Kap. 10, S. 119 ff.
*** ebd., S. 33

Dies weist auf die Wurzel des Osterfestes, das Passafest, hin, das zur Erinnerung an den Auszug des Volkes Israel aus Ägypten gefeiert wird.
Wir feiern an Ostern die Auferstehung Jesu (Mt 28,6; Mk 16,6; Lk 24,5; Joh 20,9). Von Ostern bis Himmelfahrt wird die Osterkerze als Zeichen der Nähe des auferstandenen Herrn angezündet.

Himmelfahrt (Zeichen: Wolke)
Nachdem Jesus sich nach der Auferstehung seinen Jüngern mehrere Male gezeigt hat, wird von seiner „Himmelfahrt" berichtet (Lk 24,50-53; Mk 16,19; Apostelgeschichte 1,9). Da die Himmelfahrt Jesu in engem Zusammenhang mit der Auferstehung (Gott hat ihn von den Toten auferweckt und als Herrscher über die Welt gesetzt) gesehen wird, gehört sie eigentlich zur Ostergeschichte.
Erst seit dem 4. Jahrhundert wird das Fest 40 Tage nach Ostern gefeiert.

Pfingsten (Zeichen: Taube)
Pfingsten leitet sich von der griechischen Zahl „pentekonta" (= fünfzig) ab. Ursprünglich war Pfingsten der Abschluss der Osterzeit (s.o.). Als eigenes Fest wurde es zunächst auch mit einer Festwoche begangen, die sich später wie das Osterfest auf zwei Tage reduzierte.
Von den drei christlichen Hauptfesten ist es das am wenigsten bekannte, obwohl es der „Geburtstag der christlichen Kirche" ist. Davon wird in der Apostelgeschichte 2,1-41 berichtet.

III. Die Trinitatiszeit

Trinitatis/Dreifaltigkeitssonntag (Zeichen: Dreieck)
Die Lehre von der Dreieinigkeit (lat. „Trinität") entwickelte sich im 2. und 3. Jahrhundert, ausgelöst durch Aussagen im NT über die Zuordnung von Vater, Sohn und Heiligem Geist. Trinitatis wird von evangelischen und katholischen Christen am Sonntag nach Pfingsten gefeiert.
Auf dem Konzil von Nizäa (325) wurde das Bekenntnis formuliert, das wir als Nizänisches Glaubensbekenntnis kennen. In ihm wird das Verhältnis von Vater, Sohn und Heiligem Geist dogmatisch beschrieben. Gott, der Vater aller Menschen, in seinem Sohn Jesus Christus Mensch geworden und im Heiligen Geist unter den Menschen wirksam (drei und doch eins) gehören zusammen. Dieses Bekenntnis wird in den östlichen (orthodoxen) und westlichen (römisch-katholischen/protestantischen) Kirchen gebetet.

Erntedankfest (Zeichen: Korb mit Früchten)
Evangelische Gemeinden feiern das Erntedankfest am Sonntag nach Michaelis oder am 1. Sonntag im Oktober. Altar und Altarraum werden mit Erntegaben geschmückt und oftmals wird an diesem Tag ein Familiengottesdienst gefeiert.*

Reformationstag (Zeichen: Bibel)
Das Reformationsfest erinnert an den 31. Oktober 1517, an dem Martin Luther die 95 Thesen veröffentlichte. Diese Thesen zu Ablass und Buße führten zur reformatorischen Bewegung.
Zum Gedenktag wurde der 31. Oktober 1667 durch den Kurfürsten Georg II. von Sachsen eingesetzt. Er ist kein gesetzlicher Feiertag, aber in den meisten Gemeinden finden Gottesdienste statt.

Buß- und Bettag (Zeichen: gefaltete Hände)
Der Buß- und Bettag liegt am Mittwoch vor dem letzten Sonntag nach Trinitatis. Es ist ein Tag, an dem sich jeder Zeit nehmen soll, über sich und sein Leben in Ruhe nachzudenken. Ursprünglich wurde am Buß- und Bettag die gesamte Bevölkerung aus aktuellen Anlässen, z. B. Notsituationen oder Kriegsgefahr, zur öffentlichen Buße und zum Gebet zusammengerufen. Seit 1893 wird er von den meisten ev. Landeskirchen als persönlicher Tag der Buße und Bitte um Vergebung begangen.

Ewigkeitssonntag/Totensonntag (Zeichen: Grab)
Den Ewigkeitssonntag kann man auch als ev. Gegenstück zum kath. Feiertag „Allerseelen" bezeichnen. Es ist der letzte Sonntag des Kirchenjahres, an dem seit 1816 in den meisten Landeskirchen ev. Christen der Toten gedenken. Daher werden im Gottesdienst auch die Namen der Verstorbenen des letzten Jahres verlesen.

Namen der Feier- und Festtage und ihre Zeichen werden ergänzt durch Farben, die den *liturgischen Farben* der Paramente/Antependien (Tücher bzw. Teppiche auf dem Altar und/oder an der Kanzel) in Kirchen entsprechen. Seit 1955 sieht der Farbenkanon der Lutherischen Agende (Buch mit den gottesdienstlichen Gebetsordnungen und Texten) wie folgt aus:**

Weiß ist die Christusfarbe, das „Weiß der Unsterblichkeit". Weiß steht für Reinheit, Vollkommenkeit, Licht und Freude.
Sie wird in der Weihnachtszeit, an Epiphanias, in der Osterzeit bis Samstag vor Pfingsten und Trinitatis (Sonntag nach Pfingsten) eingesetzt.

Violett ist die Farbe der Buße und Reue.

* Näheres zum Erntedankfest s. Bd. 2, Kap. 2, S. 26 ff.
** vgl. BIERITZ 1987, S. 66

Sie wird am Buß- und Bettag, in der Passions- und Adventszeit (eine Zeit des Nachdenkens, sich Besinnens) verwendet.

Rot ist die Farbe des Feuers, des Blutes, der Liebe und der Hingabe. Sie symbolisiert den Heiligen Geist. Benutzt wird die Farbe an Pfingsten, beim Reformationsfest, bei der Konfirmation und Ordination.

Grün ist die Farbe des Lebens, die Farbe der Hoffnung.
Sie wird an den Sonntagen nach Epiphanias (außer Gründonnerstag, Karfreitag und Karsamstag) und nach Trinitatis (außer Buß- und Bettag, Reformationsfest und Totensonntag) benutzt.
Wenn kleine Kirchen nur ein Parament haben, so ist es meistens grün.

Schwarz ist keine liturgische Farbe. Es ist die Farbe der Trauer. In manchen Gemeinden werden am Karfreitag und Totensonntag schwarze Antependien eingesetzt.

Der Weihnachts- und der Osterfestkreis sollen von den Kindern ausgehend von den schon bekannten Festen wie Weihnachten, Palmsonntag, Karfreitag, Ostern und Erntedank selbstständig entwickelt werden. Die Trinitatiszeit wird wegen der unbekannten Feier- und Gedenktage gemeinsam erarbeitet.
In dieser Unterrichtseinheit geht es um die Bedeutung der *evangelischen* Fest- und Feiertage des Kirchenjahres. In Kapitel 12 „Begegnung mit evangelischem und katholischem Gemeindeleben“ sind Materialien vorhanden, um dann möglicherweise die *katholischen* Feiertage hinzuzufügen.

Vielleicht erinnern sich noch einige Kinder von den Gemeindehaus-/Kirchenbesichtigungen (Bd. 1, Kap. 6, S. 83 ff./Bd. 2, Kap. 16, S. 206 ff.) an Farben der Paramente. Farbzusammenhänge sind auch aus der im ersten und zweiten Schuljahr schon erarbeiteten Farbsymbolik ableitbar.
Um deutlich zu machen, dass das Kirchenjahr am 1. Advent (in der Regel im November) beginnt, sollte die Unterrichtseinheit möglichst in dieser Zeit verortet sein.
Wenn den Kindern die Jahresuhr bekannt ist, bietet es sich an, die „Kirchenjahresuhr“ damit zu verknüpfen.
Baustein 1 erarbeitet das Kirchenjahr mit seinen Festkreisen und Feiertagen und kann unabhängig von Baustein 2 und 3 eingesetzt werden. Diese ergänzen und vertiefen das in Baustein 1 Erarbeitete durch die liturgischen Farben und eine kreative Gestaltung. Beides könnte auch fächerübergreifend mit dem Kunstunterricht verbunden werden.

Bausteine der Unterrichtsreihe

Baustein 1: Das Kirchenjahr mit seinen Festkreisen und Feiertagen

Unterrichtsmaterial:

- Kopiervorlage „Das Kirchenjahr“ **M 4.1.1**
- Kopiervorlage „Außenring“ **M 4.1.2**
- Kopiervorlage „Namenskarten und Zeichen“ (Alle Kopiervorlagen im DIN A4-Format in Anzahl der Kinder, ein Exemplar in DIN A3 für die Klasse vorbereiten.) **M 4.1.3**
- Arbeitskarten in Anzahl der Gruppen kopiert **M 4.2–4.4**
- Scheren, Klebstoff
- Magnete

Unterrichtsschritte:

1. In einer *gestalteten Mitte* liegen, wenn in der Klasse vorhanden, eine Jahresuhr, evtl. Kärtchen mit den Namen der Jahreszeiten, Monatsnamen und Zeichen für die Fest- und Feiertage. **M 4.1.3**
   Alternativ kann L auch statt der Zeichen (**M 4.1.3**) die Mitte mit Dingen passend zu einigen Fest- oder Feiertagen gestalten, z. B. Esel, Kreuz, Hirte, Stern, Früchte ...

2. Es entwickelt sich ein *Gespräch* über den *Ablauf des Jahres,* die Namen und Feste.

3. L *erklärt* den Kindern, dass zwischen der Jahresuhr und dem Kirchenjahr ein *Unterschied* besteht, dass es zu einem anderen Zeitpunkt beginnt.

4. L *heftet* das *leere Raster* des Kirchenjahres mit Magneten an die Tafel und *erklärt* die *Einteilung:*
   – Außenring für Namen der Festkreise
   – Feld für Namensschilder
   – Feld für Zeichen **M 4.1.1–4.1.3 in DIN A 3**
   L *informiert* die Kinder, dass sie zunächst die rechte Hälfte der Uhr in Gruppen bearbeiten, und dass die linke Hälfte gemeinsam erarbeitet wird.

5. Die Kinder bekommen ihre Arbeitsblätter. **M 4.1.1–4.1.3 in DIN A4**
   Dann arbeiten sie in Gruppen mithilfe der Arbeitskarten. **M 4.2–4.4**

6. Wenn die rechte Hälfte der Arbeitsblätter fertiggestellt ist, wird das Kirchenjahr für die Klasse an der Tafel *vervollständigt.*
   Beim Aufkleben werden das jeweilige Fest bzw. der

Feiertag von den Kindern *erklärt.* Dazu dürfen die Arbeitskarten zur Hilfe genommen werden.

7. Gemeinsam erstellen L und die Kinder die *linke Hälfte* der Uhr. Dabei versucht L, durch *Impulse* schon bekannte Feier- oder Gedenktage abzurufen.

8. Anschließend *übertragen* die Kinder die Ergebnisse auf ihre *Arbeitsblätter.*

Ergänzender Baustein 2: Die liturgischen Farben des Kirchenjahres

Unterrichtsmaterial:

- große Tonpapierkreise in den Farben weiß, rot, violett, grün
- Magnete
- dicke Filzschreiber
- kleine Tonpapierpunkte in den Farben weiß, rot, violett, grün für das Kirchenjahr der Klasse
- Buntstifte, Klebstoff

Unterrichtsschritte:

1. L heftet die Tonpapierkreise mit Magneten an die Tafel.
   L: *Ihr habt den verschiedenen Festen und Feiertagen in eurem Kirchenjahr ja schon Zeichen zugeordnet. Nun wollen wir zusammen überlegen, welche Farben wohl zu welchen Festen, aber auch Sonntagen im Kirchenjahr passen könnten.*

2. Die Kinder sammeln Begriffe, die zu den Farben passen könnten. L erinnert sie an die Unterrichtseinheit „Ruts Lebensweg" (Band 2, S. 52 ff.), in der schon zu Farben gearbeitet wurde.
   Die Begriffe werden auf die Tonpapierkreise geschrieben.

3. Nun überlegen die Kinder gemeinsam, welche Farbe zu welchem Fest oder Feiertag passt. Sie befestigen einen farbigen Tonpapierpunkt auf dem jeweiligen Feld.

4. Auf ihrem Arbeitsblatt übermalen die Kinder mit Buntstiften den Namen des Festes oder Feiertages jeweils in der richtigen Farbe.

Ergänzender Baustein 3: Paramente/Tücher in liturgischen Farben für die Klasse gestalten

Die Tücher können unter die Ritualkerze gelegt oder entsprechend dem Kirchenjahr bzw. bestimmter Feiertage am Pult oder an der Wand aufgehängt werden.

Variante 1: Tücher aus Stoff

Unterrichtsmaterial:

- Stoffe, z. B. Baumwolle in verschiedenen liturgischen Farben
- Zackenschere
- Holzwürfel (z. B. Bausteine) oder dicke Pappe
- Moosgummi
- Schablonen der Zeichen (evtl. vergrößern) **M 4.1.3**
- Stoffmalfarbe, Pinsel
- Klebstoff, Schere

Unterrichtsschritte:

1. Die Kinder schneiden den Rand der Stoffstücke mit der Zackenschere ab.

2. Dann übertragen sie die Zeichen auf Moosgummi und schneiden sie aus. Danach kleben sie die Motive auf die Holzwürfel oder Pappe. **M 4.1.3**

3. Mit Stoffmalfarbe stempeln sie die Zeichen auf den Stoff.

> **Tipp:**
>
> Mit dicker Pappe können die Kinder auch direkt stempeln. Allerdings ist sie schwieriger zu schneiden.

Variante 2: Tücher aus Filz

Unterrichtsmaterial:

- Filzstücke in verschiedenen liturgischen Farben
- Zackenschere
- Schablonen der Zeichen (evtl. vergrößern) **M 4.1.3**
- Klebstoff, Schere

Unterrichtsschritte:

1. Die Kinder schneiden den Rand der Filzplatten mit der Zackenschere ab.
2. Sie stellen die Zeichen aus Filz her und kleben sie auf. **M 4.1.3**

Tipp:

Im Kunst-/Textilunterricht können die Motive aufgenäht werden.

Das Kirchenjahr

Außenring

M 4.1.2

Weihnachtsfestkreis

Trinitatiszeit

Osterfestkreis

Passionszeit

Namenskarten und Zeichen

M 4.1.3

Ostern	Advent
Palmsonntag	Erntedank
Weihnachten	Buß- und Bettag
Reformationstag	Epiphanias Heilige 3 Könige
Himmelfahrt	Trinitatis
Pfingsten	Karfreitag
	Ewigkeitssonntag

Das Kirchen-jahr

Arbeitskarte 1

M 4.2

1. Zuerst klebst du die drei Teile mit den Namen der Festkreise auf den Außenring.
   Sicher weißt du, welches der erste Festkreis ist, wenn das Kirchenjahr mit dem 1. Advent beginnt.

2. Nun klebe das Schild „Das Kirchenjahr“ in die Mitte.

Arbeitskarte 2

M 4.3

1. Der erste Festkreis fängt mit der Vorbereitungszeit
   auf das Geburtsfest Jesu an.
   Lege die Karte mit dem entsprechenden Namen auf das erste Feld.

2. Danach folgt der „Geburtstag Jesu“. Diesen Tag nennen wir ...
   Lege den Namen auf das zweite Feld.

3. Das dritte Fest in diesem Festkreis heißt Epiphanias.
   Du bezeichnest es jedoch als Fest der …
   Lege diese Namenskarte auf das dritte Feld.

Wenn die drei Felder kontrolliert worden sind,
kannst du die Schilder aufkleben.

Arbeitskarte 3

M 4.4

1. Der zweite Festkreis beginnt mit der Zeit, in der sich Christen auf das Leiden Jesu besinnen. Du nennst sie vielleicht Fastenzeit. Auf deiner Karte für das Kirchenjahr heißt sie ...
   Lege diese Namenskarte auf das entsprechende Feld.

2. In diese Zeit gehören zwei besondere Tage.
   Am ersten wird von Jesu Einzug in Jerusalem berichtet.
   Du weißt, dass die Menschen ihn freudig begrüßten. Dieser Sonntag heißt ...

   Der zweite ist der Feiertag, an dem an Jesu Verurteilung und Kreuzigung gedacht wird. Sein Name ist ...
   Lege die beiden Namenskarten auf die richtigen Felder.

3. Dieses Freudenfest besteht aus zwei Feiertagen. Es wird von der Auferstehung Jesu berichtet. Auch wenn wir traurig sind und uns der Mut verlässt, können wir darauf vertrauen, dass mit Gott immer ein neuer Anfang möglich ist.
   Der Name dieses Festes ist ...
   Lege die Namenskarte auf das entsprechende Feld.

4. 40 Tage nach Ostern holt Gott Jesus zu sich. Die Jünger sind nun selbst für das verantwortlich, was sie tun. Aber er verspricht, immer bei ihnen zu sein.
   Dieser Feiertag heißt ...
   Lege die entsprechende Karte auf das nächste Feld.

5. Das folgende Fest besteht ebenfalls aus zwei Feiertagen. Es heißt auch „Geburtstag der Kirche“, weil die Jünger zum ersten Mal in der Öffentlichkeit, in Jerusalem, davon erzählten, was sie mit Jesus erlebt hatten. Alle versammelten Menschen aus unterschiedlichen Ländern konnten die Jünger in ihrer Sprache verstehen.
   Lege die Karte mit dem Namen dieses Festes auf das letzte Feld.

Wenn die Felder kontrolliert worden sind, kannst du die Namensschilder aufkleben.

5 Weihnachten – Gott wird Mensch – Gottes Licht ist in der Welt

Thema: Licht erhellt die Dunkelheit (Jesaja 9,1 und Psalm 27,1)

Intention der Unterrichtsreihe

Mithilfe der Symbole Licht und Dunkelheit die prophetische Vision des Jesaja erarbeiten und verstehen, wie diese Verheißung mit unserer Weihnachtsgeschichte in Verbindung gebracht wird.

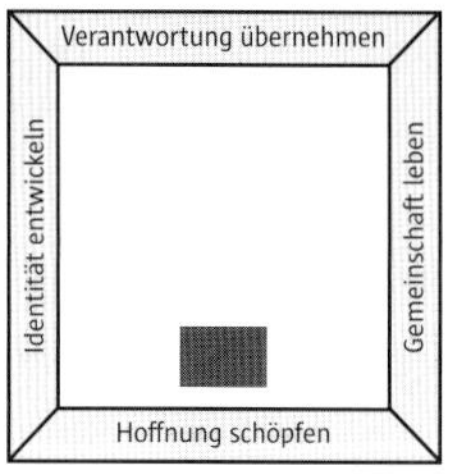

🕘 5–7 Std.

Kompetenzerwartung:

Die Schüler deuten die Weihnachtsgeschichte im Kontext alttestamentlicher Friedensverheißung und unter Einbeziehung der Lichtsymbolik.

Theologisch-didaktischer Kommentar

Text (Jesaja 9,1)

> *Das Volk, das im Finstern wandelt, sieht ein großes Licht, und über denen, die da wohnen im finstern Lande, scheint es hell.*

Hinter dem Jesaja-Buch stehen drei Autoren. Der erste heißt Jesaja (Kap. 1–39). Da die Namen der beiden anderen nicht bekannt sind, nennt die Forschung sie Deuterojesaja und Tritojesaja.* Die drei Autoren lebten zu verschiedenen Zeiten und hatten unterschiedliche theologische Schwerpunkte.

Der „originale“ Jesaja wirkte ungefähr von 745–701 v. Chr. in Jerusalem. Er war mit einer Prophetin verheiratet (Jes 8,3) und hatte zwei Söhne mit ihr. Er selbst bezeichnete sich nicht als Prophet sondern als Seher. Er war über die politische Sachlage immer hervorragend informiert. Zum Königshof in Jerusalem muss er also einen heißen Draht gehabt haben. Wann immer es die Situation erforderte, nahm er zu innenpolitischen, sozialen und wirtschaftlichen Fragen Stellung.

Jesaja lebte in einer Zeit, in der die Assyrer die Königreiche Israel (im Norden mit der Hauptstadt Samaria) und Juda (im Süden mit der Hauptstadt Jerusalem) bedrohten.**

Der assyrische König Tiglatpileser III (745–727 v. Chr.) wollte den Küstenstreifen von Damaskus im Norden bis Gaza im Süden unter seine Kontrolle bringen, um die Expansion der Ägypter nach Norden zu verhindern. Er unterwarf das Gebiet des heutigen Syrien und die ganze Küstenregion. Aus dem Königreich Israel machte er drei assyrische Provinzen. Sein Nachfolger König Sargon II (721–705 v. Chr.) ordnete die Auswechslung der Führungsschicht und ihre Deportation an. Das war das Ende des Königreichs Israel.*** Das Königreich Juda ist der Konfrontation mit den Assyrern aus dem Weg gegangen, musste Tributzahlungen leisten und blieb bestehen.

Diese Situation hatte Jesaja vor Augen, als er einen Blick in die Zukunft warf.

Israel, dem Volk in der Finsternis, wurde das Land und das Königtum genommen. Ihm wird nach den Worten des Propheten Jesaja ein großes Licht erscheinen (Jes 9,1). In dem Hymnus Jesaja 9,1-6 entwirft Jesaja eine Friedensvision ohne drückende Fremdherrschaft. Die Hoffnung begründet er mit der Geburt eines Kindes, das die Herrschaft antreten wird. Dieser Thronfolger wird den Unterdrückten das Licht der Hoffnung bringen. Und dieses Kind soll aus dem Königreich Juda stammen. Die dem kommenden König beigelegten Thronnamen sind aus ägyptischen Thronbesteigungszeremonien bekannt.

Sie lauten: Wunder-Rat (= Planer mit staatsmännischen Fähigkeiten), Gott-Held (= Gott, ein Kriegsheld), Ewig-Vater (= Garant einer stabilen und dauerhaften Herrschaft) und Friedefürst (= Wächter über die Erhaltung des Friedens). Jesaja spricht hier von einem irdischen König, der seinem Gott besonders nahe steht und auch seine Inkarnation sein kann. Seine Wortwahl ist dabei ungewöhnlich: Den König von Juda, der den Thron besteigen wird, stattet er mit Titeln aus, die eigentlich nur Jahwe zustehen. Jesaja be-

* Deuterojesaja = zweiter Jesaja (Kap. 40–55) und Tritojesaja = dritter Jesaja (Kap. 56–66)

** Das heutige Israel ist nicht mit dem Israel der damaligen Zeit gleichzusetzen. Vgl. dazu Kapitel 2, S. 22 ff.

*** Die „Deportierten sterben den Völkervermischungstod“. Aus: GUNNEWEG 1989, S. 114

zieht sich nicht auf eine bestimmte Person, er nennt keinen Namen, sondern spricht von einem König der Zukunft. Aber er äußert ganz klar, dass der Thronfolger aus der Dynastie der Davididen kommen wird. Die königliche Nachfolge im Königreich Juda ist gesichert. Das Bündnis zwischen dem davidischen Königtum und Jahwe steht. Der kommende König ist Statthalter Jahwes.
Dieser König wird sein *politisches Amt* für ganz Israel wahrnehmen, für Juda und das im Finstern wandelnde Israel.*
Im NT knüpft Matthäus an den Vers Jes 8,23 an, der dem Hymnus voraus geht. Hier spricht Jesaja vom Galiläa der Heiden, in dem es nicht dunkel bleiben wird. Folglich lässt sich Jesus laut Matthäus im Galiläa der Heiden nieder (Mt 4,12 f.) und beginnt ihnen zu predigen (Mt 4,17). Auf diese Weise begründet Matthäus das Evangelium für die Heiden.
Lukas legt Jesaja etwas anders aus. Dachte Jesaja an eine stabile und beständige Herrschaft des kommenden Königs im politischen Zusammenhang, so denkt Lukas an eine ewige Herrschaft Jesu auf dem Thron Davids. Für ihn erfüllt sich die „Weissagung" des Jesaja mit der Geburt Jesu.
Die politische Aussage des Jesaja ist bei beiden Evangelisten verändert worden.

Text (Ps 27,1)

> *Der Herr ist mein Licht und mein Heil; vor wem sollte ich mich fürchten? Der Herr ist meines Lebens Kraft (wörtlich: die Fluchtburg meines Lebens); vor wem sollte mir grauen?*

In Psalm 27 wurden geschickt zwei kleine Psalmen zusammengebaut. Der erste ist ein Vertrauenspsalm (27,1-6), der andere ein Bittpsalm (27,7-14). Der Bittpsalm erzählt von einem Rechtsstreit, in dem die Gegenseite mit falschen Zeugen, vielleicht also mit gekauften Aussagen, arbeitet. Die Lage ist für den Beter so kritisch, dass seine Eltern ihm den Rücken gekehrt haben (27,10). Den Rückhalt, den er von ihnen erwartet hat, sucht er bei Gott. Aber bevor er ihm seine Situation schildert, spricht er ein Vertrauensgebet. Obwohl die Gegner mächtig wie eine ganze Armee sind, jagen sie seinem Herzen keine Furcht ein (27,3). Gott ist sein Licht in der Finsternis und seine Schutzburg (27,1). Noch zwei andere Bilder fügt er hinzu: Gott gewährt ihm Schutz in seinem Zelt und stellt ihn unangreifbar auf einen Felsen. Mit dem Bild vom Licht verbindet der Beter die Hoffnung, dass Gott Licht in das Verfahren bringt und für ihn ein Licht ist, das ihm eine neue Lebensperspektive zeigt. Mit dem Vertrauen, die ihm diese Bilder geben, kann er durchhalten, bis Gott eingreift (27,14).

Schon in Band 1, Kapitel 3 „Weihnachten: Gott kommt zu den Menschen" werden die Kinder in der Erzählung der Hirten mit der Erwartung des Messias, des Retters, des Königs der Liebe konfrontiert. Das Kind Jesus begegnet den Hirten in dem Licht, das von der Krippe ausstrahlt. Ebenso geht es den Weisen, die in Band 2, Kapitel 10 „Weihnachten: Gott kommt zu den Menschen" im Vordergrund stehen.
In diesem Schuljahr soll die Lichtsymbolik erschlossen werden und zwar ausgehend von der alttestamentlichen Verheißung des Jesaja. Dabei sind Dunkelheit als dunkle Seite bzw. Licht als helle Seite im Leben eines Menschen auch schon thematisiert worden**. Licht als Quelle des Lebens ist den Kindern wohlbekannt. Sie wissen, dass Licht die Dunkelheit erhellt, Orientierung gibt und Wärme spendet. Aufgrund der Vorerfahrungen mit Psalmworten dürfte es den Kindern nicht schwerfallen, Gott als Lichtquelle zu bezeichnen, so wie es im Psalm 27 geschieht.***
Dass Johannes von Jesus im NT als dem Licht der Welt spricht, wird in dem mediativen Einstieg (verbunden mit der Ritual-Kerze) aufgenommen.****

Bausteine der Unterrichtsreihe

Meditativer Einstieg

Die Kinder sitzen im Kreis. In der Mitte liegt ein dunkles Tuch. Die nicht angezündete Ritual-Kerze steht darauf. Die Einführung (siehe auch **M 5.1**) von L macht das Thema transparent:

Das Tuch in unserer Mitte ist schwarz.
Die Kerze steht zwar dort,
aber sie brennt nicht.
Dunkelheit.
Wir schauen auf das Dunkle.
Vielleicht ist es auch in uns dunkel.
Wenn ihr die Augen schließt,
könnt ihr es besser spüren.

Wir haben schon von vielen Dunkelheiten gehört,
von unseren eigenen,
von Menschen, die mit uns leben,
von Menschen in der Bibel,
von dem Volk Israel.

Zwischen den Aufzählungen gibt L den Kindern die Möglichkeit sich zu äußern. Mit dem Austeilen der schwarzen Stoffstücke (s. Baustein 1) leitet L in Baustein 1 über.

* zum geschichtlichen Hintergrund vgl. Kapitel 2, S. 22 f.
** vgl. Bd. 2, Kapitel 3 „Mein Leben ist wie ein Weg"
*** vgl. Bd. 2, Kapitel 11 „Reden von Gott"
**** vgl. Bd. 1, Kapitel 1, S. 9

Baustein 1: Licht vertreibt die Finsternis

Unterrichtsmaterial:

- Ritual-Kerze
- für jedes Kind ein schwarzes Stoffstück (20 x 20 cm), leichter Baumwollstoff oder gefärbtes Bettlaken (ersatzweise schwarzes Krepppapier)
- für jedes Kind ein Teelicht im Glas
- Streichhölzer
- schwarze Papierstreifen, Bleistifte
- gelbe Papierstreifen, helle Stifte
- Liedruf „Lied zum Licht" (◎ Track 9/10) **M 5.2**

Unterrichtsschritte:

1. Die Kinder stellen *Vermutungen* zu ihrem Stoff- bzw. Papierstück an, sie *„experimentieren"* mit dem Stoff, d. h. sie halten ihn sich vor die Augen, knüllen ihn zusammen, streichen ihn glatt, legen ihn auf den Boden, legen mehrere Stücke übereinander …

2. Anschließend *äußern* sie sich zu ihren *Entdeckungen,* z. B.:
   – Die Stofffarbe und die entstandenen Stoffformen können Stimmungen ausdrücken.
   – Durch den Stoff kann man nichts sehen.
   – Es gibt verschiedene Arten der Dunkelheit bis hin zur Finsternis, wenn mehrere Stoffstücke übereinander gelegt werden.

3. L *lenkt* das Gespräch *auf die Symbolebene,* indem auf Band 2, Kapitel 3 („Mein Leben ist wie ein Weg") Bezug genommen wird. Die Kinder erzählen von dunklen Situationen in ihrem Leben.

4. Sie *schreiben* dazu einen Satz mit Bleistift auf einen dunklen *Papierstreifen* und legen ihn auf ihr dunkles Tuch. Sie können dem *Stoff* passend zu dem Inhalt eine *Form* geben.

5. L zündet die Ritual-Kerze an. Die Kinder äußern sich. L *verteilt* an alle Kinder ein *Teelicht* und ein Glas. Sie *entzünden* ihr Teelicht an der *Ritual-Kerze,* setzen es in das Glas und stellen es zu dem dunklen Papierstreifen auf ihr Stoffstück.

6. Sie *berichten* von dem *veränderten Bild.*

7. Die Kinder *beschreiben,* was Licht in ihre Dunkelheiten bringen kann. Sie *schreiben* dazu einen *Satz* mit hellen Stiften auf einen gelben Papierstreifen und legen diesen zu den schwarzen Streifen.

8. Einige Kinder lesen ihre Satzstreifenpaare vor. Dazwischen wird der *Liedruf* „Lied zum Licht" gesungen. **M 5.2**

Baustein 2: Der Prophet Jesaja hat eine Vision

Unterrichtsmaterial:

- Stoffstücke der Kinder (Baustein 1)
- Anleitung Korkpüppchen **M 5.3**
- Material zur Herstellung der Korkenpüppchen: Korken, Dorn, Pfeifenputzer (ca. 8 cm lang), Hammer, Nägel, durchgebohrte Holzperlen (Durchmesser 20 mm), Wolle, Filzstück für Umhang des Propheten, Schere, Kleber
- Erzählung „Ich bin ein Prophet" **M 5.4**
- Satzstreifen „Das Volk, das im Finstern wandelt ..." und „... sieht ein großes Licht" (von L vorzubereiten)
- Erzählung „Ich habe eine Vision" **M 5.5**
- Pappkärtchen
- Teelichter in Gläsern
- Lied: „Seht, die gute Zeit ist nah" (◎ Track 11/12) **M 5.6**

Unterrichtsschritte:

1. Die *Stoffstücke* der Kinder liegen als *großes Rechteck* angeordnet in der Mitte eines Stuhlkreises. Die Kinder *äußern* ihre *Vermutungen,* z. B.:
   – Wir sind zusammengerückt.
   – Viele kleine Dunkelheiten ergeben eine große.
   – Dort liegen die Sorgen von vielen Menschen.

2. Die Kinder *basteln* je ein *Korkenpüppchen.* **M 5.3** Diese werden auf die Stoffe gestellt. Eine Figur bekommt einen Umhang aus Filz. Sie soll den Propheten Jesaja darstellen.

3. L trägt die *Erzählung* „Ich bin ein Prophet" vor. Nach dem Satz „Der Krieg hat alles zerstört" wiederholen die Kinder schon Gelerntes aus Kapitel 2.* **M 5.4**

4. Zwischen die Figuren wird der Streifen mit dem Satzanfang „Das Volk, das im Finstern wandelt ..." gelegt. Die Kinder *vervollständigen* den Satz, indem sie ihre Figuren als ein Mitglied des Volkes sprechen lassen.

* vgl. Kap. 2 (Theologisch-didaktischer Kommentar, dazu die Erzählung „Lied der Verlierer")

5. L *trägt Erzählung* „Ich habe eine Vision“ vor. **M 5.5**

6. Die Kinder *wiederholen* die *Friedensvision* des Jesaja, *schreiben* sie *auf Kärtchen* und legen sie zu ihren Figuren. Dazu stellen sie jeweils ein *Teelicht im Glas.* Es kann auch der Liedruf eingesetzt werden. **M 5.2**

7. L *legt den Satzstreifen* „... sieht ein großes Licht“ auf das Bodenbild und fasst die Aktion mit folgenden Worten zusammen:

   Die Worte des Jesaja machen es hell
   in den Herzen der Menschen.
   Sie wandeln nicht mehr in der Finsternis.
   Sie sehen ein großes Licht.
   Sie wollen vielen Menschen von diesem Licht erzählen.

   Die Kinder *stellen* die *Teelichter* in Kreis- oder Sternform.

   Die Menschen wollen von ihrer Hoffnung erzählen. Und so schreiben sie ihre Gedanken des Friedens, des Vertrauens, der Erwartung auf.
   „Der Herr ist mein Licht und mein Heil, vor wem sollte ich mich fürchten?“,
   so schreibt einer voller Hoffnung.

8. Die *Kinder* nennen weitere ihnen bekannte Psalmverse. In Band 2 bietet Kapitel 11 „Reden von Gott“ Impulse zur Erinnerung. Eventuell vorhandene Psalmkarten aus diesem Kapitel können eine Hilfe bieten.

9. Lied: „Seht die gute Zeit ist nah ...“ **M 5.6**

10. Die Kinder *schreiben* einen *eigenen Psalmvers* auf.

11. Sie *gestalten* mit den dunklen Tüchern, Teelichtern in Gläsern, Satzstreifen und Psalmversen die *Fensterbank* oder einen *Präsentationstisch.*

Satzstreifen und Psalmverse werden ggf. in Baustein 3 nochmals eingesetzt.

Baustein 3: Weihnachten – Gottes Licht ist in der Welt

Unterrichtsmaterial:

- Folie von Material: „Anbetung der Hirten“ (Folie 3) **M 5.7**
- Infotext zum Bild „Anbetung der Hirten“ **M 5.8**
- evtl. Satzstreifen und Psalmverse aus Baustein 1 und 2
- schwarzer Tonkarton (30 x 30 cm)
- Wachs-Kreiden oder Ölpastell-Kreiden (gelb, orange, rot)
- Klebstoff
- Packpapier
- Lied: „Seht, die gute Zeit ist nah“ (Track 11/12) **M 5.6**

Unterrichtsschritte:

1. L zeigt die *Folie* „Anbetung der Hirten“ **M 5.7**

2. Die Kinder *äußern* sich spontan zum *Bild.* Wahrscheinlich wird ihnen der Hell-Dunkel-Kontrast sofort auffallen.

3. Das *Bild* wird mit den Informationen des Infotextes erarbeitet und mit den Ergebnissen aus Baustein 1 und 2 in Verbindung gebracht. **M 5.8**
   Wie Lukas und Matthäus die Verheißung des Jesaja auf Jesus übertragen, so sollen es auch die Kinder in Verbindung bringen:
   Jesus ist der König.
   Jesus ist der Retter.
   Jesus bringt den Frieden.
   Jesus beendet die Ungerechtigkeiten.
   Jesus ist das Licht der Welt.

4. Diese *Ergebnisse* werden von den Kindern *kreativ umgesetzt:*
   - Dunkelheit: ein Stück schwarzer Tonkarton (20 x 20 cm)
   - Jesus kommt als Licht in die Welt: aus Packpapier gerissene aufgeklebte Krippe – davon ausgehend Lichtstrahlen (gemalt mit Ölpastell-Kreiden).
   - Auf die Krippe können erarbeitete Sätze aus Schritt 3 geschrieben werden. Dadurch wird deutlich, dass wir *Christen* in der Weihnachtsgeschichte auf die Verheißung des Propheten Bezug nehmen. Für uns ist Jesus die Erfüllung der Verheißung.
   - Außen herum können die Satzstreifen aus Baustein 1 und das Pappkärtchen mit dem Psalmvers aus Baustein 2 geklebt werden.

5. Die *Ergebnisse* werden *ausgestellt* und zum Abschluss der Einheit wird noch einmal das *Lied:* „Seht, die gute Zeit ist nah“ gesungen. **M 5.6**

Meditativer Einstieg

M 5.1

Das Tuch in unserer Mitte ist schwarz.
Die Ritual-Kerze steht zwar dort,
aber sie brennt nicht.
Dunkelheit.
Wir schauen auf das Dunkle.
Vielleicht ist es auch in uns dunkel.
Wenn ihr die Augen schließt,
könnt ihr es besser spüren.

Wir haben schon von vielen Dunkelheiten gehört,
von unseren eigenen,
von Menschen, die mit uns leben,
von Menschen in der Bibel,
von dem Volk Israel.

Lied zum Licht

M 5.2

Text und Musik: Franz Kett 9/10

aus: Religionspädagogische Praxis, Jhg. 1978, Nr. III, S. 53, „Licht und Dunkel“

Anleitung Korkpüppchen

M 5.3

Bastelmaterial:

- ein Korken
- ein Dorn
- ein Pfeifenputzer (ca. 8 cm lang)
- eine durchbohrte Holzperle (Durchmesser 20 mm)
- ein Nagel
- Hammer
- evtl. Wolle
- Schere und Klebstoff

Bastelanleitung

1. Durchbohre den Korken mit dem Dorn.

2. Ziehe den Pfeifenputzer hindurch.

3. Schlage den Nagel mit dem Hammer durch die Perle in den Korken.

4. Du kannst aus der Wolle noch Haare auf die Perle kleben.

Ich bin ein Prophet

M 5.4

Ich heiße Jesaja. Ich lebe in Israel.
Ich gehöre zum Volk Israel, das ich von ganzem Herzen liebe.
Nach Gottes Willen bin ich ein Prophet.
Das ist jemand, der für Gott spricht.
Ich verkünde meinem Volk Gottes Wort,
seinen Willen - egal ob es gute oder unheilvolle Gedanken sind.
Wenn ich zu meinem Volk spreche,
beginne ich meine Reden immer mit „So spricht Gott…“, denn Gott hat mich gerufen.
Ich kann mich nicht wehren.
Gott hat mich in sein Herz schauen lassen.

Die Zeit ist keine gute Zeit für das Volk Israel.
Es gibt viele arme Menschen.
Nur wenigen geht es gut.
Der Krieg hat alles zerstört.

Voller Verzweiflung sind die Menschen – ohne Hoffnung.
Immer wieder fragen sie sich,
wie ihr Leben weitergehen soll.

Ich habe eine Vision

M 5.5

Ich bin Jesaja, ein Prophet.
Gott will, dass ich für ihn spreche.
In dieser schwierigen Zeit für das Volk Israel
schickt mir Gott Gedanken für mein Volk.
Wie eine Vision entwickeln sich
seine Worte zu Bildern in meinem Kopf.
Ich spüre, dass diese Worte dem Volk, das nur noch Dunkelheit sieht,
Hoffnung geben können.
Und so erzähle ich dem Volk von einer besseren Zukunft.
Ich beginne mit den Worten „So spricht Gott …“.

Das Volk, das im Finstern wandelt, sieht ein großes Licht,
und über denen, die da wohnen im finstern Lande,
scheint es hell.

In sehe in den traurigen Augen der Menschen
Hoffnung aufflackern.
Sie verstehen: Gott verlässt uns nicht.
Er hilft uns.
Er ist für uns da.
Er wird einen König,
er wird Rettung schicken.
Dann kehrt endlich Frieden ein
und alle Ungerechtigkeiten finden ein Ende.
Dann wird es hell sein.
Das Licht der Liebe, das Licht des Friedens wird für alle Menschen leuchten.

Seht, die gute Zeit ist nah!

M 5.6

Text und Melodie: Friedrich Walz ◎ 11/12

Aus: Die ganze Welt hat sich gefreut, hg. von Friedrich Walz,
Erlanger Verlag für Mission und Ökumene, Neuendettelsau

Infotext zum Bild „Anbetung der Hirten“ M 5.8

Als Lukas und Matthäus ihre Weihnachtsgeschichten aufschreiben, erinnern sie sich an die Verheißung des Jesaja. Sie übertragen die Namen der Verheißung Retter, Friedefürst ... auf Jesus als den neuen König aus dem Hause Davids. Sie bezeichnen Jesus als Licht, mit dem Gott in die Welt kommt.

Dieses Bild von Rembrandt scheint das Kind in der Krippe als Lichtquelle eindeutig darzustellen. Erst beim zweiten Hinsehen fragt sich der Betrachter, ob es die Lampe des Josef ist, die das Licht in das Bild bringt. Doch diese Frage erübrigt sich:
Das Licht kommt aus dem Kind heraus – aus dem Kind im Stall, in dem Gott selbst Mensch geworden ist.
Das Licht schafft eine Verbindung mit der Dunkelheit.
„Und in dieser Verbindung zwischen dem Licht und der Dunkelheit der Erde werden die Menschen durchscheinend. Es entsteht eine Art Seelenraum, und in diesem Raum kommt das Licht ‚zur Welt‘ (Joh 1,9).“ (Aus: Zink 1981, S. 110)

Rembrandts Bild spiegelt die Geburtsszene in einer Scheune wider. Im Hintergrund sind Kühe und Hühner zu erkennen. Ein warmes Braun umhüllt die Menschen, die sich in einem abgeschlossenen Halbkreis an der Krippe versammeln: Maria, die auf einer Leiter sitzt, neben ihr Josef. Drei Männer knien vor dem Kind, ein vierter hockt gebeugt neben ihnen. Mehrere Männer stehen daneben und noch andere kommen von der Seite und aus dem Hintergrund hinzu. Sie alle wecken den Anschein, dass sie etwas lang Erwartetes gesucht und gefunden haben. Nur wenige Tupfer des „königlichen Rot“ am Umhang der Maria, am Kopf eines stehenden Mannes und an der Mütze eines Knieenden deuten möglicherweise auf das Besondere dieses Kindes in der Krippe hin.

Anbetung der Hirten **M 5.7**

(Folie 3)

6 Gottes Name als Versprechen

Thema: Ich-bin-da (2. Mose 3,14)

Intention der Unterrichtsreihe

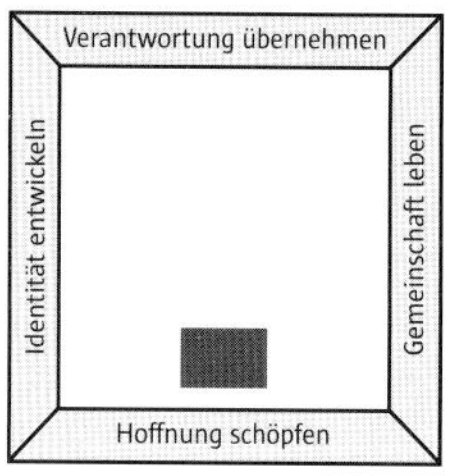

Anhand der Bibelstelle 2. Mose 3,14 Gottes Namen als Versprechen der Zuwendung verstehen.

4 Std.

Kompetenzerwartung:

Die Schüler kennen aus alttestamentlicher Überlieferung Glaubensaussagen vom fürsorglichen Handeln Gottes.

Theologisch-didaktischer Kommentar

Text (2. Mose 3,14):

> 14 *Gott sprach zu Mose: Ich werde sein, der ich sein werde. Und sprach: So sollst du zu den Israeliten sagen: „Ich werde sein", der hat mich zu euch gesandt.*

Die Deutung des Jahwe-Namens gibt einige Rätsel auf. Das hängt mit der hebräischen Grammatik zusammen, in der es nur zwei Zeiten gibt: Gegenwart und Vergangenheit. Für Aussagen, die zukünftiges Handeln beschreiben, wird das Präsens mitbenutzt. Daher muss man beim Lesen herausfinden, wann über ein gegenwärtiges oder eben ein zukünftiges Geschehen geschrieben wird.
Der Name Jahwe ist vom hebräischen Verb für „sein" abgeleitet. Er kann also mit „Ich bin, der ich bin" oder „Ich bin, der ich sein werde" (so M. Luther) übersetzt werden. Der Kontext erweckt nicht den Eindruck, als hätte Mose bereits ausdrücklich mit dem „hebräischen Gott" zu tun gehabt (sofern man von dem im Verborgenen wirkenden Gott in 2. Mose 1 und 2 absieht). Erst in der Dornbuschlegende offenbart sich der Gott Abrahams, Isaaks und Jakobs (2. Mose 3,6). In seinem Namen soll Mose vor den Pharao treten und die Exodusgruppe aus Ägypten wegführen. Über diesen Auftrag will Mose aber vorher mit seinen Leuten reden, da der Name „Gott Abrahams, Isaaks und Jakobs" ihnen offenbar unbekannt ist und ihnen nichts bedeutet. Sonst hätte Mose ja nicht nach dem Namen seines Auftraggebers gefragt (2. Mose 3,13). Denn „von einer Wirklichkeit weiß man nur, wenn man ihren Namen nennt." * Inzwischen hat Gott seinen Namen genannt (2. Mose 3,14). Und dann folgt ein merkwürdiger Nachtrag. Es ist wieder vom Gott der Vorfahren die Rede (2. Mose 3,15). Offensichtlich werden hier zwei verschiedene Überlieferungen zusammengeführt. Die Unterschiede zwischen ihnen sind aber zu groß, als dass man sie harmonisieren könnte. Der Gottesname der Vorfahren führt in die Erinnerung, der Mose genannte Name provoziert Deutungen:

- Glaubt nicht, dass ihr mich in den Griff bekommt, wenn ihr meinen Namen kennt.
- Ich bin unverfügbar.
- Ich bleibe immer der gleiche Gott. Mit meiner Zuverlässigkeit und Beständigkeit könnt ihr rechnen.
- Ich bin ich. Versucht nicht, aus mir einen anderen zu machen.
- ...

Dass sich die Gläubigen mit einem so abstrakten Gottesnamen schwertun, zeigt die Tatsache, dass diese Namensdeutung im AT einzig ist, dafür aber viele Gottesbilder wie Hirte, Fels, Burg, König etc. auftauchen, mit denen sich die Menschen des Beistandes Gottes versichern.

Mit diesen Gottesbildern haben sich die Kinder schon im 1. und 2. Schuljahr auseinandergesetzt. In Band 1, Kapitel 5 wurde mit ihnen erarbeitet, dass zu Gott beten bedeutet, mit einem guten Freund/einer guten Freundin zu sprechen. In Band 2, Kapitel 11 lernten sie Bilder kennen, die in den Psalmen und in ausgewählten Bibelstellen für Gott benutzt werden.

In dieser Unterrichtseinheit liegt der Schwerpunkt darauf, Gottes Namen als Versprechen zu verstehen und nicht auf dem Geschehen, das um die Person Mose und die Dornbusch-Legende entfaltet wird.

Für die Übersetzung des Namens „Ich bin, der ich bin" bzw. „Ich bin, der ich sein werde" von M. Luther (s. o.)

* Noth 1984, S. 29

wird in der Erzählung und im Lied der Name „Ich-bin-da“ benutzt. Aufgrund des Kontextes (Jahwe als helfender Gott) ist auch diese Deutung möglich, die den Kindern die Erarbeitung des Versprechens erleichtert. Durch den Rückblick auf die Exodus-Geschichte in dem Lied „Vertraut mir doch“ und die Erzählung „Gottes Name als Versprechen“ hat L im Gespräch die Möglichkeit, den in Kapitel 3 dargestellten Ereignissen weitere Einzelheiten hinzuzufügen bzw. diese vertiefend zu wiederholen.

Bausteine der Unterrichtsreihe

Baustein 1: Gottes Name als Versprechen

Unterrichtsmaterial:

- evtl. Pappe
- dicken Faserschreiber
- Erzählung „Gottes Name als Versprechen“ **M 6.1**
- Lied: „Vertraut mir doch“ (Track 13/14) **M 6.2**

Unterrichtsschritte:

1. L schreibt das Wort „Versprechen“ in die Mitte der Tafel oder einer Pappe und *notiert* um den Begriff herum die *spontanen Äußerungen* der Kinder.

2. Das anschließende *Gespräch* sollte folgende Fragen besonders berücksichtigen:
   – Wie kommt es zu einem Versprechen?
   – Was gehört zu einem Versprechen? (z. B. Ehrlichkeit, Vertrauen, Standfestigkeit, Ernsthaftigkeit ...)
   – Welche Form von Versprechen ist den Kindern bekannt? (z.B. Satz, Geste, Vertrag)
   Möglicherweise erzählen die Kinder an dieser Stelle eigene Erlebnisse.

3. L *erzählt* die *Geschichte* „Gottes Name als Versprechen“. **M 6.1**

4. Die Kinder *äußern* sich zu der *Geschichte* und *verbalisieren*, dass hier ein besonderes *Versprechen* genannt wird: Gottes Name. Sie *benennen*, was dieses Versprechen *bedeutet.* Inhaltlich vertieft werden diese Aussagen in Baustein 2.
   Sicherlich ist die Erzählung an dieser Stelle Anlass zur Wiederholung der Exodus-Geschichte.
   Dazu könnte auch das in Kapitel 3 erstellte Bilderbuch eingesetzt werden.

5. Lied: „Vertraut mir doch“ (Refrain) **M 6.2**

Baustein 2: Gottes Nähe und Größe erfahren

Unterrichtsmaterial:

- Kopiervorlage: Umrissbild **M 6.3**
- Folie des Umrissbildes (von L vorzubereiten)
- Folie von Material: „Gottes Nähe und Größe erfahren“ (Folie 4) **M 6.4**
- Folienschreiber
- Informationen zur Malerin und zum Bild **M 6.5**
- Magnete
- Wasserfarben

Unterrichtsschritte:

1. L zeigt die *Folie* des Umrissbildes. Die Kinder *äußern* sich dazu und stellen eine *Verbindung* zur *Erzählung* „Gottes Name als Versprechen“ her.
   Der Name „Ich-bin-da“ wird über das Bild geschrieben. **M 6.3**

2. Durch Abdecken von Bildteilen kann L *Einzelheiten* des Bildes *hervorheben* (vgl. auch **M 6.5**).

3. L gibt den Kindern einige *Informationen* zur *Malerin* des Bildes. **M 6.5**

4. Nach einem *wiederholenden Gespräch* über *Farben* und deren Bedeutung wird das *Arbeitsblatt* „Umrissbild“ verteilt und L fordert die Kinder auf, ihr Umrissbild in einer Farbe in unterschiedlichen Schattierungen zu *kolorieren* und die Überschrift „Ich-bin-da“ darüberzusetzen. **M 6.3**

5. Danach hängen die Kinder, die möchten, ihre Bilder mit Magneten an die Tafel und *begründen* ihre *Farbwahl.*

6. L zeigt den Kindern die *Folie* des Bildes „Gottes Nähe und Größe erfahren“. **M 6.4**

7. Die Kinder *äußern* sich zur *Farbwahl* der Malerin. Sie nennen ihre *Assoziationen* zur Farbe Rot und bringen sie mit „Gottes Namen als Versprechen“ in Verbindung:
   Liebe, Nähe, Zuwendung, Vertrauen, Beständigkeit ...
   L kann die Begriffe zur Unterstützung für Schritt 9 an der Tafel notieren.

8. Lied: „Vertraut mir doch“ **M 6.2**

9. Die Kinder *schreiben Begriffe,* die sie mit dem Namen Gottes verbinden, *in ihre Bilder.* Diese sollten in der Klasse ausgestellt werden.

Gottes Name als Versprechen

M 6.1

Sicher erinnert ihr euch noch an Mose.

Mose hütet Schafe in der Nähe eines Berges.
Da entdeckt er etwas Sonderbares.
Vor ihm steht ein Busch in Flammen.
Doch der verbrennt nicht.
Vorsichtig nähert sich Mose dem Dornbusch.

Da hört er eine Stimme.
„Mose, komm nicht näher,
zieh deine Schuhe aus,
denn du stehst auf heiligem Boden."
Und weiter spricht die Stimme:
„Vertraue mir.
Ich bin der Gott, an den deine Vorväter geglaubt haben."

Mose hält sich die Augen zu,
denn er fürchtet sich, Gott anzusehen.
„Du musst dich nicht fürchten.
Ich habe dich ausgesucht,
das Volk Israel aus Ägypten zu führen.
Wenn du zum Volk kommst, dann sag ihm:
Der Ich-bin-da hat mich zu euch geschickt.
Sein Name ist ein Versprechen für euch
und alle kommenden Generationen:
Ich bin der Ich-bin-da,
gestern, heute und morgen."

Vervollständige das Bild von Mose und dem brennenden Dornbusch.

Vertraut mir doch

M 6.2

Text und Melodie: Sebastian Schade 13/14

Informationen zur Malerin und zum Bild

M 6.5

(Folie 4)

Gottes Nähe und Größe erfahren | **M 6.4**

Das Bild „Gottes Nähe und Größe erfahren“ ist eine von 70 Tafeln der Massai-Bibel der Sr. Katharina Kraus. Sie setzt eindrucksvolle Farben und Formen ein, um sich mit den eingeborenen Afrikanern religiös zu verständigen. Wo die Sprache versagt, werden mit Farben Stimmungen und Gefühle ausgedrückt und Geschichten erzählt. Es ist „ vorrangig die Farbigkeit der Bilder, die das Sprechen über Gott ermöglicht, wo Worte ihre Grenzen haben, und ... auch das Sprechen zu Gott.“ (Aus: BIESINGER und BRAUN 1995, S. 81)

Diese Bildtafel aus der Massai-Bibel besticht durch ihre Komposition von Rottönen. „Die symbolische Erhöhung des Rot, die in den sinnlichen Urerfahrungen des Menschen begründet ist – wie Blut, Leben, Feuer – findet ihre Symbiose in der Erfahrung der Gottesnähe.“ (ebd, S. 79)

Es ist möglich, das Bild durch Abdeckung in 3 Teilen zu erarbeiten, bevor es in seiner Gesamtheit betrachtet wird:

- Die göttlichen Flammen spiegeln sich in Orangerot, Karmin und Purpur. Die Vielfalt der Rottöne stellt den brennenden, in Flammen stehenden Dornbusch dar. Die Farbe Rot ist eng verbunden mit Blut (Leben), Liebe, Feuer, Leidenschaft ... und lässt beim Betrachter sofort entsprechende Bilder entstehen.
- Deutlich davon abgehoben ist das Violett, das den Kopf des Mose einrahmt. Dadurch wird er bei längerer Betrachtung zum Mittelpunkt des Bildes. Violett steht in Beziehung zu Rot und Blau; als liturgische Farbe ruft es zur Buße und Besinnung auf. In Anbindung an Rot wird Violett in biblischen Texten neben Gold und Silber oftmals als kostbare Farbe bezeichnet: „violetter und roter Purpur“.
  Das Gesicht des Mose nimmt das Orange und Rot der Flammen auf. Orange vermittelt strahlende Aktivität und warme Energie. Im Gegensatz zum eher dunklen, traurigen Violett wirkt Orange frisch und lebendig. Im Orange verbindet sich das Gelb der Sonne mit dem Rot des Lebens.
- Die Schuhe des Mose sind von einem tiefen Rot eingerahmt: Gottes Flammen. „Ziehe deine Schuhe aus, denn dieser Boden ist heilig.“ Das lichte Weiß, das in der Kunst oft für das Göttliche eingesetzt wird, scheint von oben in das Bild hinein und unterlegt einige Flammen und die Schuhe. Das Licht bringt Mose dazu, sich eine Hand vor das Gesicht zu legen. Denn er fürchtet sich, Gott anzuschauen.

7 Begegnung mit Judentum, Christentum und Islam

Thema: Viele Namen für einen Gott

Intention der Unterrichtsreihe

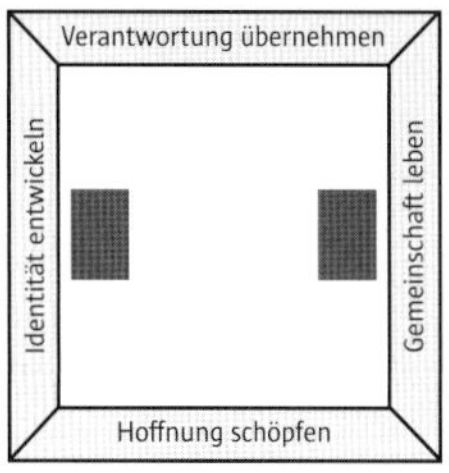

Wissen, dass Gott in den verschiedenen Religionen mit gleichen und unterschiedlichen Namen benannt wird, die alle eine Beziehung zu ihm ermöglichen.

🕘 3–4 Std.

Kompetenzerwartung:

Die Schüler entfalten die Glaubensdimension des Bildwortes von Jesu als Licht der Welt.

Theologisch-didaktischer Kommentar

God happens
Im AT ist die Zahl der Namen für Gott (wie Gott Abrahams, Isaaks und Jakobs, Gott der Väter, El, Elohim, Jahwe ...) gering, die Zahl der Gottesmetaphern aber umso größer. Diese Metaphern entwickeln keine Theorien über Gott, sondern sprechen von dem, was Menschen mit Gott erlebt haben. Wenn der Beter sagt: „Du bist mein Fels", dann ist das mehr als nur ein Vergleich. Es ist ein Bekenntnis: Du bist zuverlässig; oder es ist ein Wunsch: Ich möchte mich auf dich verlassen. Hinter diesem Bild steht eine persönliche Erfahrung und es ist eine Aussage über eine *Beziehung, in der Gott „geschieht".* Gott mit Metaphern zu beschreiben, ist berechtigt und notwendig, denn anders können wir von Gott nicht reden. Die Metapher kann immer nur Teilaspekte von Gott abbilden und stößt an eine Grenze, die der Prophet Jesaja so beschrieben hat: Ich bin Gott und keiner sonst. Ich bin Gott, und nichts ist wie ich. (Jes. 46,9).

Gott wird Mensch
Gott durchbricht seine Transzendenz, um den Menschen an Ort und Stelle nahe zu sein. Diese Verwandlung ist Zeichen seiner Allmacht und Allgegenwart. Das Verlassen der Transzendenz ist der Punkt, an dem sich das Christentum vom Judentum und Islam deutlich unterscheidet. Das liegt daran, dass die Menschen, wie schon Martin Luther schrieb, mit einem nackten (lat. = nudus), unumschränkten (lat. = absolutus) und unbestimmten (lat. = vagus) Gott, der fern im Himmel sitzt, nichts anfangen können. An ihn können sie nicht glauben, weil es keinen Zugang zu ihm gibt. Deshalb muss Gott sich Kleider anziehen. Mit Worten und Taten bekleidet gibt er sich auf der Erde zu erkennen. Gott wird Mensch in Jesus.
Weil das Christentum sich in Kontinuität mit dem AT entwickelte, konnte es auf die Metaphern der Psalmen *zurückgreifen.* Aber es wurden neue *Metaphern* für Jesus gefunden (Brot des Lebens, Licht der Welt, Weinstock etc.)
Um die Göttlichkeit Gottes hervorzuheben, wurden zwei Akzente gesetzt: Er ist der Liebende und wird Vater genannt.

99 Namen Allahs
Im Islam gibt es die 99 Namen für Allah. Da er absolut transzendent ist, hat er diese nicht von seinen Gläubigen bekommen, sondern es sind *Selbstaussagen,* die er von sich macht. Er ist Gott, der Einzige, der Souveräne. Er hat weder gezeugt, noch ist er gezeugt worden. Und keiner ist ihm gleichrangig (Sure 112,1-4). Kein Blick erfasst ihn (Sure 6,104). Deshalb verfügen die Gläubigen nur über seine Selbstaussagen, die er Muhammad offenbart hat. Der Muslim glaubt nicht, dass die Namen Allahs sein Wesen annähernd beschreiben. Sie verherrlichen lediglich seine Vollkommenheit, die kein Mensch verstehen kann.
Der fehlende 100. Name weist darauf hin, dass das Wesen Allahs nicht zu erfassen ist. Das kann kein Name leisten, mag es auch noch so viele davon geben.

Die Einführung in das Thema „Viele Namen für einen Gott" findet mithilfe der Puzzle-Teile statt, die schon in Band 1, S. 151 und Band 2, S. 183 bei dem Schwerpunkt „Begegnung mit Judentum, Christentum und Islam" eingesetzt wurden. So kann an dieser Stelle bisher Gelerntes wiederholt und gut erkennbar mit Neuem vernetzt werden. Was Menschen mit Gott erlebt haben und wie sie von Gott reden, ist bei den Kindern noch gut in Erinnerung, wenn Kapitel 7 direkt auf Kapitel 6 folgt. Der Schwerpunkt dieser Unterrichtseinheit liegt in der Erkenntnis, dass in den verschiedenen Religionen mit gleichen und unterschiedlichen Namen von Gott gesprochen wird. Wichtig ist, dass sie alle eine Beziehung zu Gott ermöglichen.

Bausteine der Unterrichtsreihe

Baustein 1: Viele Religionen – viele Namen

Unterrichtsmaterial:

- Puzzleteile **M 7.1**
- Pappkarten (von L beschriftet): Judentum, Christentum, Islam
- Domino (Spiele in Anzahl der Gruppen vorbereiten) **M 7.2**
- Arbeitsblatt „99 Namen für einen Gott" **M 7.3**

Unterrichtsschritte:

1. In der mit der Ritual-Kerze *gestalteten Mitte* liegen die drei Puzzleteile und die Karten mit den Namen der drei Religionen: Judentum, Christentum und Islam. **M 7.1**
   Wenn die Puzzleteile im 1. oder 2. Schuljahr eingesetzt wurden, erinnern sich die Kinder vielleicht an schon Erarbeitetes und bringen ihr Vorwissen ein. Sie *legen die Karten* mit den Namen der Religionen auf die entsprechenden Felder.
2. Mithilfe des *Dominos* werden in Partner- oder Gruppenarbeit bekannte *Unterrichtsinhalte wiederholt.* **M 7.2**
3. L weist die Kinder darauf hin, dass eine wichtige Information noch fehlt.
   L: *An wen glauben die Menschen?*
4. Die Kinder *äußern* ihnen *bekannte Namen* und schreiben sie an die Tafel, z. B. Gott, Allah, Ich-bin-da ...
   Sie *erinnern* sich, dass sie für Gott schon viele *Bilder* kennen gelernt haben. *
5. L *erzählt* den Kindern, dass die Muslime 99 Namen für Gott haben.
6. L verteilt das Arbeitsblatt „99 Namen für einen Gott" **M 7.3**. Die Kinder *markieren* darauf, welche Namen sie auch auf den Gott im Christentum und Judentum anwenden würden.

Baustein 2: Welcher Gott ist der wahre Gott?

Unterrichtsmaterial:

- Geschichte „Welcher Gott ist der wahre Gott?" **M 7.4**
- Elfchen **M 7.5**
- Lied: „Ich weiß von dir" (◎ Track 15/16) **M 7.6**

Unterrichtsschritte:

1. Einführung:
   Wir haben viele Namen für Gott kennen gelernt. Diese vielen Namen haben Menschen dazu gebracht, sich zu fragen, welches der wahre Gott ist. Dazu möchte ich euch eine Geschichte vorlesen.

   L liest die *Geschichte* „Welcher Gott ist der wahre Gott?" vor. **M 7.4**
2. Nach den spontanen Äußerungen der Kinder *erarbeitet* L *im Gespräch,* dass
   – verschiedene Perspektiven ein unterschiedliches Wissen hervorbringen.
   – Erfahrungen mit Gott jeder haben kann, egal welcher Religion er angehört.
   – jeder Zugang zu Gott finden kann.
3. Ihre Gedanken zu dem in Baustein 1 und 2 Erarbeiteten *formulieren* die Kinder als *Elfchen.* **M 7.5**
4. Die Kinder *lesen* ihre Ergebnisse vor.
   Dazwischen wird das *Lied:* „Ich weiß von dir ..." gesungen. **M 7.6**
   Wenn das Lied: „Ich denke an dich ..." (Bd.1, S.112) bekannt ist, kann auch dies eingesetzt werden.

* Bergedorfer Grundschulpraxis: Religion – 2. Klasse, Kapitel 11 „Reden von Gott", S. 133 ff.

Puzzleteile

M 7.1

Domino

1. Schneidet die Domino-Kärtchen aus.
   Auf die leeren Felder könnt ihr noch eigene Begriffe und ihre Erklärungen schreiben.

2. Spielt mit den Kärtchen Domino.

Zusatzaufgabe: Wie heißen die jeweiligen Bezeichnungen in den anderen Religionen?

Bibel Koran Thora	Chanukka	das Lichterfest im Judentum	Namen der Gläubigen im Islam
Muslim Muslima	Ostern	ein Fest im Christentum	Versammlungs- stätte der Juden
Synagoge	ein wichtiges Fest im Islam	Zuckerfest	Gebet der Christen
Vaterunser	Christentum Islam Judentum		

99 Namen für einen Gott

M 7.3

Von Allah kann man sich kein Bild machen, aber man kann ihn mit Namen beschreiben. Muslime sagen diese Namen manchmal in Gedanken auf und halten dabei eine Gebetskette in Händen.

Gott, der Barmherzige, der Erbarmer, der König, der Heilige, der Friede, der Gläubige, der Wachsame, der Mächtige, der Gestrenge, der Hochmütige, der Schöpfer, der Erschaffer, der Ordner, der Nachsichtige, der Herrscher, der immerwährende Geber, der Verteiler aller Güter, der Siegreiche, der Wissende, der Einengende, der Ausweitende, der Demütigende, der Erhebende, der Ehrverleiher, der Erniedrigende, der Hörende, der Sehende, der Richtende, der Gerechte, der Gnädige, der Erfahrene, der Sanftmütige, der Unzugängliche, der Verzeihende, der Großzügige, der Hocherhabende, der Große, der Aufmerksame, der Ernährer, der Rechner, der Majestetische, der Edelmütige, der Überwacher, der Erhörer, der Allgegenwärtige, der Weise, der Liebende, der Gloreiche, der Erwecker, der Augenzeuge, der Wahre, der Treuhänder, der Starke, der Unerschütterliche, der Beschützer, der Lobenswerte, der Zählende, der Erneuerer, der Neuschöpfer, der Lebensspender, der Todbringende, der Lebendige, der In-sich-Seiende, der Vollkommene, der Vornehme, der Eine, der Souveräne, der Kraftvolle, der Allmächtige, der Näherbringende, der Entferner, der Erste, der Letzte, der Offenbare, der Verborgene, der Regierende, der Erhabene, der Rechtschaffene, der Bereuer, der Rächer, der Tilger, der Erbarmungsvolle, der König des Reiches, der Herr der Majestät und des Edelmutes, der Rechthandelnde, der Versammler, der Reiche, der Bereicherer, der Verhinderer, der Schädliche, der Nützliche, das Licht, der Rechtleiter, der Einzigartige, der Ewige, der Bleibende, der Führer und der Geduldige.

KOPIERVORLAGE

	Welcher Gott ist der wahre Gott?	M 7.4

Welcher Gott ist der wahre Gott?

In einem Kaffeehaus in Indien sitzen Menschen aus aller Welt zusammen. Jeder sagt: Meine Religion ist die beste, mein Gott ist allein der wahre Gott. Da nimmt ein alter weiser Chinese das Wort. Er spricht davon, wie die Menschen über die Sonne denken:

Ein Mensch sagt:
„Die Sonne geht jeden Abend hinter den Bergen meiner Insel zur Ruhe. So ist das und nicht anders."
Dieser Mensch ist niemals von seiner Insel heruntergekommen.
Ein anderer sagt:
„Die Sonne geht im Meer auf und im Meer wieder unter. So ist das und nicht anders."
Dieser Mensch ist über die Meere gefahren.
Ein Dritter sagt:
„Die Sonne kreist nicht um die Erde, sondern die Erde kreist um die Sonne."
Dieser Mensch kennt die Lehre von den Gestirnen.

So sagt es jeder anders, je nachdem wie viel er weiß, wie viel er gesehen hat.

Und der alte Chinese spricht: Genauso ist es mit Gott und den Menschen. Der eine Mensch weiß wenig von ihm. Er denkt nicht viel nach. Für ihn bedeutet Gott wenig.
Ein anderer Mensch weiß mehr von Gott. Er denkt viel nach über Gott. Für ihn ist Gott erhaben und groß.
Für den aber, der am meisten von Gott weiß und der am tiefsten über ihn nachdenkt, ist Gott unendlich erhaben, voller Gnade und Liebe und Barmherzigkeit zu den Menschen.
Überall auf Erden ist diese Gnade Gottes zu finden, seine Liebe und seine Barmherzigkeit. Jeder Mensch auf der Welt kann diesen Gott finden, ganz gleich wie er ihn nennt, ganz gleich zu welcher Religion er gehört.

Nach diesen Worten schwiegen die Streitenden und keiner sagte mehr: „Mein Gott ist allein der wahre Gott."

Leo N. Tolstoj

Elfchen

M 7.5

Beispiel:

gütig
ein Name
erzählt von Liebe
ein Versprechen für Menschen
Gott

Ich weiß von dir

M 7.6

Text: Micaela Röse
Melodie: Sebastian Schade

15/16

Kanon für zwei Stimmen

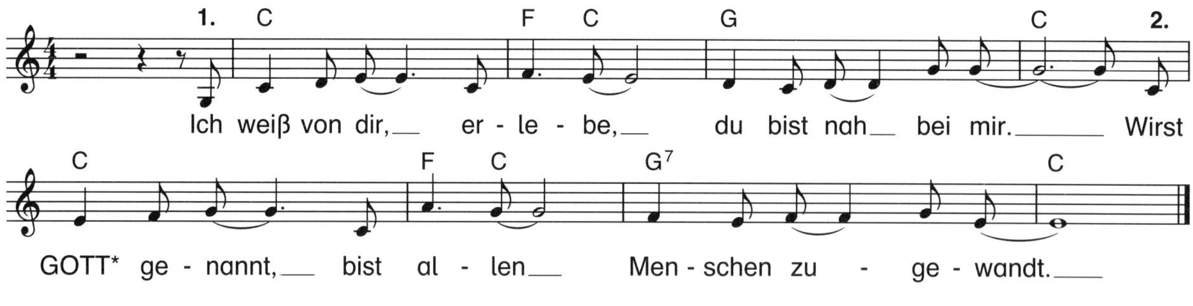

* Name kann ausgetauscht werden

KOPIERVORLAGE

8 Begegnung mit Judentum, Christentum und Islam

Thema: Unterschiedliche Feste und Feiertage: das Pessach-Fest

Intention der Unterrichtsreihe

Das Pessach-Fest kennenlernen.

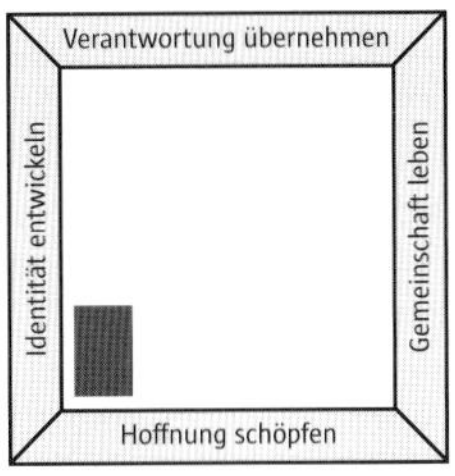

3–4 Std.

Kompetenzerwartung:

Die Schüler kennen Ausdrucksformen ihnen fremder Religionen.

Theologisch-didaktischer Kommentar

In der vorliegenden Unterrichtseinheit sollen die Kinder das Pessach-Fest kennen lernen. Dies geschieht durch die Erzählung eines jüdischen Mädchens namens Rut. Sie ist bereits aus Band 1, Kapitel 11 und Band 2, Kapitel 14.2 bekannt. Die Vernetzung dieser Unterrichtseinheit mit den erwähnten Kapiteln bietet sich daher an. Darüber hinaus ist es sinnvoll, vor dieser Einheit Kapitel 3 dieses Bandes besprochen zu haben, da zum Verstehen des Pessach-Festes die Kenntnis der Auszugs-/Rettungsgeschichte des Volkes Israel aus der Sklaverei Ägyptens notwendig ist. Da aber in Kapitel 3 nicht alle Texte behandelt werden, muss die Lehrkraft fehlende Informationen ergänzen. Die vorliegende Unterrichtseinheit lässt dazu Raum.

Nicht alle Details, die beim Pessach-Fest und im liturgischen Ablauf der Sederfeier vorkommen, können erklärt werden. Die Darstellung beschränkt sich auf die für den Unterricht wichtigen Elemente, die sich auf die Befreiung aus Ägypten beziehen.

Pessach ist das Fest der Erinnerung an die Unterdrückung in Ägypten und ein Fest der Freude, weil Gott sein Volk befreit hat. Gleichzeitig werden natürlich Erinnerungen an die Verfolgungen wach, die die Juden in ihrer Geschichte erlitten haben.
Schwerpunkt des einwöchigen Pessach ist der Sederabend* am Anfang der Festwoche. Pessach ist das einzige jüdische Familienfest, das einem festgelegten religiösen Ritual folgt, das in der Pessach-Haggadah** niedergelegt ist. In dieser Hausliturgie werden Unterdrückung und Befreiung beim Essen mit den Sinnen nachvollzogen.
Die Vorbereitung des Festes beginnt mit einer großen Reinigungsaktion. Alle Lebensmittel, die Gärungsprozessen unterworfen sind, werden aus Häusern und Wohnungen entfernt. In den Geschäften gibt es sogar extra für Pessach hergestellte Lebensmittel mit der Aufschrift: Koscher für Pessach. 2. Mose 13,7 f. schreibt vor, dass während des Festes nur ungesäuertes Brot gegessen werden darf.

Zum Sedermahl wird der Tisch mit Speisen gedeckt, die auf die Ägyptenerfahrung Israels Bezug nehmen:
Drei Mazzen, zwei als Brotersatz und eine als Zeichen der Freude, werden in ein Tuch eingeschlagen und auf den Tisch gelegt.
Deutung: Der Brotteig musste wegen der eiligen Flucht ungesäuert bleiben.
Ein Glas Salzwasser steht auf dem Tisch.
Deutung: In der ägyptischen Knechtschaft vergossen die Israeliten viele Tränen.
Auf den Sederteller, einen besonderen Teller mit sechs Abteilungen, gehören:
1. maror = bittere Kräuter. Meistens wird eine Meerrettichwurzel benutzt.
Deutung: Erinnerung an das bittere Leiden in Ägypten
2. karpass = Gemüse wie Sellerie, Gurken, Petersilie oder Salat. Sie werden in Salzwasser getaucht und dann gegessen.
Deutung: Das salzige Gemüse schmeckt wie die Tränen des unterdrückten Israels; oder:
Das Gemüse schmeckt bitter wie der Aufenthalt in Ägypten.
3. charosset = Fruchtmus aus Äpfeln, Walnüssen und Zimt mit einem Schuss Wein.
Deutung: Erinnerung an den Mörtel, den die Israeliten herstellen mussten; oder: Erinnerung an den Lehm,

* Seder bedeutet Ordnung.
** Haggadah bedeutet Erzählung.

aus dem die Ziegelsteine geformt werden mussten.
4. chasseret = Gemüse wie Radieschen oder Küchenkräuter wie Kresse, die scharf und leicht bitter schmecken.
Deutung: wie maror
5. (gerösteter) Knochen
Deutung: Erinnerung an die Opferlämmer, die geschlachtet wurden, als es den Tempel noch gab; oder: Erinnerung an den starken Arm Gottes, mit dem er sein Volk führte.
6. Ei = jüdisches Trauersymbol. Es erinnert an die Zerstörung des Tempels.
Deutung: Das Ei ist ein Doppelsymbol: Es steht für verhindertes Leben und gleichzeitig für werdendes Leben. Es sagt: Das Leben wird sich durchsetzen, und der Tempel wird eines Tages wieder aufgebaut werden.

Bei der Sederfeier übernehmen die Kinder der Familien einen wichtigen Teil.
Das jüngste Kind stellt zunächst die Eingangsfrage: Warum ist diese Nacht so anders als alle anderen Nächte? Dann folgen vier Fragen. Sie werden aber erst später beantwortet.
1. Warum essen wir in dieser Nacht nur Matzen?
2. Warum essen wir in dieser Nacht nur Bitterkräuter?
3. Warum tauchen wir das Essen in dieser Nacht zwei Mal ein?
4. Warum sitzen wir in dieser Nacht bequem angelehnt?

Anschließend wird aus der Pessach-Haggadah vorgelesen. Die Antworten auf die vier Fragen geben die dort zusammengestellten Texte aus dem AT über Israels Ägyptenerlebnis.

Die Fragen werden noch einmal gestellt und sofort beantwortet.
1. Die Israeliten konnten nur ungesäuertes Brot aus Ägypten mitnehmen.
2. Die Bitterkräuter erinnern an das bittere Leben in Ägypten.
3. Wir tauchen Bitterkräuter ins Fruchtmus und erinnern an die Ziegelsteine, die die Israeliten für den Pharao herstellen mussten.
   Wir tauchen Petersilie ins Salzwasser, weil wir uns an die Tränen der Israeliten erinnern.
4. Wir lehnen uns bequem an, weil wir heute freie Menschen sind.

Bausteine der Unterrichtsreihe

Baustein 1: Rut feiert Pessach

Unterrichtsmaterial:

- ▷ Bild von Rut **M 8.1**
- ▷ Rut feiert Pessach, Teil 1 **M 8.2**
- ▷ Rut feiert Pessach, Teil 2 **M 8.3**
- ▷ Rut feiert Pessach, Teil 3a und b **M 8.4**
- ▷ Arbeitsblatt „Auf dem Sedertisch" (vergrößert kopiert und laminiert) **M 8.6**
- ▷ Magnete, Klebstoff, Stifte
- ▷ Arbeitsblatt „Decken des Seder-Tisches" **M 8.7**
- ▷ Danklied „Dayenu" (◎ Track 17/18) **M 8.5**

Unterrichtsschritte:

1. L *befestigt* an der Tafel mit Magneten das Bild von Rut. Die Kinder *erinnern sich* daran, dass Rut ein jüdisches Mädchen ist und sie von ihr schon vieles über ihre Religion, das Judentum, erfahren haben. Auch über ihr Lieblingsfest Chanukka hat sie schon erzählt (Band 2, Kapitel 14, S. 182). Heute berichtet sie von einem der wichtigsten Feste des Judentums. **M 8.1**

2. L *erzählt* die *Geschichte* „Rut feiert Pessach, Teil 1". **M 8.2**

3. Die Kinder *erinnern* sich an die Geschichten, die sie schon über das Volk Israel, Mose und Ägypten kennen. Eventuell muss L in Bezug auf die Auszugsgeschichte noch *Ergänzungen* machen.

4. Die Kinder *äußern* erste *Vermutungen* darüber, was die Auszugsgeschichte des Volkes Israel mit den Dingen zu tun hat, die am Sederabend auf dem Tisch stehen. L *erzählt* die *Geschichte* „Rut feiert Pessach, Teil 2". **M 8.3**
   Parallel zur Geschichte heften die Kinder die laminierten Kopien der Dinge, **M 8.6**
   die auf dem Sedertisch liegen an die Tafel. Vertiefend wird gemeinsam über die Namen und die Bedeutung der einzelnen Dinge gesprochen. L hält die Begriffe an der Tafel fest.

5. Die Kinder *bearbeiten* das *Arbeitsblatt* „Decken des Seder-Tisches" und *schreiben* zu den Symbolen Namen und Beschreibungen. **M 8.7**

6. L *erzählt* die *Geschichte* „Rut feiert Pessach, Teil 3a und b". **M 8.4**

7. L bringt den Kindern das *Danklied* „Dayenu" bei. **M 8.5**

Bild von Rut

	Rut feiert Pessach, Teil 1	**M 8.2**

Ich bin ja so aufgeregt. Wie jedes Jahr im Frühling bereitet sich meine Familie auf das Pessach-Fest vor, das eine Woche dauert. Wir haben die Wohnung geputzt bis alles blinkt. Schon seit Tagen wird gekocht und gebacken. Gestern wurde das Festgeschirr aus dem Schrank geholt und gemeinsam gespült.
Jetzt ist es endlich so weit. Wir decken den Tisch für den Sederabend, mit dem das Pessach-Fest beginnt. Meine Mutter stellt vorsichtig das gute Geschirr auf den Tisch. Mit den Kerzenleuchtern und Weingläsern sieht es heute ganz anders aus als sonst.
In der Mitte unseres Tisches steht ein großer, schön verzierter Teller. Darauf sind ein Knochen, ein Ei, Meerrettich, ein Brei aus Äpfeln und Nüssen, Kresse und Petersilie. Daneben liegen drei Stück Mazzen, das ist ganz dünnes Brot, das nur mit Wasser und Mehl gebacken wurde. Falls ihr es noch nie gesehen habt: Es sieht so ähnlich aus wie Knäckebrot. Dann stehen noch Wein und ein Schälchen mit Salzwasser auf dem Tisch.
Ihr wundert euch sicher, warum wir so etwas Ungewöhnliches essen. Wir tun das, weil bei uns alle diese Dinge eine ganz besondere Bedeutung haben. Und das hat etwas mit dem Pessach-Fest zu tun. Es erinnert uns daran, dass Gott das Volk Israel aus Ägypten befreit hat. Vor vielen tausend Jahren ist dies geschehen, aber für mich und meine Familie hat diese Geschichte heute immer noch eine große Bedeutung. Die Menschen, von denen da erzählt wird, sind nämlich meine Vorfahren. Jedes Jahr feiern wir das Pessach-Fest und erzählen vom Auszug aus Ägypten, damit die Geschichte meines Volkes nicht vergessen wird.
Ich glaube, du kennst diese Geschichte auch. Sie steht in der Bibel. Erinnerst du dich?

Rut feiert Pessach, Teil 2

Aber was hat diese Geschichte nun mit dem Essen zu tun, das am Sederabend auf unserem Tisch steht? Hast du eine Idee?

Also, es ist so:
Wir essen Mazzen, weil sie uns daran erinnern, dass das Volk Israel, als es aus Ägypten geflohen ist, kein richtiges Brot mitnehmen konnte. Es musste ja alles sehr schnell gehen. Da war keine Zeit zu warten, bis die Hefe im Brotteig aufgegangen oder der Teig durchgesäuert war. Mazzen bestehen nur aus Mehl und Wasser und können ganz schnell gebacken werden.
Dann essen wir bittere Kräuter. Wir nehmen dazu Meerrettich. Wenn du schon einmal Meerrettich gegessen hast, dann weißt du, dass er einem so richtig die Tränen in die Augen treiben kann. Die bitteren Kräuter sollen uns an das bittere Leben des Volkes Israel als Sklaven in Ägypten erinnern. Die Kresse hat eine ähnliche Bedeutung.
Der Brei aus Äpfeln und Nüssen heißt bei uns Charosset. Er ist bräunlich. Er erinnert uns an den Lehm, mit dem die israelitischen Sklaven Städte und Paläste für den Pharao bauen mussten.
Die Petersilie tauchen wir, bevor wir sie essen, in Salzwasser. Dadurch erinnern wir uns an die Tränen der unterdrückten Israeliten.
Das Ei, das auf unserem Sederteller liegt, ist ein Zeichen dafür, dass neues Leben entstehen kann.
Der Knochen erinnert uns daran, dass die Juden zum Pessach-Fest ein Lamm opferten, als es den Tempel noch gab.
Ei und Knochen werden nicht gegessen.

Rut feiert Pessach, Teil 3a

M 8.4

Nun weißt du, dass bei uns an diesem Abend etwas völlig Anderes auf dem Tisch steht als sonst. Das ist aber nicht das einzig Besondere an diesem Abend. Für das Essen am Seder-Abend gibt es bestimmte Regeln, die in jedem Jahr und jeder jüdischen Familie gleich sind. Sie sind in einem speziellen Buch aufgeschrieben. Es heißt Haggadah. Das bedeutet „erzählen".
Nun will ich euch erzählen, wie dieser Abend in meiner Familie abläuft.
Als erstes werden die Kerzen angezündet. Dazu wird ein Segensspruch gesagt. Der klingt so: „Wir danken dir, lieber Gott, für die Festtagslichter, und dafür, dass wir alle zusammen Seder feiern dürfen."
Dann wird auch noch ein Segen über den Wein gesprochen.
Und nun bin ich an der Reihe, weil ich das jüngste Kind in der Familie bin. Deshalb darf ich an diesem Abend bestimmte Fragen stellen. Ich habe sie auswendig gelernt, aber trotzdem bin ich aufgeregt. Alle hören mir zu:

Warum ist diese Nacht anders als alle anderen Nächte?

– An allen anderen Abenden essen wir Brot. Warum an diesem Abend nur Mazzah?

– An allen anderen Abenden essen wir verschiedenes Gemüse und verschiedene Kräuter. Warum an diesem Abend nur Bitterkräuter?

– An allen anderen Abenden tauchen wir das Essen nicht ein. Warum an diesem Abend zweimal?

– An allen anderen Abenden essen wir aufrecht sitzend. Warum an diesem Abend nur angelehnt?

Nachdem ich die Fragen gestellt habe, hören wir die Geschichte, in der erzählt wird, wie Gott das Volk Israel aus Ägypten befreit. In dieser Geschichte sind die Antworten auf die Fragen verborgen. Hast du eine Idee, wie die Antworten lauten könnten?

Über die Mazzen und die bitteren Kräuter habe ich dir ja bereits etwas erzählt.
Aber warum tauchen wir das Essen zweimal ein? Einmal tauchen wir die Bitterkräuter in den Brei aus Äpfeln und Nüssen. Das macht uns noch einmal ganz deutlich, wie bitter das Leben als Sklaven war. Und wir tauchen die Petersilie in Salzwasser. Das Salzwasser erinnert uns an die Tränen der jüdischen Sklaven.
Wir lehnen uns an, damit wir bequem sitzen. Denn heute sind wir freie Menschen, die Sklaven damals in Ägypten durften nicht ausruhen.

Rut feiert Pessach, Teil 3b

M 8.4

Während der Mahlzeit sprechen wir immer wieder Segenssprüche: wenn wir ein Stück Mazze abbrechen und essen, wenn wir die Petersilie in das Salzwasser eintauchen und essen und auch wenn wir das Bitterkraut in Charosset eintauchen.

Wir denken auch an die Juden, die keinen Seder feiern können. Wir wünschen uns, sie wären da und könnten mit uns feiern.
Wir hoffen und beten, dass alle Juden auf der Welt bald frei sein werden, um Pessach und alle anderen Feste feiern zu können.
Bevor wir die Mazzen essen, gibt es noch einen Brauch, den wir Kinder besonders toll finden. Es wird nämlich ein kleines Stückchen davon abgebrochen. Ein Kind darf dieses Stück verstecken. Wenn dieses letzte Stück Mazze gefunden wurde, teilen wir es und beenden das Essen mit einem Tischgebet.

Dann singen wir.

Das alles machen wir jedes Jahr, damit die Geschichte unseres Volkes nicht vergessen wird.

Danklied „Dayenu"

M 8.5

Text und Melodie: traditionell ◎ 17/18

Übersetzung: Hätte Gott uns nur befreit,
uns befreit aus Ägypten,
es wäre genug gewesen.

Auf dem Sedertisch

M 8.6

Aufgabe:

1. Schneide die Gegenstände aus.

2. Decke den Seder-Tisch, indem du die Gegenstände auf den Tisch des Arbeitsblattes „Decken des Seder-Tisches“ klebst.

3. Schreibe zu den einzelnen Gegenständen, wie sie heißen.

4. Nimm dir ein Schreibblatt. Schreibe darauf noch einmal die Namen der Gegenstände und daneben, was ihre Bedeutung ist.

Decken des Seder-Tisches

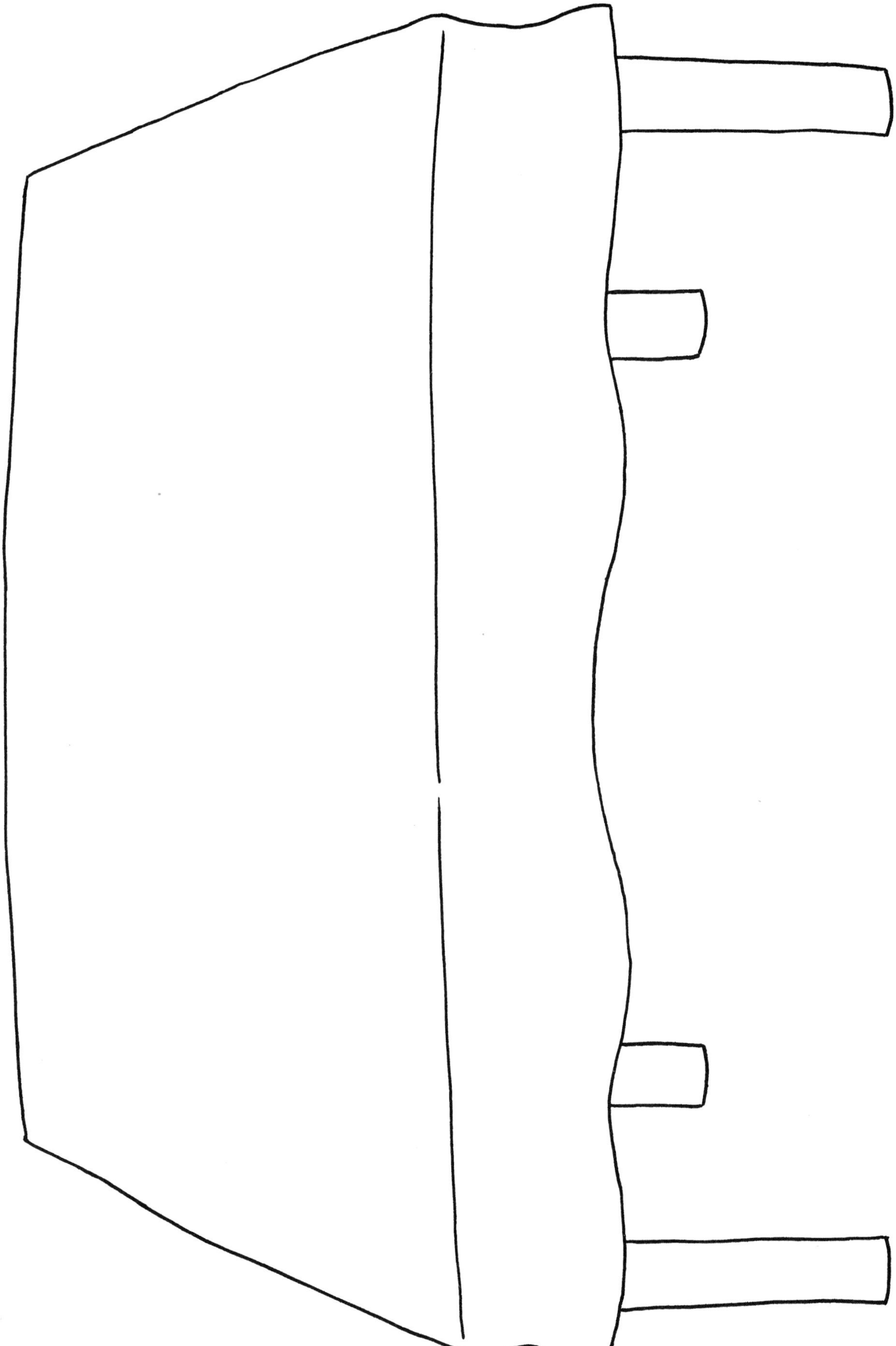

9 Auferstehung – Christus, Licht der Welt

Thema: Ich bin das Licht der Welt … (Joh. 8,12)

Intention der Unterrichtsreihe

Geburt, Leben, Tod und Auferstehung Jesu als zentrale Aspekte des Ich-bin-Bildwortes verstehen.

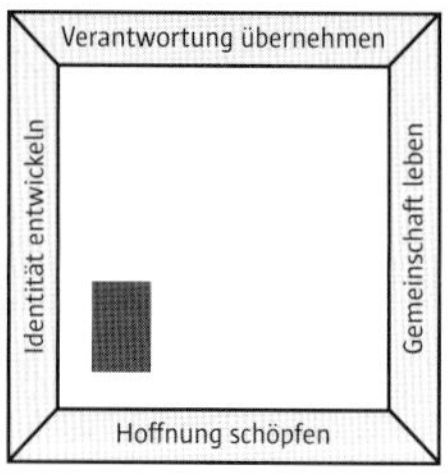

4 Std.

Kompetenzerwartung:

Die Schüler entfalten die Glaubensdimension des Bildwortes Jesu als Licht der Welt.

Theologisch-didaktischer Kommentar

Text (Joh 8,12)

„Ich bin das Licht der Welt.
Wer mir nachfolgt,
der wird nicht wandeln in der Finsternis,
sondern wird das Licht des Lebens haben."

Ungefähr um das Jahr 100 n. Chr. lebte in Syrien oder Palästina der Evangelist Johannes*. Die Aussagen seines Evangeliums sind stark von der Auseinandersetzung mit dem Judentum geprägt. Die jüdische Synagogengemeinde und die neue Gruppe der christlichen Juden lebten eng beieinander. Die christlichen Juden betrachteten Jesus als den Messias und grenzten sich scharf von ihrer Mutterreligion ab. Sie warfen den Pharisäern vor, das christliche Zeugnis nicht anzunehmen (Joh 3,11). Diese Auseinandersetzung lief auf eine Trennung von Mutter- und Tochterreligion hinaus.
Jedes Evangelium spricht seine eigene theologische Sprache. Johannes unterscheidet sich deutlich von den anderen drei Evangelisten:
Seine *Ich-bin-Bildworte* (z. B. Ich bin die Auferstehung, Joh 11,25) beschreiben Jesus auf unterschiedlichste Weise. Er versteht es, Menschen auf ihr Verlangen nach Leben anzusprechen und sie bei ihren Existenzfragen abzuholen. Das zeigt sich an der Auswahl der Symbolwörter in den Ich-bin-Bildworten: Weg (Joh 14,6), Brot (Joh 6,35), Licht (Joh 8,12), Tür (Joh 10,9), Hirt (Joh 10,11).
Hinter den Symbolwörtern stehen die Fragen nach dem Weg in ein gelingendes Leben, nach dem leitenden und tröstenden Licht, nach Türen, die sich zu einem anderen Leben öffnen, nach Schutz, Geborgenheit und Bewährung in dunklen Zeiten.
Johannes fordert von den Menschen hart und kompromisslos eine *Entscheidung für oder gegen Jesus.* „Es gibt für die Frage nach dem Heil nicht verschiedene Möglichkeiten, sondern nur die eine. Entscheidung ist gefordert. Darin liegt die Intoleranz der Offenbarung."** *Johannes polarisiert:* Entweder ihr lebt von Gott her oder ihr lebt aus euch selbst. Entweder ihr esst das Brot des Lebens oder ihr gebt euch mit einem Brot zufrieden, von dem ihr nicht satt werdet und das nur immer neues Verlangen schafft. Entweder ihr wählt das Licht oder die Finsternis, den Tod oder das Leben. Jesus ist das Licht der Welt. Nach einem anderen Licht braucht ihr gar nicht zu suchen.

Was bedeutet es für Johannes, in der Finsternis zu leben?
Wer in der Sehnsucht nach Leben von einer Erfüllung zur anderen jagt, rennt durch die Finsternis. Wer Angst, Gewalt und Vernichtung sät, hat das Leben verfehlt.
Wer dagegen Jesus, dem Licht, begegnet, kann in ein neues Leben aufbrechen. Wer das Licht gesehen hat, kann sich gegen die Finsternis erheben. Doch die Finsternis wird nichts unversucht lassen, um sich gegen das Licht zu behaupten. Deshalb stehen Menschen, die dem Licht gefolgt sind, immer wieder in der Gefahr, in die Finsternis zurückzufallen.

* Klaus Berger verlegt den Entstehungsort des Johannesevangeliums nach Alexandria in Ägypten und gibt als Entstehungszeit die späten sechziger Jahre des 1. Jahrhunderts n. Chr. an. (Berger, S.11 und S. 30)
** Bultmann, S. 288

Dieses Spannungsverhältnis christlicher Existenz fasst ein Lied aus Taizé zusammen:*

Christus, dein Licht verklärt unsre Schatten,
lasse nicht zu, dass das Dunkel zu uns spricht.
Christus, dein Licht erstrahlt auf der Erde
*und du sagst uns: Auch ihr seid das Licht.***

Diese Unterrichtseinheit greift die Symbolik „Licht – Dunkelheit" auf, die in Kapitel 5 „Weihnachten – Gott wird Mensch – Gottes Licht ist in der Welt" erarbeitet worden ist. Die Kinder können also auf ihre Kenntnisse zu den Begriffen Licht und Finsternis zurückgreifen. Somit stellt diese Unterrichtseinheit eine Verbindung zwischen Weihnachten und Ostern her. Um aus dem Ich-bin-Bildwort Geburt, Leben, Tod und Auferstehung Jesu als zentrale Aspekte herausfiltern zu können, muss den Kindern die Ostergeschichte, wie sie z.B. in Bd. 1, S. 98 „Aus dem Tod wächst neues Leben" vorgestellt wurde, bekannt sein. Dann ist es möglich, mithilfe von Joh 8,12 eine Vorstellung davon zu entwickeln, dass Auferstehung Leben bedeutet.

Bausteine der Unterrichtsreihe

Ritual

Die Kinder sitzen im Kreis um eine mit einem gelben und einem schwarzen Tuch gestaltete Mitte. Es kann auch ein Ergebnis der kreativen Erarbeitung aus Kapitel 5 verwendet werden. Die Ritualkerze ist noch nicht angezündet. Dies geschieht erst, nachdem der Liedruf „Lied zum Licht" (**M 5.2**, Track 9/10) gesungen wurde. Dieses Ritual kann am Anfang jeder Unterrichtsstunde dieser Einheit eingesetzt werden.

Baustein 1: Ich bin das Licht der Welt

Unterrichtsmaterial:

- eine Krippe aus gelbem Tonpapier (von L vorzubereiten)
- ein Kreuz aus schwarzem Tonpapier (von L vorzubereiten)
- Magnete
- DIN-A4-Blätter (blanko)
- Textblätter (vergrößert auf ca. DIN A 4) **M 9.1**
- Skizze: Entstehung des Tafelbildes **M 9.3**
- evtl. Tapetenrolle
- Klebstoff
- Arbeitsblatt **M 9.2**
- Lied: „Christus, dein Licht" (◎ Track 19/20) **M 9.4**

Tipp:

Wenn das Tafelbild in Baustein 1 auf einer Tapetenrolle entwickelt wird, besteht eine bessere Transportmöglichkeit.

Unterrichtsschritte:

1. L *heftet die Krippe* und das *Kreuz* im Abstand von 50 cm mit Magneten an die *Tafel.* Die Kinder *äußern* sich dazu. Sie werden diese Bilder mit Jesu Geburt und Jesu Tod in Verbindung bringen. L schreibt *„Geburt"* und *„Tod"* auf DIN-A4-Blätter und heftet sie über die Bilder.

2. L kommt mit den Kindern darüber ins *Gespräch,* welche Assoziationen die *Farbe Gelb* der Krippe und die *Farbe Schwarz* des Kreuzes bei ihnen hervorrufen:
   Krippe – hell, fröhlich, Freude, Licht, Hoffnung ...
   Kreuz – dunkel, traurig, Finsternis, Tränen ...
   Hier kann L noch einmal auf die erarbeitete Licht-Dunkelheit-Thematik aus Kapitel 5 verweisen.
   L: *Das Gelb der Krippe deutet auf ein freudiges Ereignis hin.*
   Die Geburt eines Kindes macht Menschen fröhlich.
   Das Schwarz des Kreuzes stimmt traurig.
   Es erinnert an die Finsternis, die in uns ist, wenn ein Mensch stirbt.
   In der Bibel steht ein Satz, der uns von diesen Bildern erzählt.

3. L heftet das Blatt mit dem Text *„Ich bin das Licht der Welt."* unter die Krippe und das Blatt mit dem Text *„der wird nicht wandeln in der Finsternis,"* unter das Kreuz. **M 9.1**
   Diese Satzteile werden die Kinder an das Bild von Weihnachten „Anbetung der Hirten"*** und den Jesaja-Text erinnern.

4. Die Kinder *lesen* die Texte vor. Sie stellen fest, dass dazwischen und dahinter *etwas fehlt.* Von der Weihnachtsgeschichte her *erinnern* sie sich daran, dass *Jesus als Licht* bezeichnet wird. Sie vermuten, dass

* Die internationale ökumenische Communauté de Taizé (Gemeinschaft von Taizé), wurde 1940 durch Frère Roger in Frankreich (Burgund) gegründet. Die Bruderschaft engagiert sich für eine spirituelle ökumenische internationale Begegnungsarbeit. Seit Ende der 50er Jahre kommen zunehmend Jugendliche nach Taizé. Zu Tausenden nehmen sie an wöchentlichen Jugendtreffen mit Gebeten und Gesprächsgruppen teil.

** s. auch M 9.4

*** vgl. Kapitel 5, S. 64 ff.

es in dem Satz um Jesus geht. L hängt jeweils zwei *unbeschriebene DIN-A4-Blätter* an die leeren Stellen.

5. Die Kinder *überlegen,* was auf den beiden leeren Blättern stehen könnte, damit ein *vollständiger Satz* entsteht. In Partner- oder Gruppenarbeit *formulieren* die Kinder auf dem Arbeitsblatt ihre *Ergänzungen,* die sie danach auf DIN-A4-Blätter übertragen, **M 9.2**

   z. B.:

   Wer so handelt wie Jesus, ...
   Wer das Licht sieht, ...
   Wer Jesus begegnet, ...

   ... sondern für andere da sein.
   ... sondern wieder fröhlich sein.
   ... sondern wieder Hoffnung haben.

6. Die Kinder heften ihre Satzteile unter die leeren Blätter und lesen die Ergebnisse vor. Danach vervollständigt L den Text von Joh. 8,12 an der Tafel. **M 9.1**

7. Lied: „Christus, dein Licht ..."* **M 9.4**

8. *Zusammenfassend* wird über das Erarbeitete und den Inhalt des Liedes *gesprochen*:
   Geburt Jesu – Das Licht kommt in die Welt.
   Leben Jesu – Durch Begegnungen wird das Licht weitergetragen.
   Tod Jesu – Das Licht wird von der Finsternis bedroht.
   Auferstehung Jesu – Das Licht lässt sein Licht in der Welt.

9. Die *Namen der fehlenden Lebensstationen* „Leben" und „Auferstehung" werden auf Blättern notiert und an den entsprechenden Stellen befestigt.

10. Die Stellen zwischen den Bildern der Krippe und des Kreuzes sind noch leer.
    Die Kinder *malen* dazu und stellen ihre Ergebnisse vor.
    Dazwischen kann das Lied gesungen werden. **M 9.4**

Mögliche weitere Unterrichtsschritte:

- ▷ Die Kinder ordnen den Lebensstationen Jesu Farben zu und kommen über die Farbsymbolik ins Gespräch.
- ▷ Die Kinder drücken die Gefühle der Menschen mit Instrumenten aus.

Mit den Ergebnissen aus Baustein 1, den aufgezeigten möglichen weiteren Unterrichtsschritten und dem Lied „Christus, dein Licht" (**M 9.4**) kann ein meditativer Abschluss des Bausteins gestaltet werden.

* Je nach Lerngruppe bietet es sich an, den Kindern etwas über Frere Roger, den verstorbenen Prior der Gemeinschaft von Taize, zu erzählen (s. auch Anmerkung * auf S. 95).

Farbige Materialien/Folien

(vgl. Liste auf S. 165)

Israel und Ägypten zur Zeit des AT

M 3.2

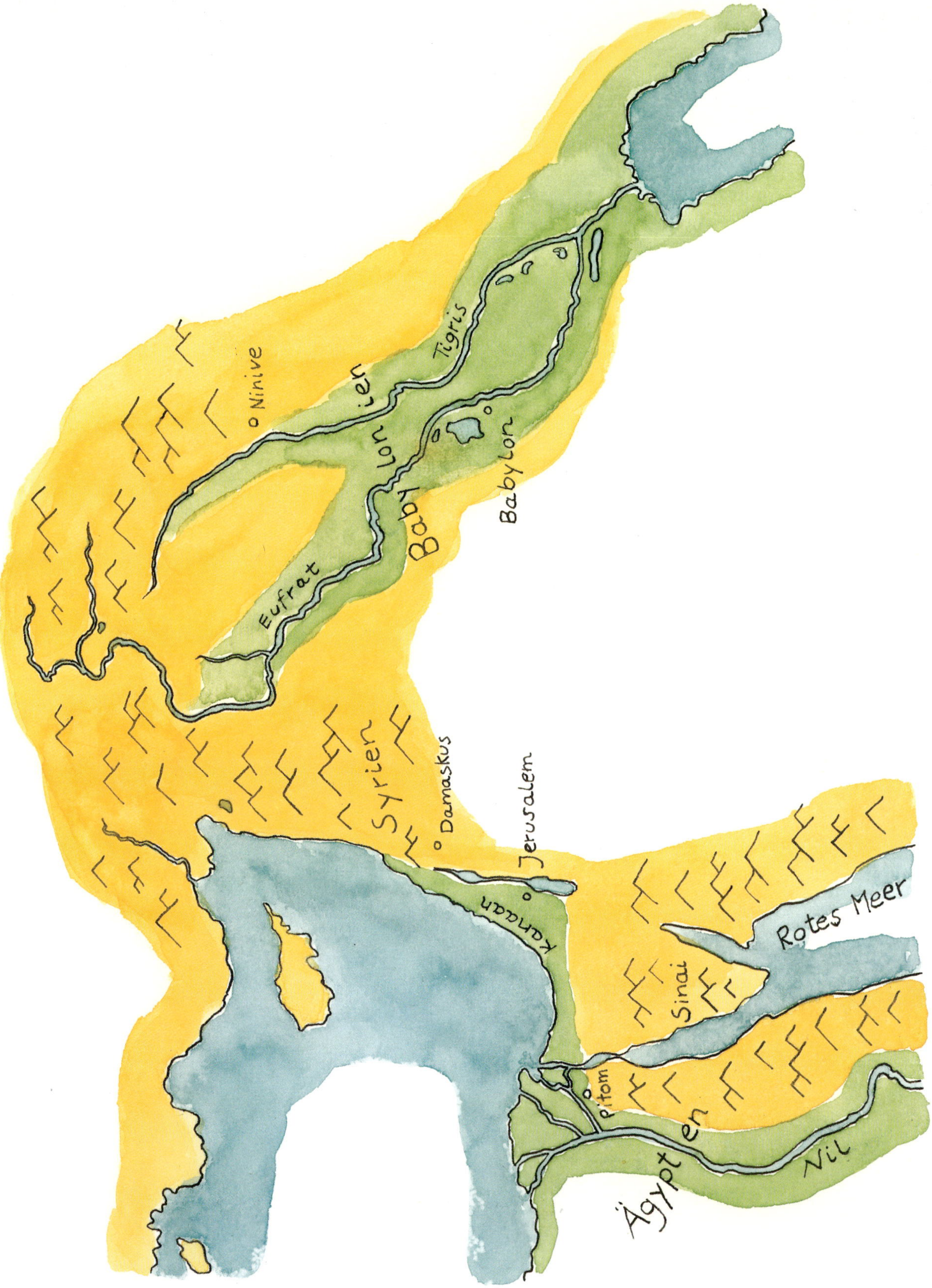

Anbetung der Hirten

M 5.7

Gottes Nähe und Größe erfahren

M 6.4

Bild einer Senfstaude

Ich bin
das Licht
der Welt.

Wer mir
nachfolgt,

der wird nicht
wandeln in
der Finsternis,

sondern wird
das Licht des
Lebens haben.

Aufgabe

1. Knicke das Blatt an der gestrichelten Linie um.

2. Ergänze den Satz.
   Wenn du Hilfe brauchst, benutze die Sätze, die auf der umgeknickten Blatthälfte stehen.

① **Ich bin das Licht der Welt.**

② **Wer ______ ______ ______ ______,**

③ **der wird nicht wandeln in der Finsternis,**

④ **sondern ______ ______ ______ ______.**

Sätze, die dir helfen können:

② Wer so handelt wie Jesus, …

Wer das Licht sieht, …

Wer Jesus begegnet, …

④ …, sondern für andere da sein.

…, sondern wieder fröhlich sein.

…, sondern Hoffnung haben.

Skizze: Entstehung des Tafelbildes

M 9.3

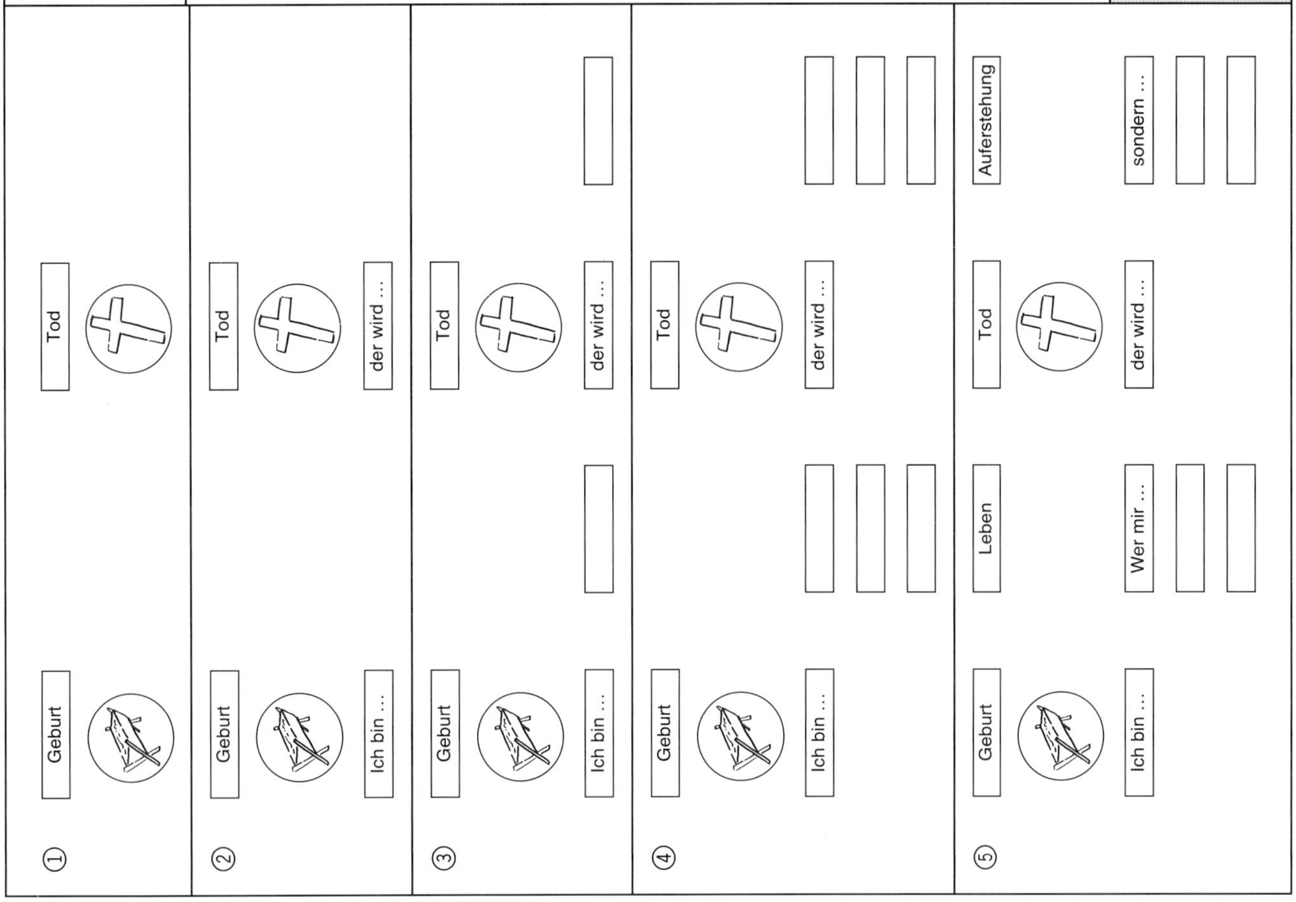

Christus, dein Licht

M 9.4

Text und Melodie: Jacques Berthier (1923–1994) 19/20

2. Lord Jesus Christ, your light shines within us. Let not my doubts nor my darkness speak to me. Lord Jesus Christ, your light shines within us. Let my heart always welcome your love.

3. Jésus le Christ, lumière intérieure, ne laisse pas mes ténèbres me parler. Jésus le Christ, lumière intérieure, donne-moi d'accuellilir ton amour.

10 Reden mit Gott – fragen nach Gott

Thema: Angst, Trauer, Trennung, Tod

Intention der Unterrichtsreihe

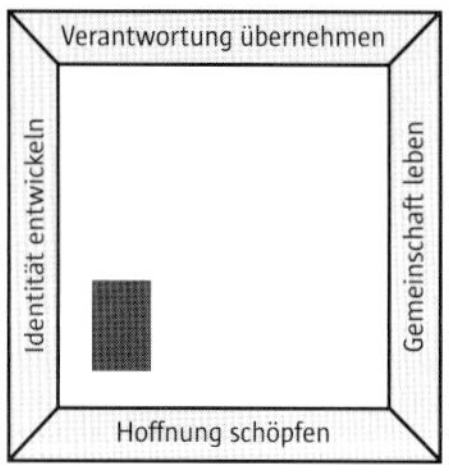

Erkennen, dass der Tod ein Teil unseres Lebens ist.

4–6 Std.

Kompetenzerwartung:

Die Schüler reflektieren die Frage nach dem Sinn und der Nähe Gottes in leidvollen Grenzsituationen menschlichen Lebens.

Theologisch-didaktischer Kommentar

Die vorliegende Unterrichtsreihe schlägt vor, zu dem Thema „Angst, Trauer, Trennung, Tod" das Bilderbuch „Der rote Faden"* von Heike Ellermann zu lesen. Es bietet Impulse, die die Kinder zu eigenen Fragen anregen. Die Form des Unterrichts und die inhaltliche Vertiefung sollten von den Erfahrungen und Fragen der Kinder der Lerngruppe abhängig gemacht werden. Im Entwurf werden mögliche inhaltliche Schwerpunkte benannt, an denen mit den Kindern gearbeitet werden kann.
Falls das Bilderbuch nicht vorhanden ist, bietet die Unterrichtsreihe im Verlauf Erzählhilfen an, die von L ausgestaltet werden können. Die zentralen Bilder des Buches sind als Folien vorhanden (**M 10.1–M 10.3**).

Bevor dieses Thema im Unterricht behandelt wird, muss L herausfinden, ob Kinder der Lerngruppe bereits mit Sterben und Tod konfrontiert worden sind. Dabei kann der Religionsunterricht Kindern eine Chance bieten, sich zu öffnen und sich trösten zu lassen, wenn z. B. in der Familie dem Gespräch über den Tod aus dem Weg gegangen wird.
Kinder nehmen kein Blatt vor den Mund, wenn sie etwas über Sterben und Tod wissen wollen.

* Ellermann, Heike: Der rote Faden. Oldenburg 1992[2], ISBN 3-89082-112-X

Die Kinder im dritten Schuljahr begreifen langsam die Endgültigkeit und Unabänderlichkeit des Todes. Sie sind von dem geprägt, was Erwachsene ihnen über den Tod erzählen. Sie setzen sich damit auseinander und stellen ziemlich unvermittelt Fragen mit einem biologischen oder emotionalen Hintergrund.

Sie fragen z. B.:

- Was ist zu tun, wenn ein Mensch stirbt?
- Warum holt der Bestatter die Tote/den Toten ab und was macht er mit ihr/ihm?
- Wann ist ein Mensch tot?
- Stimmt es, dass der Vogel zu Kompost wird?

Sie überlegen, z.B.

- wie Menschen ihre Trauer zeigen.**
- wo sie selbst bleiben, wenn sie einmal sterben.
- ob es eine Hoffnung über den Tod hinaus gibt.
- ob es die Möglichkeit einer anderen (verwandelten) Existenz nach dem Tod gibt.

Mit ihren Fragen fordern Kinder die Erwachsenen zu einer Stellungnahme heraus. Daher sollen die Fragen ehrlich, verständlich und nicht verschleiernd beantwortet werden.
Kinder können aber auch ganz „cool" ihre Gefühle schützen und das Gespräch mit dem Satz verweigern: Mit dem Tod ist sowieso alles aus.

Das Bilderbuch „Der rote Faden"*** führt behutsam an das Thema „Angst, Trauer, Trennung, Tod" heran und gibt den Kindern Gelegenheit, ihre Fragen zu stellen. Mögliche, sich daraus ergebende Schwerpunkte kön-

** vgl dazu Kast: Trauern. 1999

*** Der Begriff „roter Faden" mit der Bedeutung Leitfaden/Leitgedanke wurde von J.W. von Goethe in seinem Roman „Die Wahlverwandschaften" geschaffen und erklärt: „Wir hören von einer besonderen Einrichtung bei der englischen Marine. Sämtliche Tauwerke der königlichen Flotte, vom stärksten bis zum schwächsten, sind dergestalt gesponnen, daß ein roter Faden durch das ganze durchgeht, ohne alles aufzulösen, und woran auch die kleinsten Stücke kenntlich sind, dass sie der Krone gehören." (Goethe 1981, S. 368) nen die Themen „Friedhof", „Beerdigung", „Nicht nur alte Menschen sterben", „Erinnerung und Trost" sein.

Informationen zum Thema Friedhof, Bestattung und Beerdigung
Die Bestattungsvorschriften in den europäischen Ländern bewegen sich zwischen liberal und restriktiv. Neben der Normalbeerdigung auf einem kommunalen oder kirchlichen Friedhof gibt es durch die Wahl des Begräbnisplatzes viele andere Möglichkeiten, die Bedeutung von Sterben und Tod auszudrücken.
So beziehen sich manche Bestattungsarten auf wichtige Vorlieben der/des Verstorbenen oder gemeinsame Erlebnisse mit ihr/ihm.

Formen der Bestattung
- Erdbestattung mit Sarg
- Feuerbestattung mit Urne
- teilanonyme Bestattung: Bestattung der Urne in rasenbedeckten Reihengräbern mit einer ebenerdig liegenden Grabplatte
- anonyme Bestattung: Bestattung der Urne in einer Rasenfläche, auf der nichts an die/den Toten erinnert

Weitere Formen
- Luftbestattung: Von einem Ballon aus wird die Asche ausgestreut.
- Seebestattung: Eine wasserlösliche Spezialurne wird von einem Schiff aus im Meer versenkt.
- Baumbestattung: Die Asche des Toten wird unter die Wurzeln eines Baums gestreut, den er selbst gepflanzt hat.
- Felsbestattung: Die Asche wird an einem Einzel- oder Gemeinschaftsfelsen beigesetzt, an dem eine Plakette mit den Namensinitialen angebracht wird.
- Almwiesenbestattung: Die Asche wird unter die Grasnarbe verbracht.
- Diamantbestattung: Aus dem Kohlenstoff der Asche wird ein Diamant gepresst und geschliffen, der dann entweder vergraben oder auch in einem Ring getragen werden kann.

Die Zahl der teilanonymen und anonymen Bestattungen steigt ständig. Dafür gibt es eine Reihe von Gründen, die unterschiedlichen Motiven entspringen:
- Auf die Grabpflege und den Erwerb einer Grabstelle wird aufgrund finanzieller Überlegungen verzichtet.
- Die/der Verstorbene und ihre/seine Familie haben sich über lange Zeit auseinandergelebt und niemand hat Interesse, die Grabpflege zu übernehmen.
- Manche Menschen haben keinen Bezug zu ihrem örtlichen Friedhof und kirchlichen Begräbnisritualen.
- Ein Mensch hat diese Begräbnisform bewusst für sich gewählt.

Was geschieht bei einer christlichen Beerdigung?
Es gibt keine ökumenischen Beerdigungen.
Doch trotz liturgischer Unterschiede zwischen einer katholischen und einer evangelischen Beisetzung, verbindet beide der Glaubenssatz: „Du kannst nicht tiefer fallen als nur in Gottes Hand."*
Dass Tote zum Abschiednehmen noch eine Zeit im Haus bleiben, ist heute eher die Ausnahme. Damit entfällt auch die Aussegnung vor dem Verlassen des Hauses.
Da im Folgenden nicht jede Bestattungsart ausführlich behandelt werden kann, wird der Ablauf der Beerdigung am Beispiel einer Erdbestattung dargestellt.
Die Beerdigung beginnt mit einer Trauerfeier in der Friedhofskapelle: Das Leben der Toten wird gewürdigt und Jesus Christus verkündet, der durch seinen Tod der Welt das Leben geschenkt hat. Der Sarg wird zum Grab getragen/gefahren und ins Grab gelassen. Nach einem Gebet wird dreimal Erde auf den Sarg geworfen und mit den Worten begleitet: Erde zu Erde, Asche zu Asche, Staub zu Staub. Zusammen betet die Trauergemeinde das Vaterunser. Zum Abschied treten die Trauernden an das Grab, verweilen einen Augenblick und werfen entweder Blumen oder Erde auf den Sarg. Mit der Erde decken sie die Tote/den Toten symbolisch zu und erinnern sich an die Vergänglichkeit des Lebens. Kränze sind Ausdruck der Unvergänglichkeit. Sie symbolisieren Gottes Liebe, die ohne Ende ist. Kränze werden seltener und zunehmend durch Blumengestecke mit einem Herz ersetzt. Grabsteine sind Zeichen des Andenkens und verweisen manchmal auf die Lebensleistung und die soziale Stellung der Toten. Oft tragen sie Symbole, die über den Tod hinausweisen. Sie erleichtern das Finden der Verstorbenen und sind aus einem Material, das bis zur Wiederkunft Christi halten müsste.

Falls es in der Schule Kinder anderer Religionen gibt, könnten diese auch nach deren Traditionen befragt werden. Aus diesem Grund folgen hier abschließend einige Erläuterungen zur islamischen und jüdischen Beerdigung.

Was geschieht bei einer islamischen Beerdigung?
Der Islam legt großen Wert darauf, Sterbende nicht allein zu lassen. Gleich nach dem Eintritt des Todes wird die/der Tote von Muslimen des gleichen Geschlechts entkleidet und gewaschen. Wie beim rituellen Gebet werden zuerst Mund, Nasenlöcher, Hände, Gesicht, Kopf und Füße gewaschen. Erst dann folgt die rechte und dann die linke Körperhälfte. Um die Ruhe der/des Toten nicht zu stören, soll die Waschung

* Pötzsch 1995, Lied 533

möglichst schnell vorgenommen werden. Danach wird die/der Tote wie eine Pilgerin/ein Pilger in weiße Tücher gehüllt und auf der rechten Seite liegend mit dem Gesicht nach Mekka gerichtet. Die Männer sprechen um den Leichnam stehend das Totengebet. Nach Möglichkeit soll die Bestattung noch am Todestag erfolgen. In den islamischen Ländern werden die Toten normalerweise ohne Sarg begraben. Die Bestattung in einem Sarg ist zulässig, wenn sie von den Behörden eines Landes vorgeschrieben ist. In Deutschland gibt es bereits Friedhöfe, auf denen die sarglose Bestattung möglich ist. Der Sarg wird von Männern zum Grab getragen, der Leichnam wiederum auf der rechten Seite liegend mit dem Gesicht nach Mekka gerichtet. Nach dem Sprechen des Totengebets helfen alle Männer mit, das Grab wieder mit Erde zu füllen. Die Grabgestaltung soll schlicht gehalten sein. Der Islam fordert die Ruhefrist im Grab bis zum Tag der Auferstehung. Also dürfen Gräber nicht eingeebnet oder neu belegt werden. Da es eine unbefristete Grabruhe bei uns bisher nicht gibt, sorgen islamische Organisationen für die Bestattung im Heimatland.

Was geschieht bei einer jüdischen Beerdigung?
Für die jüdische Religion endet die Heiligkeit des Menschen nicht mit dem Tod.
Sie fordert Respekt vor dem Verstorbenen und sorgt sich um die Gefühle und das Wohlbefinden der lebenden Angehörigen. Damit sie angemessen trauern können, soll die Beerdigung möglichst am selben Tag stattfinden, in Deutschland innerhalb von drei Tagen.
Der Respekt vor den Toten gebietet es, sie bis zur Beerdigung nicht allein zu lassen. Eine Totenkerze wird angezündet. Da Arme und Reiche vor Gott gleich sind, werden die Toten in einfachen Baumwoll- oder Leinentüchern beerdigt, denn sie sollen in direkten Kontakt mit der Erde kommen. Holzsärge sind aber auch möglich. Um beim Eintreffen des Messias zu neuem Leben zu erwachen, lassen sich manche Juden in Israel begraben. Die jüdische Religion lehnt die Einäscherung ab, weil es keine Auferstehung gibt, wenn der Körper verbrannt worden ist.
Sobald die/der Tote im Grab liegt, folgen viele Juden dem alten Trauerritus des Kleiderzerreißens. Die nahen Angehörigen reißen ihre äußere Kleidung auf der linken Seite über dem Herz ein, die anderen tun es auf der rechten Seite. Dann stellen sich die Trauernden um das Grab und schaufeln es gemeinsam zu. Ist das Grab zugeschüttet, wird eine Namenstafel daraufgelegt und das Trauergebet, das Kaddisch der Trauernden, gesprochen. Dann legen die Trauernden Steine oder Gras auf das geschlossene Grab. Als Zeichen der Trennung vom Tod waschen sie sich vor dem Verlassen des Friedhofs die Hände.
Auf Blumenschmuck wird verzichtet, weil die/der Tote genug Würde hat und nicht geschmückt werden muss.

Bausteine der Unterrichtsreihe

Baustein 1: Wohin führt der rote Faden?

Unterrichtsmaterial:

- Evtl. Bilderbuch: „Der rote Faden“
- Folie von Material „Faden durch den Wald“ (im Bilderbuch Bild Nr. 4) (Folie 5) **M 10.1**
- Folie „Auf dem Friedhof“ (im Bilderbuch Bild Nr. 6) (Folie 6) **M 10.2**

Unterrichtsschritte:

1. L zeigt die *Folie* „Faden durch den Wald“. Die Kinder *betrachten* das Bild, entdecken den roten Faden und *äußern* ihre Gedanken dazu. **M 10.1**

2. L erzählt (oder liest aus dem Buch) den Anfang der Geschichte:
Die Kinder Felix, Ayla, Hannes und Anna spielen auf einer Wiese Verstecken. Unter einer Bank entdeckt Anna auf einmal einen roten Faden. Die anderen Kinder unterbrechen missmutig ihr Versteckspiel. Doch dann sehen sie, dass der Faden scheinbar irgendwohin führt, und ihre Neugier ist geweckt. Sie folgen dem Faden und Anna wickelt ihn zu einem Knäuel. Der rote Faden schlängelt sich durchs Gras, läuft auf einem kleinen Weg weiter und dann auf ein Wäldchen zu.

3. L *greift* noch einmal die *Gedanken* der Kinder aus Unterrichtsschritt 1 *auf* und *erzählt,* dass Felix, Ayla, Hannes und Anna ähnliche Entdeckungen und Fragen haben wie sie. Auch sie wollen wissen, wie der Faden in den Wald kommt und was die Fußspuren bedeuten.

4. L erzählt weiter:
Der Faden führt aus dem Wald heraus eine gepflasterte Straße entlang. Dann läuft er auf ein eisernes Gittertor zu und durch das offene Tor hindurch.

5. L zeigt die *Folie* „Auf dem Friedhof“. Die Kinder *beschreiben,* was Felix und Hannes entdecken. Der rote Faden markiert ein ganz besonderes Grab. **M 10.2**

6. Die Kinder *erzählen* von ihren *eigenen Erlebnissen* und/oder darüber, was sie zum Thema wissen.

7. An dieser Stelle bietet es sich an, einen *inhaltlichen Schwerpunkt* mit dem *Thema „Friedhof“* zu setzen. Anhand der Fragen der Kinder zum Thema wird dieser Schwerpunkt erarbeitet. Mögliche Fragen sind:

Wie sieht ein Friedhof aus? Was passiert auf einem Friedhof? Wie sehen Grabsteine aus und warum gibt es sie? Welche Inschriften stehen auf den Grabsteinen? Wie sehen die Gräber aus, gibt es Unterschiede?

> **Tipp:**
>
> Wenn die Möglichkeit besteht, sollte L mit den Kindern einen Friedhof besuchen.

8. Ein weiterer *inhaltlicher Schwerpunkt* kann das *Thema „Beerdigung“* sein. Auch hier geben die Fragen der Kinder Impulse zur Erarbeitung des Themas. Mögliche Inhalte sind:
   Was passiert bei einer Beerdigung? Welche Arten der Beerdingung gibt es? Wie würdet ihr ein Grab oder eine Beerdigung gestalten?

9. L erzählt weiter:
   Felix, Ayla, Anna und Hannes haben auf dem Friedhof ein Grab mit einer Windmühle entdeckt. Sie wundern sich darüber. Auf den Gräbern, die sie kennen, gibt es keine Windmühlen. Auf dem Grabstein können sie lesen, dass Ulla Neumann mit neun Jahren gestorben ist. Felix ist erstaunt. Sein Opa war 79, als er starb. Die Kinder überlegen, warum Ulla schon so jung gestorben ist.

10. An dieser Stelle kann als *inhaltlicher Schwerpunkt* das *Thema „Nicht nur alte Menschen sterben“* behandelt werden. Hier bietet es sich an, mit den Kindern z. B. Todesanzeigen zu untersuchen.

Baustein 2: Das Ende des roten Fadens

Unterrichtsmaterial:

- ▷ Folie von Material „Eis essen“ (im Bilderbuch Bild Nr. 11) (Folie 7) **M 10.3**
- ▷ Evtl. Bilderbuch „Der rote Faden“

Unterrichtsschritte:

1. L erzählt: *Der Faden ist immer noch nicht zu Ende. Die Suche geht weiter. Und dann ...*
   L zeigt die Folie „Eis essen“. Die Kinder beschreiben das Bild und entdecken den Faden. **M 10.3**

   L erzählt weiter:
   Die Kinder sitzen bei Frau Neumann. Hannes hat auf der Straße entdeckt, dass der Faden aus ihrem Korb kommt. Anna spricht sie an und gibt ihr das aufgewickelte Knäuel. Die Frau wundert sich und die Kinder erzählen, wie sie dem Faden gefolgt sind. Daraufhin werden sie zum Eisessen in die Wohnung der Frau eingeladen.

   Die Kinder berichten, dass sie den Faden beim Versteckspielen gefunden haben. Frau Neumann erinnert sich, dass Verstecken das Lieblingsspiel ihrer Tochter war. Sie holt ein Fotoalbum und erzählt von Ulla. Die Kinder hören interessiert zu und fragen: „Warum ist Ulla so früh gestorben? Waren Sie nicht sehr traurig, als Ulla starb?“ Frau Neumann antwortet, dass sie immer noch traurig ist, aber auch glücklich, weil es Ulla gab. Sie erinnert sich oft an die schönen und lustigen Erlebnisse mit ihr.

2. L fordert die Kinder auf, die *Stimmung* auf dem Bild *zu beschreiben.*
   An dieser Stelle kann ein *inhaltlicher Schwerpunkt* das Thema *„Erinnerung und Trost“* sein.
   Was tröstet Menschen und wie erinnern sie sich?
   – Kerzen entzünden
   – Gegenstände (z.B. Windräder) und Blumen zum Grab bringen
   – Gedenktage mit der Familie feiern
   – Erzählen
   – Fotos betrachten
   ...

3. L erzählt das Ende der Geschichte:
   Zum Abschied schenkt Frau Neumann den Kindern lächelnd vier Windräder. Sie verabschieden sich und gehen froh nach Hause.

Baustein 3: Mein roter Faden

Unterrichtsmaterial:

- ▷ Meditation „Ein roter Faden“ **M 10.4**
- ▷ Korb und rotes Wollknäuel
- ▷ Ein Stück rote Wolle für jedes Kind
- ▷ Evtl. Bilderbuch „Der rote Faden“
- ▷ Meditative Musik (Track 32)
- ▷ Fotokarton (DIN A5) in verschiedenen Farben für jedes Kind
- ▷ Klebstoff
- ▷ Wellpappe
- ▷ Scheren
- ▷ Stifte
- ▷ Kopiervorlage „Psalmwortstreifen“ **M 10.5**
- ▷ Auszuwählendes Lied

Unterrichtsschritte:

1. L sitzt mit den Kindern um eine mit einem Korb, dem Bilderbuch (wenn vorhanden) und einem roten Wollknäuel gestaltete Mitte.
   L schneidet für jedes Kind von dem Knäuel ein Stück Faden ab (falls die Lerngruppe sehr groß ist, können die Fäden schon vorbereitet im Korb liegen).
   Jedes Kind erhält ein Stück roten Faden, das sie zu meditativer Musik betrachten und befühlen.
   Falls die Kinder sich spontan äußern möchten, gibt L dazu Raum.
   Dann liest L die Meditation vor. **M 10.4**

2. Die Kinder *gestalten* mit dem roten Faden ein *Trostbild.* Dazu kleben sie den roten Faden nach ihrer eigenen Vorstellung auf ein Stück Fotokarton. Danach wählen die Kinder ein Trostwort aus den vorgeschlagenen Psalmworten* aus oder überlegen einen eigenen Text. Sie schreiben die Worte zu dem roten Faden.
   Danach wird das Trostbild mit einem Passepartout aus Wellpappe gerahmt. **M 10.5**

3. Die Kinder haben im Laufe der drei Schuljahre viele Lieder gelernt, die ihnen helfen und Trost geben können. L wählt gemeinsam mit den Kindern ein passendes Lied aus, das bei der Präsentation der Trostbilder immer wieder gesungen werden kann.
   Mögliche Lieder: Ich denke an dich (Bd.1, S. 112), Gott, gib uns deinen Segen (Bd.1, S. 138), Ich gehe meinen Weg (Bd. 2, S. 43), Zeige mir Gott (Bd. 2, S. 69), Du bist ein Licht (Bd. 2, S. 138), Gott geht mit (Bd. 2, S. 204), Du bist da, wo Menschen leben (Bd. 3; S. 20), Der Herr ist mein Hirte (Bd. 3, S. 115).

* Möglich sind auch die laminierten Teile des Vaterunser (s. Kapitel 13, S. 128) und das DIN A3 Poster von Ps 23 (s. Kapitel 11, S. 113)

Faden durch den Wald

M 10.1

(Folie 5)

Auf dem Friedhof

M 10.2

(Folie 6)

KOPIERVORLAGE

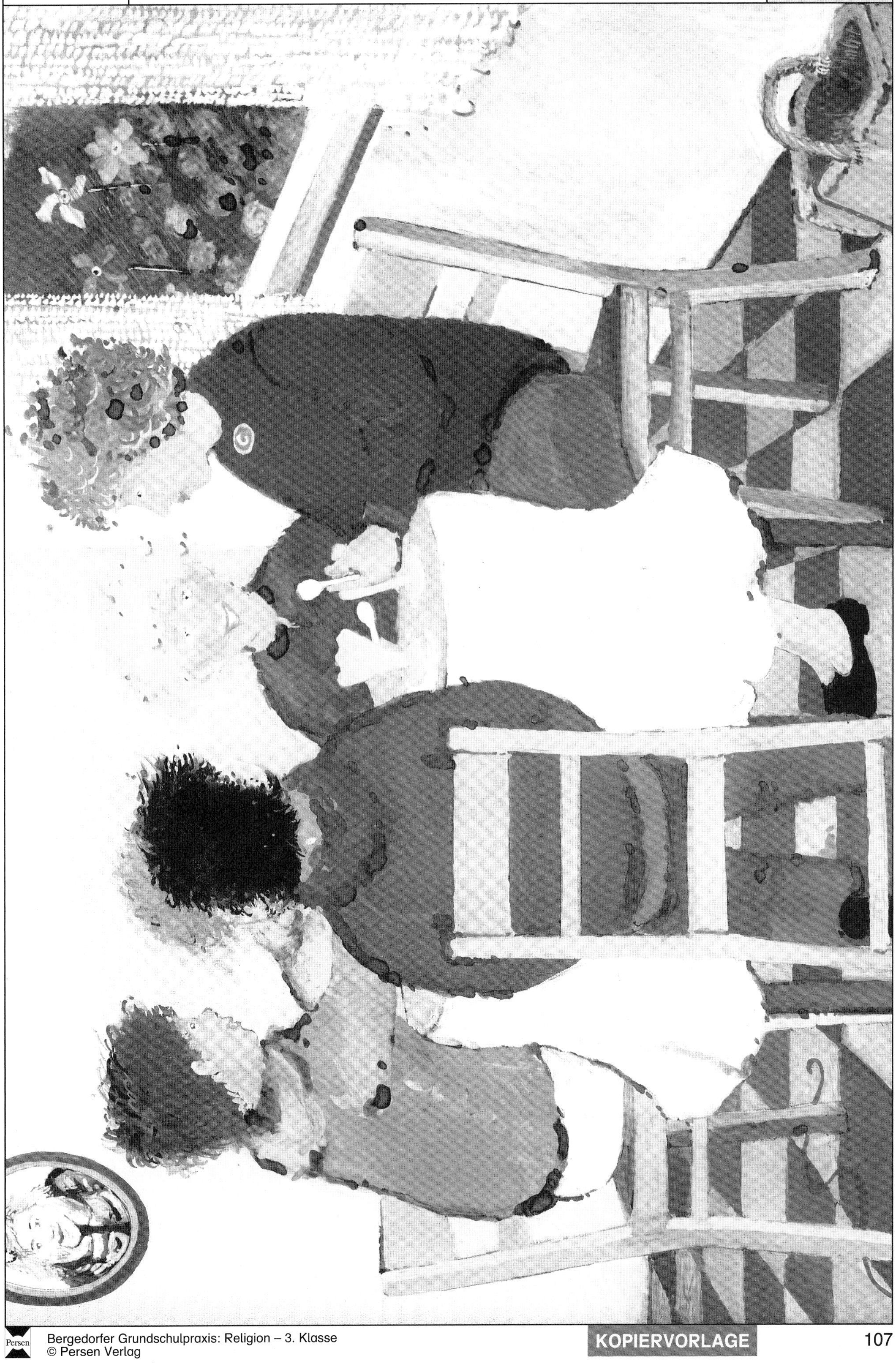

(Folie 7)

Ein roter Faden

M 10.4

Ein roter Faden. Es ist ein Stück.
Es hat einen Anfang und ein Ende.
Wie das Buch, durch das der rote Faden uns geführt hat.
Und wie das Leben der Menschen, von dem das Buch erzählt.
Manchmal ist der Lebensfaden lang, manchmal ist er kurz.
Wenn ein Lebensfaden reißt, jemand stirbt, dann sind wir traurig.
Wer kann uns trösten?
Jemand, der uns in die Arme nimmt.
Jemand, der uns zuhört.
Jemand, der liebevoll mit uns spricht.
Auch Gott ist jemand, der dich trösten möchte.
Er hört deine Fragen.
Wenn du mit ihm redest, darfst du auch klagen, weinen und wütend sein.
Du kannst ihm alles sagen.
Er ist der Ich-bin-da für dich.

Der rote Faden hat uns auf eine Entdeckungsreise mitgenommen, auf der wir etwas über das Leben und den Tod erfahren haben. Auch in unserem Leben gibt es Situationen, in denen wir Abschied nehmen müssen,
weil jemand uns verlässt,
weil jemand weggeht,
weil jemand stirbt.
Wir haben darüber gesprochen, was uns dann trösten kann.
Der rote Faden soll uns daran erinnern.
Deshalb gestalten wir mit ihm ein Trostbild.
Du kannst es immer anschauen, wenn dir danach ist.

Psalmwortstreifen

M 10.5

Dein Wort ist meines Fußes Leuchte und ein Licht auf meinem Weg.
(Ps 109,105)

Du hältst alle, die da fallen und richtest alle auf, die niedergeschlagen sind.
(Ps 145,14)

Du bist mein Licht und mein Heil; vor wem sollte ich mich fürchten?
(Ps 27,1a)

Du hältst mich liebevoll an der Hand.
(Ps 73,23)

Du bist Sonne und wärmst uns.
(Ps 84,12)

Du bist mein Fels, meine Burg, mein Retter.
(Ps 18,3)

Du umgibst mich von allen Seiten und hältst deine Hand über mir.
(Ps 139,5)

Du schützt mich wie ein Schirm. Das gibt mir Sicherheit.
(Ps 91,1)

11 Gott bewahrt vor dem Verlorengehen

Thema: Psalm 23 – ein Vertrauenspsalm

Intention der Unterrichtsreihe

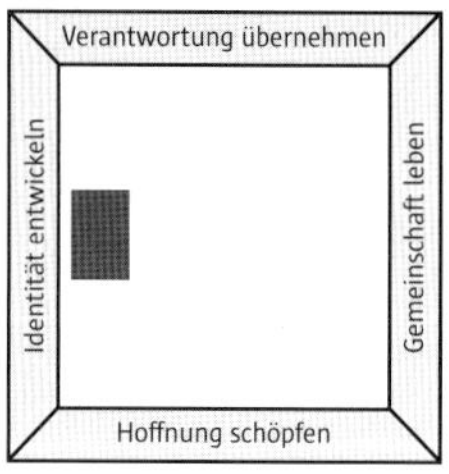

Psalm 23 als Vertrauenspsalm kennenlernen und seine Worte für das eigene Leben deuten.

4 Std.

Kompetenzerwartung:

Die Schüler ermitteln die übertragene Bedeutung von metaphorischer Sprache an einem sprachlich verdichteten Psalmwort. Sie bringen zum Ausdruck, dass Gott in seiner Liebe dem Menschen zugewandt ist und ihm entgegen kommt.

Theologisch-didaktischer Kommentar

Text (Psalm 23):

1 Der HERR ist mein Hirte, mir wird nichts mangeln. 2 Er weidet mich auf einer grünen Aue und führet mich zum frischen Wasser. 3 Er erquicket meine Seele. Er führet mich auf rechter Straße um seines Namens willen. 4 Und ob ich schon wanderte im finstern Tal, fürchte ich kein Unglück; denn du bist bei mir, dein Stecken und Stab trösten mich. 5 Du bereitest vor mir einen Tisch im Angesicht meiner Feinde. Du salbest mein Haupt mit Öl und schenkest mir voll ein. 6 Gutes und Barmherzigkeit werden mir folgen mein Leben lang, und ich werde bleiben im Hause des HERRN immerdar.

Viele Menschen hat der 23. Psalm durch ihr Leben begleitet, sie getröstet und ermutigt.
Seit vielen Generationen gehört er zur eisernen Ration von Gebeten und Liedern, auf die Menschen in Notsituationen zurückgreifen können. Wenn die eigene Sprache keine Worte mehr findet, können sie die formulierten Erfahrungen des Vertrauens nachsprechen und mitbeten.
Die Geheimnisse für die Beliebtheit des Psalms sind seine bildhafte Sprache und seine nachvollziehbaren und für eigene Deutungen offenen Erfahrungen. Die Kürze und der einprägsame Aufbau laden zum Auswendiglernen ein. Kinder können die Bilder problemlos deuten und sich in ihnen leicht wiederfinden.
In den ersten vier Versen vergleicht der Psalmbeter Gott mit einem *Hirten.** Er erzählt von Erfahrungen, die er mit Gott gemacht hat. Obwohl ein Hirte eine ganze Herde versorgen muss, hat der Beter scheinbar seinen ganz persönlichen Hirten, der ausschließlich für ihn da ist.

Ist Gott mein Hirt, dann fehlt mir nichts (V. 1).
Dieser Satz ist das Thema, das mit einigen Bildern entfaltet wird: Auf grünen Weiden lässt er mich lagern und er führt mich zu Wassern, die zum Ausruhen einladen (V. 2). Bin ich am Ende meiner Kräfte, dann stellt er meine Lebenskraft wieder her (V. 3). Er führt mich auf dem richtigen Weg und lässt es nicht zu, dass ich irgendwo verloren- oder untergehe. Er tut das um seines Namens willen: So zu handeln entspricht seinem Wesen. Gott handelt genauso wie ein verantwortungsbewusster Hirte. Das wird von ihm erwartet. Deshalb fürchte ich kein Unglück, selbst auf dem Weg durch das Tal der Finsternis (V. 4).
Und plötzlich wechselt der Stil von den beschreibenden Vertrauensaussagen zu einem lebendigen Du: „ …; denn du bist bei mir, dein Stecken und Stab trösten mich“ (so übersetzt Martin Luther). Der Psalm ist an einer Stelle angelangt, an der vom Hirten höchste Professionalität verlangt wird: das mit der Keule bewaffnete Eintreten für seine Herde.** Mit diesem Bild vom Hirten vertraut der Beter auf den bedingungslosen Einsatz Gottes unter Aufbietung all seiner Kräfte und seiner kämpferischen Geschicklichkeit.

* Zum Bild des Hirten vgl. auch Bd. 1, Kapitel 3, S. 56/57. An dieser Stelle kann man sehen, dass sich das positiv geprägte Bild des Hirten aus dem AT gewandelt hat, denn zur Zeit Jesu galten die Hirten nicht viel.

** „Der Hirte … trägt wie Jahwe in 23,4 den langen Stab, mit dem er die Herde leitet und auf den er sich stützen kann, und die Keule, die zur Abwehr der Raubtiere … dient.“ Dass es sich hier eindeutig um Waffen handelt, belegen Bilder aus dem alten Orient. KEEL 1972, S. 208 f.

Mit V. 5 wechseln die Szene und das Bild für Gott. Er ist nicht mehr Hirte sondern Gastgeber. Der Psalmist entfaltet ein ungewöhnliches Bild, das man sich einmal lebendig vor Augen führen muss: Auf der einen Seite sitzt der Beter des Psalms und wird von Gott bei einem Festmahl, das nur für ihn stattfindet, fürstlich bedient. Das hat Konsequenzen, denn im Vorderen Orient garantierte ein Gastgeber seinem Gast freies Geleit und körperliche Unversehrtheit. Und dieses Versprechen wird vor den zuschauenden Feinden mit dem Gastmahl in Szene gesetzt. Und sie sehen nicht nur Gottes Freundschaftsdemonstration. Sie bekommen sie auch zu riechen: den betörenden Duft des Salböls, mit dem Gott seinen Gast ehrt.*
In V. 6 wird noch einmal der Ort gewechselt und vom Tempel gesprochen. Es gibt keine wirklich befriedigende Erklärung dafür, dass am Ende der Bezug zum *Tempel* hergestellt wird. Wichtig aber ist der Tatbestand, dass der Beter, solange er lebt, immer wieder wie ein Dauergast in das Haus Gottes zurückkehren möchte (M. Luther übersetzt „bleiben"). *Er wünscht sich, dass die Vertrauenserfahrung, die er einmal gemacht hat, sein Leben lang und in jeder Notlage gilt.*

An das Kapitel 10 „Angst, Trauer, Trennung, Tod" schließt sich der 23. Psalm als Vertrauenspsalm sinnvoll an.
Doch er ist in seiner Aussage so geschlossen, dass er auch als einzelne kurze Unterrichtseinheit gut eingesetzt werden kann.
Weggeschichten verbunden mit Wegerfahrungen sind den Kindern aus dem ersten und zweiten Schuljahr vertraut. („Abraham" Bd. 1, S. 124 ff., „Mein Leben ist wie ein Weg" Bd. 2, S. 36 ff., „Gott begleitet Rut" Bd. 2, S. 52 ff., „Gott begleitet Josef" Bd. 2, S. 190 ff.).
Mit der Sprache der Psalmen haben die Kinder sich schon mehrfach auseinandergesetzt, sodass es sich anbietet, auch hier Vernetzungsmöglichkeiten zu nutzen.

Bausteine der Unterrichtsreihe

Meditativer Einstieg

In der mit einem Tuch und der Ritualkerze gestalteten Mitte liegen einige Vertrauenspsalmverse (z. B. aus Kapitel 10, **M 10.5**, S. 109)
Einige Kinder lesen einen Vers vor. Es wird Raum für spontane Äußerungen gegeben.

Im Anschluss daran kann ein bekanntes Vertrauens- oder Weg-Lied gesungen werden wie „Zeige mir Gott..." (Bd. 2, S. 69), „Gott geht mit" (Bd. 2, S. 204) oder „Du bist da, wo Menschen leben" (Bd. 3, S. 20).

L leitet mit folgenden Worten zur Unterrichtseinheit über:

Wir haben schon oft darüber gesprochen,
dass unser Lebensweg sehr unterschiedlich verlaufen kann.
Mal kommt uns alles ganz hell vor.
Dann sind wir fröhlich.
Oder wir meinen,
dass uns lauter Steine in den Weg gelegt werden.
Dann sind wir traurig.
Von den Psalmbetern wissen wir,
dass es gut sein kann,
dann mit Gott zu sprechen.

Baustein 1: Mal ist das Leben dunkel, mal ist das Leben hell

Unterrichtsmaterial:

- Tücher, Steine
- weiße DIN-A4-Blätter
- Ölpastellkreiden

Unterrichtsschritte:

1. Die Kinder *erzählen* von Situationen in ihrem Leben, in denen sie sich gut oder schlecht fühlten. L kann an den Unterrichtsgegenstand „Mein Leben ist wie ein Weg" (Band 2, S. 36 ff.) erinnern.

2. Mit hellen und dunklen Tüchern/Chiffontüchern *legen* die Kinder einen *Weg*. Für besonders schwierige Stationen können dunkle Steine gelegt werden.

3. Ihre Weg-Darstellungen *übertragen* die Kinder mit *Ölpastellkreiden* auf ein DIN-A4-Blatt. Sie müssen einen schmalen Rand an der Seite lassen, damit sie dort in Baustein 2 einen Bilderrahmen aufkleben können.

4. L *überlegt* in einem *Gespräch* mit den Kindern, was in „dunklen, steinigen" Situationen hilft: z. B. mit Eltern, Geschwistern, Lehrern, Freunden, Gott reden.

5. In dem Gespräch wird deutlich, dass die wichtigste Grundlage *Vertrauen* zu der Person ist, der man sich anvertraut.

* Hier „wird Gemeinschaft in ihrer Art und Wirkung dem parfümierten Fett verglichen, das man bei festlichen Mahlzeiten den Gästen auf den Kopf setzte (23,5; 92,11; 141,5) und das dann im Laufe des Mahles auf den erhitzten Häuptern zerfloß und einen betörenden Duft verbreitete."
KEEL 1972, S. 308 und 311

Baustein 2: Psalm 23 – ein Vertrauenspsalm

Unterrichtsmaterial:

- Kopiervorlage: „Psalm 23“ (DIN-A3-Format) **M 11.1**
- Kopiervorlagen: „Psalm 23“ (für jedes Kind) **M 11.1**
- weiße DIN-A3-Blätter
- Bilderrahmen **M 11.2**
- Bilder der Kinder aus Baustein 1
- Lied: „Der Herr ist mein Hirte” (◎ Track 21/22) **M 11.3**
- Pappkärtchen (DIN A6)

Unterrichtsschritte:

1. Die Kinder und L sitzen um das DIN-A3-Poster mit dem Text von Psalm 23.

2. Der *Psalm* wird *vorgelesen*, inhaltliche Fragen werden geklärt. Anschließend *erarbeitet* L mit den Kindern, wo sie *gedankliche* Abschnitte bilden würden. Diese *markieren* sie auf dem Poster.

3. Zu jedem Abschnitt *überlegen* sich die Kinder in Gruppen ein *Zeichen*, malen es auf ein Kärtchen und legen es neben den Abschnitt.

4. Die Kinder äußern sich dazu, warum Gott als „Hirte“ bezeichnet wird. Zur Hilfestellung kann L an die Weihnachtsgeschichte (Bd. 1, S. 59 ff.) erinnern.

5. Anschließend *„übersetzen“* die Kinder den Psalm in ihre Sprache.

6. Die Kinder bekommen die Kopiervorlage des Psalms und *schneiden* sie entsprechend der Sinnabschnitte *auseinander*. **M 11.1**

7. Ein DIN-A3-Blatt wird in drei Spalten gefaltet.
   In die linke Spalte *kleben* die Kinder den Psalmtext mit Abstand untereinander.
   In die Mitte *malen* sie zu einem oder mehreren Versen Bilder.
   Auf die rechte Seite *schreiben* sie ihre Übersetzung.
   Bei dieser Arbeit verinnerlichen sie die Worte des Psalms.
   L sammelt die Bilder ein, da sie zur Präsentation in Baustein 3 benötigt werden.

8. Um die Beziehung des 23. Psalms zu den Lebenssituationen der Kinder aufzuzeigen, wird nun an den Bildern aus Baustein 1 weitergearbeitet.
   Die Kinder fertigen den Bilderrahmen aus Pappe an. Sie suchen den für sie *wichtigsten* Vers heraus und *schreiben* ihn auf den *Rahmen*. **M 11.2**
   Dieser wird auf das Bild aus Baustein 1 geklebt.

9. Lied: „Der Herr ist mein Hirte“ **M 11.3**

Baustein 3: Im Vertrauen auf Gott – kreative Umsetzung des Psalms

Unterrichtsmaterial:

- Lied: „Der Herr ist mein Hirte“ (◎ Track 21/22) **M 11.3**
- Kopiervorlage „Der Herr ist mein Hirte – Tanz mit Gesten“ **M 11.4**
- meditative Musik (◎ Track 32)
- Textvorlage **M 11.1**
- Texte der Kinder aus Baustein 2
- Bilder aus Baustein 2
- Tücher, Legematerialien

Unterrichtsschritte:

1. L bespricht mit den Kindern, welche Möglichkeiten es gibt, den Psalm 23 *kreativ umzusetzen.*

2. Die Klasse kann in Gruppen zu folgenden möglichen Themen eingeteilt werden:
   - Lied: „Der Herr ist mein Hirte“/ Umsetzung des Psalms als Tanz **M 11.3/M 11.4**
   - Lesen des Textes / Unterstützung mit den Kärtchen aus Baustein 1 **M 11.1**
   - Lesen eigener Texte / Untermalung mit meditativer Musik
   - Gestalten eines Boden- bzw. Tischbildes mit Tüchern und Legematerialien

   Dazu können auch die Wege aus Baustein 1 weiterentwickelt werden.

3. Der Unterrichtsbaustein schließt mit einer *Präsentation* der Ergebnisse ab.

Psalm 23: Der gute Hirte

Ein Psalm Davids

Der Herr ist mein Hirte,
mir wird nichts mangeln.
Er weidet mich auf einer grünen Aue
und führet mich zum frischen Wasser.
Er erquicket meine Seele.
Er führet mich auf rechter Straße um seines Namens willen.
Und ob ich schon wanderte im finstern Tal,
fürchte ich kein Unglück;
denn du bist bei mir,
dein Stecken und Stab trösten mich.
Du bereitest vor mir einen Tisch
im Angesicht meiner Feinde.
Du salbest mein Haupt mit Öl
und schenkest mir voll ein.
Gutes und Barmherzigkeit werden mir folgen mein Leben
lang, und ich werde bleiben im Hause des Herrn immerdar.

Bilderrahmen

M 11.2

Den Bilderrahmen beim Kopieren passend für ein DIN-A4-Bild vergrößern.

Der Herr ist mein Hirte

M 11.3

Text: Psalm 23
Melodie: Sebastian Schade

21/22

Der Herr ist mein Hirte – Tanz mit Gesten

M 11.4

Der Herr ist mein Hirte,	*im Kreis nach rechts*
mir wird nichts mangeln.	*im Kreis nach links*
Er weidet mich auf einer grünen Aue	*zur Kreismitte*
und führet mich zum frischen Wasser.	*in die Hocke*
Er erquicket meine Seele.	*mit gestreckten Armen aufrichten*
Er führet mich auf rechter Straße	*anfassen – und zurückgehen*
um seines Namens willen.	*Arme vor der Brust kreuzen*
Und ob ich schon wanderte im finstern Tal,	*im Kreis nach rechts*
fürchte ich kein Unglück;	*im Kreis nach links*
denn du bist bei mir,	*in die Hocke*
dein Stecken und Stab trösten mich.	*mit ausgestreckten Armen aufrichten*
Du bereitest vor mir einen Tisch im Angesicht meiner Feinde.	*vor der Brust mit den Armen einen Halbkreis beschreiben*
Du salbest mein Haupt mit Öl	*mit den Armen einen Bogen über dem Kopf spannen*
und schenkest mir voll ein.	*aus einem imaginären Krug schütten*
Gutes und Barmherzigkeit werden mir folgen mein Leben lang,	*im Kreis nach rechts*
und ich werde bleiben im Hause des Herrn immerdar.	*im Kreis nach links*

12 In unserer Kirchengemeinde leben

Thema: Begegnung mit evangelischem und katholischem Gemeindeleben

Intention der Unterrichtsreihe

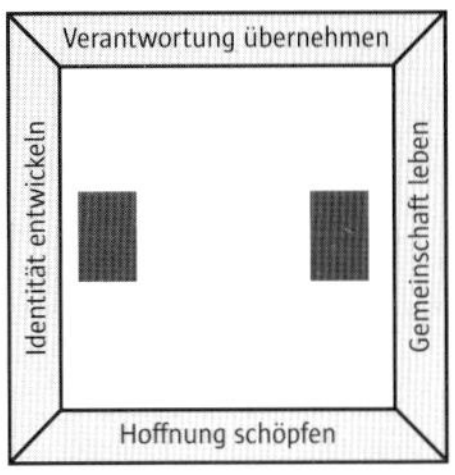

Erkunden einer katholischen Kirchengemeinde vor dem Hintergrund des bereits erworbenen Wissens über die evangelische Kirchengemeinde.

3–4 Std.
und außerschulisches Projekt

Kompetenzerwartung:

Die Schüler kennen eine katholische Gemeinde in der Nähe.

Theologisch-didaktischer Kommentar

Diese Unterrichtseinheit knüpft an Kapitel 6 in Band 1 „Kirche/Gemeindezentrum kennenlernen“, Kapitel 16 in Band 2 „Gemeinde(leben) begegnen“ und Kapitel 4 in diesem Band „Kirchenjahr und kirchliches Brauchtum“ an. Sie nimmt die dort aufgezeigten Ansätze auf, die sich auf den Besuch der evangelischen Kirche, die Erforschung des evangelischen Gemeindelebens und das Kennenlernen der evangelischen Fest- und Feiertage beziehen, und erweitert sie um das katholische Gegenüber.

Die Bausteine sind inhaltlich voneinander unabhängig. Sie können als Einheit, als ein Projekt, aber auch im Schuljahr verteilt eingesetzt werden.

In der katholischen Kirche

Weihwasserbecken
Das Wasser wird von einem Priester geweiht.
Die Benutzung des Weihwasserbeckens gehört zum Eintrittsritus in eine Kirche (in ein Haus oder in eine Wohnung).
Das geweihte Wasser ist Symbol der Reinigung und Erneuerung und erinnert an die Taufe.

Tabernakel (lat. tabernaculum = Zelt)
Das Tabernakel ist ein verschließbares Sakramentshäuschen oder -schränkchen zur Aufbewahrung übrig gebliebener Hostien. Es kann sich an verschiedenen Orten in der Kirche befinden: im Altarraum, auf Seitenaltären oder in Seitenkapellen. Das ewige Licht zeigt den Ort, an dem sich die Hostien befinden. Das Licht soll immer leuchten, um auf die ständige Gegenwart Christi in der Eucharistie hinzuweisen.
Die Hostie (lat. hostia = Opfer) wird aus Weizenmehl und Wasser hergestellt und ist mit verschiedenen Prägungen wie Lamm, Kreuz etc. versehen. Nach katholischem Verständnis ist die geweihte Hostie der unter der Gestalt des Brotes verborgene Leib Christi. Die Monstranz (lat. monstare = zeigen) ist ein Gefäß zum Ausstellen der geweihten Hostie in der Kirche oder zum Mitführen bei Prozessionen.

Kniebänke
Das Knien ist Zeichen der Demut, Unterwerfung und Anbetung.

Beichtstuhl/Beichte (althochdeutsch bijiht = Bekenntnis)
Die Beichte wird von Joh 20,22 hergeleitet. Jesus sagt zu den Jüngern: Wem ihr Sünden vergebt, dem sind sie vergeben.
Da ethischer Anspruch und Wirklichkeit oft im Widerspruch zueinander stehen, ist die Beichte nötig.
In der frühen Kirche wurde öffentlich gebeichtet und es wurden Bußstrafen verhängt.
Seit dem 5. Jahrhundert gibt es auch die Privatbeichte bei einem Priester (Ohrenbeichte).
Auf dem 4. Laterankonzil 1215 wurde eine Beichte pro Jahr gefordert.
Unter dem Einfluss der Debatte über verborgene Schuld in Gedanken und Worten gewann die Ohrenbeichte immer mehr an Bedeutung.
Das Beichtgeheimnis hebt die gerichtliche Aussagepflicht der Geistlichen für alles in der Beichte Erfahrene auf.

Maria
In katholischen Kirchen findet man häufig Figuren, die Maria zeigen: mit Jesus auf dem Arm als Mutter oder mit einer Krone auf dem Kopf als „Königin des Himmels“. Vor den Marienbildern stehen oft brennende

Kerzen, die Menschen angezündet haben, wenn sie zu ihr beten. Weil Maria die Mutter von Jesus ist, glauben sie, durch Maria selbst ganz nah bei Jesus zu sein.

Katholisches Gemeindeleben
Einen besonderen Stellenwert hat im katholischen Gemeindeleben die Hinführung zur Erstkommunion. Die Kinder des 3. Schuljahres werden in der Regel von Mitarbeitern der Gemeinde und einigen Eltern, die oft als „Tischmütter" bezeichnet werden, in kleinen Gruppen vorbereitet. Mit der Teilnahme an der Kommunion ist auch die erste Beichte verbunden. Gebeichtet wird im Einzelgespräch oder in einem gemeinsamen Bußgottesdienst. Manche Gemeinden erinnern die Kinder vor der Erstkommunion an ihre Taufe.

Katholische Fest- und Feiertage
Wie schon in Kapitel 4 wird auch hier jedem katholischen Fest-/Feiertag ein Zeichen zugeordnet.

Aschermittwoch *
Der Aschermittwoch ist der erste Tag einer vierzigtägigen Vorbereitung auf die Auferstehung Christi. Das Aschenkreuz auf der Stirn ist ein Zeichen der Vergänglichkeit des Lebens. Früher wurde der am Palmsonntag benutzte Palmschmuck verbrannt. Die Asche wurde für den Aschermittwoch des folgenden Jahres aufbewahrt.

Fronleichnam (Zeichen: Monstranz)
(althochdeutsch fron = Herr, liknam = Leib)
Eigentlich gehört das Fronleichnamsfest zum Gründonnerstag in die Passionszeit, weil es sich auf das letzte Mahl Jesu mit seinen Jüngern bezieht. Da es aber mit seinem fröhlichen, die Eucharistie verherrlichenden Charakter nicht so recht in die Passionszeit passte, wurde als Festtermin der 10. Tag nach Pfingsten, ebenfalls ein Donnerstag, bestimmt.
Gefeiert wird Jesus, das Brot des Lebens, und seine leibliche Gegenwart in der Eucharistie. In der Prozession erleben die Gläubigen das wandernde Gottesvolk mit Christus in seiner Mitte.

Allerheiligen/Allerseelen (Zeichen: Grablicht)
Das Allerheiligenfest war ursprünglich ein Gedenktag für die christlichen Märtyrer, der ab dem 7. Jahrhundert um die Heiligenverehrung erweitert wurde. Im Jahr 835 wurde das Fest offiziell eingeführt. Festtermin ist der 1. November. 869 wurde das Allerseelenfest, das Gedenken an alle Verstorbenen, an Allerheiligen gehängt. Das neue Fest breitete sich nur langsam aus und ist erst im 15. Jahrhundert in der Kirche fest verankert.
Bereits zu Allerheiligen werden auf den Gräbern die Seelenlichter angezündet, die als Sinnbilder des ewigen Lichts den Toten leuchten und zu Allerseelen überleiten.

St. Martin (Zeichen: Martin auf dem Pferd)
Sankt Martin (lat. sanctus = heilig) ist der erste heilige Nichtmärtyrer, der in der Kirche öffentlich verehrt wurde. 316/17 wurde er höchstwahrscheinlich in Frankreich geboren, war anfangs Soldat, dann ließ er sich taufen und wurde 371 zum Bischof von Tours gewählt. Am 8. November 397 starb Martin auf einer Missionsreise. Während seiner Soldatenzeit soll er mit einem frierenden Bettler am Stadttor von Amiens den Mantel geteilt haben.

*Nikolaus (Zeichen: Bischof Nikolaus)***
Am 6. Dezember wird der Tag des heiligen Nikolaus gefeiert, der wahrscheinlich in der 1. Hälfte des 4. Jahrhunderts in Myra in Kleinasien gelebt hat. Viele Erzählungen ranken sich um den beliebten Volksheiligen: dem Retter in Schwierigkeiten und Freund der Kinder.

Bausteine der Unterrichtsreihe

Baustein 1: Katholischem Gemeindeleben begegnen

Unterrichtsmaterial:

- Arbeitskarten, Interview- und Infokarten — **M 12.1–12.5**
- Text- und Bildkarten — **M 12.7**
- Tonpapier-/Tonkartonbögen in verschiedenen Farben
- dicke Faserschreiber
- Karteikarten

Unterrichtsschritte:

1. L *erinnert* die Kinder an den Besuch der *evangelischen Kirche* oder des evangelischen Gemeindehauses im 1. Schuljahr und das Projekt im 2. Schuljahr, in dem sie die evangelische Gemeinde erforscht haben.

* Der Aschermittwoch ist kein staatlicher Feiertag. Jedoch wird in den meisten katholischen Gemeinden ein Gottesdienst gefeiert, in dem die Gläubigen das Aschenkreuz bekommen. Deshalb sollte mit den Kindern darüber gesprochen werden, auch wenn keine Einordnung in die Kirchenjahresuhr stattfindet.
** Auch wenn St. Martin und Nikolaus keine staatlichen Feiertage sind, haben sie doch im Schul- und Gemeindeleben auch für die evangelischen Kinder solch eine große Bedeutung, dass sie in die Kirchenjahresuhr aufgenommen werden sollen.

Die Kinder werden darüber *informiert*, dass sie sich nun in einem ähnlichen Projekt mit der katholischen Kirche und dem katholischen Gemeindeleben beschäftigen werden. Dazu werden *drei Arbeitsgruppen* gebildet:
- die Reportergruppe „Interview“
- die Reportergruppe „Kirche“
- die Fotografengruppe

Das Projekt soll mit einer Ausstellung und Präsentation der Ergebnisse abschließen.

2. Zunächst *sammeln* die Kinder auf einem Bogen Tonpapier alles, was sie schon über die *katholische Gemeinde* wissen.

3. Dann *notieren* sie auf Karteikarten, was sie durch das Projekt *erfahren möchten.* L sammelt die Karten ein, ordnet sie und gibt sie später der entsprechenden Gruppe zur Bearbeitung.

4. Im nächsten Schritt halten die Kinder auf einem Bogen Tonpapier fest, was für dieses Projekt bedacht werden muss (*selbstständige Projektplanung*):
   - Information der Eltern (Genehmigung, evtl. begleitende Personen)
   - Terminabsprachen (evtl. Stundenplanänderung, Kontakt mit Pfarrer(in), Pfarrbüro)
   - Telefonnummern
   - Informationsmaterial
   - Möglichkeiten zur Internetrecherche
   - Fotoerlaubnis
   - Kirchenführer …

5. L und die Kinder bilden 3 Arbeitsgruppen. Diese bekommen die Karten mit den Fragen aus Punkt 3 und ihre Arbeitskarten. **M 12.1–12.7**

Durchführung des außerschulischen Projekts

6. Nach Durchführung des außerschulischen Projekts stellen die Arbeitsgruppen die Ergebnisse auf Tonkartonbögen zusammen und präsentieren sie der Klasse.
   Wenn möglich, sollten in dieser Unterrichtsstunde die katholischen Kinder dabei sein, um Informationen, z. B. zu Gruppen in der Gemeinde, zu ergänzen oder auch vom Kommunionunterricht zu erzählen.

Baustein 2: Die katholischen Fest- und Feiertage im Kirchenjahr

Dieser Baustein ist nur dann sinnvoll, wenn die evangelischen Fest- und Feiertage im Kirchenjahr schon erarbeitet wurden und die Kirchenjahresuhr* erstellt worden ist.

Unterrichtsmaterial:

- ▷ Das Kirchenjahr mit seinen Fest- und Feiertagen **M 4.1**
- ▷ Magnete
- ▷ Kopiervorlage „Namenskarten und Zeichen“ **M 12.6**

Unterrichtsschritte:

1. L heftet die DIN-A3-Kirchenjahresuhr an die Tafel. Die Kinder wiederholen Gelerntes.

2. Die Namenskarten werden neben dem Kirchenjahr befestigt. Die Kinder berichten ihnen Bekanntes zu den katholischen Fest- und Feiertagen und ordnen die Zeichen zu. Mithilfe von L vervollständigen sie das Kirchenjahr. **M 12.6**

3. Wenn die Kinder noch ihre eigenen Kirchenjahresuhren haben, können diese ebenfalls um die katholischen Fest- und Feiertage ergänzt werden.

4. Im abschließenden Gespräch werden die Kinder feststellen, dass die meisten Fest- und Feiertage von evangelischen und katholischen Christen gemeinsam gefeiert werden.

* vgl. Kapitel 4, S. 60

Arbeitskarte 1

M 12.1

Reportergruppe „Interview“

Material: Papier, Stifte, Karteikarten mit Fragen, Interviewkarte, Infokarte

1. Lest euch die Fragen auf den Karteikarten eurer Mitschüler/innen durch. Nehmt die Karten auf dem Unterrichtsgang mit und vergesst nicht, euch nach diesen Fragen zu erkundigen. Schreibt die Antworten auf die Rückseite der Karteikarten!
2. Wenn ihr mit den Menschen in der Gemeinde sprecht, benutzt die Interview- und Infokarten!
3. Wenn euch etwas auffällt, notiert es auf einem Blatt Papier.
4. Bittet einen Fotografen, Fotos für eure Präsentation zu machen (z. B. die interviewten Personen, den Kindergarten ...).

Arbeitskarte 2

M 12.2

Reportergruppe „Kirche“

Material: Papier, Stifte, Bildkarten, Karteikarten mit Fragen

1. Lest euch die Fragen auf den Karteikarten eurer Mitschüler/innen durch. Nehmt die Karten auf dem Unterrichtsgang mit und vergesst nicht, euch nach den Fragen zu erkundigen. Schreibt die Antworten auf die Rückseiten der Karteikarten!
2. Erstellt auf einem Blatt Papier einen Steckbrief von der Kirche (z. B. Name, Alter, Besonderheiten ... Wann ist Messe?).
3. Geht mit den Bildkarten in die Kirche und sucht die Gegenstände. Lest euch die Infotexte vor oder lasst euch die Bedeutung von einem Kirchenführer erklären. Auf Blanko-Karten könnt ihr selbst etwas malen.
4. Bittet einen Fotografen, Fotos für eure Präsentation zu machen.

Arbeitskarte 3

M 12.3

Fotografengruppe

Material: Kameras, Papier, Stifte

1. Lest euch die Fragen auf den Karteikarten eurer Mitschüler/innen durch. Nehmt die Karten auf dem Unterrichtsgang mit und vergesst nicht, euch nach den Fragen zu erkundigen. Schreibt die Antworten auf die Rückseite der Karteikarten!
2. Sucht euch Motive, die ihr besonders interessant findet. Schreibt euch immer auf, was ihr fotografiert! Manchmal kann man auch spannende Rubbelbilder* anfertigen.
3. Unterstützt die Reportergruppen. Sie brauchen eure Fotos für die Präsentation!

* Rubbelbilder sind Bilder in Frottagetechnik

Interviewkarte

M 12.4

Mitarbeiterinnen und Mitarbeiter in der katholischen Gemeinde

Ich heiße ______________________________

und bin der/die ______________________________

Meine Aufgaben:

____

____

____

Infokarte

M 12.5

Einrichtungen in der katholischen Gemeinde

In der katholischen Gemeinde ______________________________ gibt es

____

____

Hier arbeiten ____

Hier finden besondere Veranstaltungen statt, z. B. ________________

____

____

____

Namenskarten und Zeichen

M 12.6

Fronleichnam

Allerheiligen/ Allerseelen

St. Martin

Nikolaus

Text- und Bildkarten

M 12.7

1 Weihwasserbecken
Im Eingangsbereich der katholischen Kirche befindet sich das Weihwasserbecken.
Hier tauchen die katholischen Christen beim Hinein- und Hinausgehen die Finger in das geweihte Wasser und machen damit das Kreuzzeichen. So erinnern sie sich an die Taufe, bei der der Priester dem Täufling ein Kreuz auf die Stirn zeichnet und ihn mit Wasser tauft.

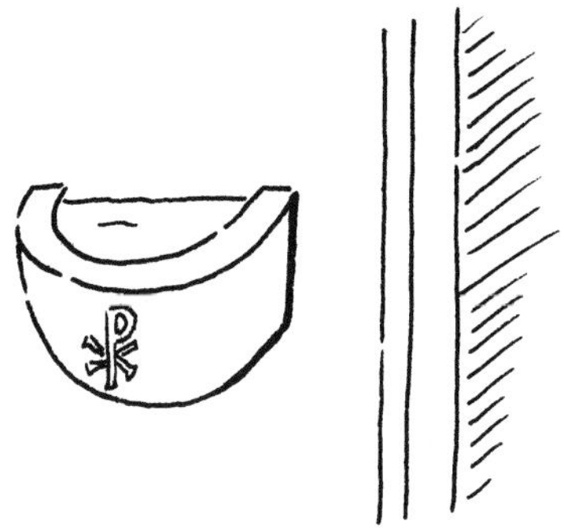

2 Tabernakel
Dies ist ein kostbar verziertes Schränkchen, in dem das heilige Brot, die Hostie, das in der Heiligen Messe übrig geblieben ist, aufbewahrt wird. Katholische Christen machen vor dem Tabernakel eine Kniebeuge als Zeichen, dass Christus dort besonders nahe ist.
In der Nähe des Tabernakels brennt das Ewige Licht. Dieses Licht zeigt, dass Jesus im geweihten Brot immer bei den Menschen ist.

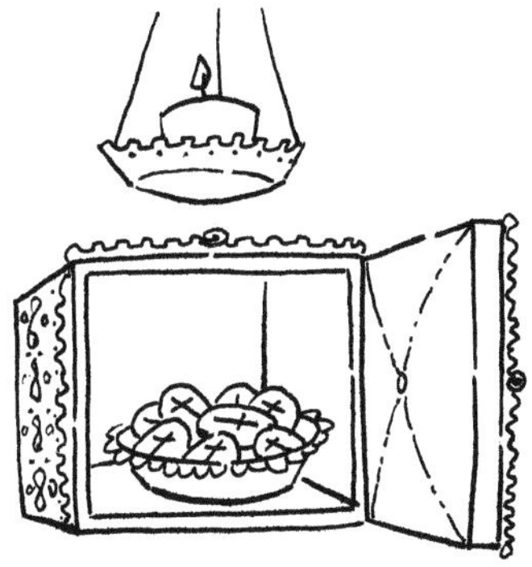

3 Kniebänke
In der katholischen Kirche ist an den Sitzbänken immer eine Kniebank. Das Knien ist eine besondere Gebetshaltung, die Demut ausdrückt. Auch vor Maria oder anderen Heiligenstatuen sind Kniebänke. Dort knien die katholischen Christen zur Anbetung nieder.

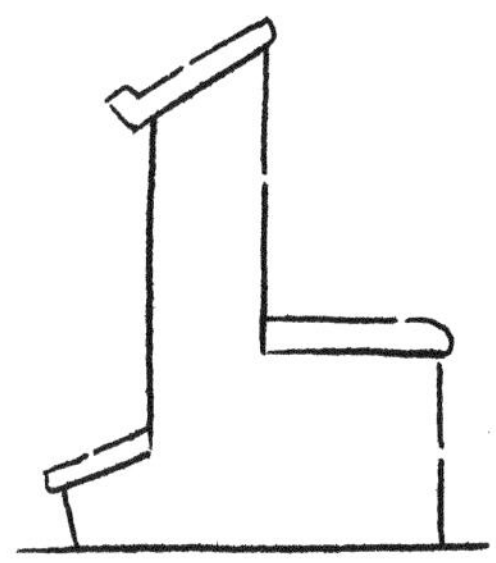

4 Beichtstuhl
Im Beichtstuhl sprechen die Menschen ihre Sünden aus und der Priester vergibt sie im Auftrag Gottes. Weil manche Menschen beim Beichten nicht erkannt werden möchten, ist es im Beichtstuhl dunkel und er hat eine Trennwand. Über das, was dem Priester in der Beichte anvertraut wird, darf er nicht sprechen. Das ist das Beichtgeheimnis.

5 Maria
Maria, die Mutter Jesu, wird von allen Heiligen am meisten verehrt. Fast in jeder katholischen Kirche gibt es einen Seitenaltar für Maria, der besonders mit Blumen und Kerzen geschmückt wird. Viele Menschen zünden bei ihrem Gebet eine Kerze am Marienaltar an, weil sie glauben, dass sie durch Maria ganz nah bei Jesus sind.

13 Reden mit Gott – fragen nach Gott

Thema: Das Vaterunser als Grundgebet der Christenheit

Intention der Unterrichtsreihe

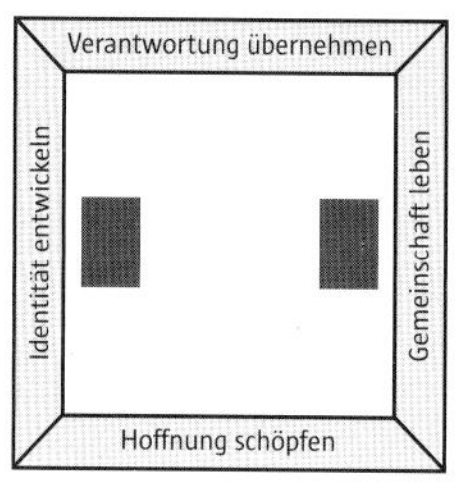

Den Text des Vaterunsers und seine Bedeutung kennenlernen und gestalterisch umsetzen.

5–6 Std.

Kompetenzerwartung:

Die Schüler kennen das Vaterunser als das christliche Grundgebet.

Theologisch-didaktischer Kommentar

Das NT überliefert zwei Versionen des Vaterunsers. Im Matthäusevangelium steht die längere Form, die sich schon in der frühen Kirche durchgesetzt hat (Mt 6,9-13). Das Lukasevangelium hat die etwas kürzere und ältere Form (Lk 11,2-4).

Vater unser

Vater ist eine zutrauliche Anrede. Sie geht von einem Vaterbild aus, wie es das Gleichnis vom verlorenen Sohn vermittelt. Dieser Vater hat nichts patriarchalisch Gewaltsames an sich, sondern ist ein Mensch, der seinem Sohn die Freiheit gibt, sich auszuprobieren. Er verliert kein Wort über dessen Scheitern, sondern schließt ihn liebend in die Arme.
Natürlich trägt Gott noch andere Erfahrungsnamen, die jeweils eine andere Seite Gottes beschreiben. Und manche von ihnen sind situations- und zeitgebunden. Wenn Jesaja z. B. schreibt, dass Gott uns tröstet wie eine Mutter, dann weiß er etwas von Gottes weiblicher Seite (Jes 66,13)*.

Im Himmel

Genauso wenig wie „der siebte Himmel der Liebe“ der Wohnsitz aller Liebenden ist, ist der Himmel die Postadresse Gottes.

* vgl. Bd. 2, Kapitel 11 „Reden von Gott“
** vgl. Kapitel 6 „Gottes Namen als Versprechen“

Himmel geschieht da, wo Menschen umdenken, sich Jesus anschließen, glauben und handeln wollen wie er. Himmel ist da, wo sich eine neue Wirklichkeit trotz widriger Bedingungen auf der Erde abzeichnet.
Der bisher erreichte Zustand lässt sich gut mit einem Vers aus dem Gedicht „Mondnacht“ von Johann von Eichendorff beschreiben:
„Es war, als hätt' der Himmel die Erde still geküsst, daß sie im Blütenschimmer von ihm nun träumen müsst'.“
Die Initialzündung hat stattgefunden, der Traum aber bleibt, weil er noch nicht erfüllt ist. Himmel ist ein dynamischer Begriff: Die Stunde wird kommen und ist schon da (Joh 5,25).

Geheiligt werde dein Name

Weil wir Gott ansprechen wollen, kennt die Bibel eine Reihe von Namen und viele Metaphern für Gott. Und je nach unseren Erfahrungen mit Gott finden wir Namen für ihn, die nur wir aussprechen. Als Mose Gott nach seinem Namen fragt, weigert er sich, ihn zu nennen. Stattdessen bekommt Mose so etwas wie eine Namensumschreibung: Ich bin, der ich bin / ich bin, der ich sein werde**. In dieser Szene wird Gottes Name geheiligt. Geheiligt dadurch, dass er unverfügbar gemacht wird. Die Menschen sollen sich nicht auf einem Namen Gottes ausruhen und ihn auf etwas Verfügbares beschränken und einengen. Gott wird immer anders sein und handeln als wir erwarten.

Dein Reich komme

Zwischen den Wörtern „Himmel“, „Reich der Himmel“ und „Reich Gottes“ besteht eine große begriffliche Nähe (vgl. dazu die Anmerkungen zu „Im Himmel“).
Menschen haben immer wieder versucht, den Zeitpunkt für das Kommen des Gottesreiches zu bestimmen. Als die Pharisäer Jesus fragen, wann das Reich Gottes nun endlich kommt, lässt Lukas ihn antworten: Das Reich Gottes kommt nicht mit einem großen Knall, sondern es verwirklicht sich schon in Ansätzen unter uns (Lk 17,21).

Dein Wille geschehe

Wer über den Willen Gottes nachdenkt, muss auch über den Willen des Menschen sprechen, denn beide

bedingen einander. Die Bitte fordert nicht dazu auf, Gottes Willen zu tun, sondern ihn geschehen zu lassen, d. h. ihn nicht zu behindern.
Tief in seinem Inneren weiß eigentlich jeder Mensch, was gut ist.
Aber er handelt widersprüchlich. Das Gute, das ich eigentlich will, tue ich nicht. Das Böse, das ich nicht will, tue ich aber. So beschreibt Paulus diesen Konflikt (Röm 7,19).
Was ist die Voraussetzung für das Geschehen des Willen Gottes?
- Wenn das Außen das Innen, der Kopf das Herz nicht ausbremst.
- Wenn der äußere Weg mit dem inneren wenigstens zeitweise übereinstimmt, dann kann man sagen: wie im Himmel so auf Erden.

Unser tägliches Brot gib uns heute
Genauer müsste es heißen: Gib uns heute Brot für morgen. Der Nahrungsvorrat für den nächsten Tag war damals und ist heute für die meisten Menschen noch nicht selbstverständlich.
Brot ist der zusammenfassende Begriff für alles, „was nottut für Leib und Leben, wie Essen, Trinken, Kleider, Schuh, Haus, Hof, Acker, Vieh, Geld, Gut“*, Familie, Regierung, Klima, Friede, Gesundheit, Freunde, Nachbarn etc. Wenn wir das alles haben, geht es uns vermutlich gut. Brot weist aber auch über sich hinaus auf das innere, geistliche Brot, das für ein menschenwürdiges Leben ebenso nötig ist wie essen und trinken. Und schließlich erinnert die Brotbitte daran, mit der Welt sorgfältig und bewahrend umzugehen, damit wir in der Zukunft auch noch Brot essen können.

Und vergib uns unsere Schuld, wie auch wir vergeben unsern Schuldigern
Niemand darf für sich selbst Vergebung erbitten und sie anderen verweigern. Wenn erfahrene Vergebung das eigene Vergeben ermöglicht, dann ist schon sehr viel erreicht.
Die Bitte um Vergebung hat aber noch eine tiefere Dimension. Im griechischen Text des Lukas fallen zwei Begriffe auf. Das Wort, das im ersten Satzteil mit Schuld übersetzt wird, bedeutet Fehlwurf, Fehler, Fehlschlag. Es geht um das Verfehlen eines Ziels. Entweder leben wir mit unseren Zielverfehlungen oder wir schaffen sie weg. Genau das bedeutet das Wort, das mit vergeben übersetzt ist. Und wo finde ich die Deponie zur Entsorgung meiner Verfehlungen?
- In mir selbst, wenn ich meine Zielverfehlungen erkenne?
- Bei einem Menschen, dem ich vertraue und der mir hilft, meine Abwehr- und Verschleierungstaktiken zu durchschauen?
- In der Erkenntnis, dass ich nicht vollkommen sein muss und auch gar nicht sein kann, aber dennoch versuche, alle meine Möglichkeiten zu entfalten, ein ganzer Mensch zu sein?
- Im Vertrauen zu Gott, der die Tücken meiner Existenz kennt, mir aber trotzdem etwas zutraut?
- In einem feierlichen, symbolischen Akt, in dem mir das Wegschaffen meiner Verfehlungen zugesprochen wird, ohne nach ihren Details zu fragen?

Und führe uns nicht in Versuchung, sondern erlöse uns von dem Bösen
Die Bitte um die Bewahrung vor der Versuchung geht davon aus, dass der Glaube immer gefährdet ist. Gefährdet durch Druck von außen oder durch ein sich Einrichten im Glauben, der sich selbst nicht mehr in Frage stellt und nichts mehr versucht. Groß ist die Versuchung, eine Entwicklung abzubrechen, weil das Risiko des Scheiterns und die Ungewissheit des Ergebnisses zu bedrohlich erscheinen.
Und ebenso groß ist die Versuchung, dann zur Ausgangssituation zurückzukehren, die zwar unbefriedigend aber immerhin bekannt ist. Die Angst vor einer Veränderung, die höchstwahrscheinlich schmerzhaft ist, hat gesiegt. Damit ist aber die Chance einer Läuterung zunächst verpasst. Genau diesen Vorgang beschreibt die Geschichte vom Auszug Israels. Das Volk schreit nach Veränderung, sehnt sich aber zurück zu den Fleischtöpfen Ägyptens, als es hart auf hart geht.

Der Text des Vaterunsers setzt voraus, das der Mensch Angst vor der Versuchung hat. Deshalb bittet er Gott, ihn davor zu bewahren. Er soll ihn vom Bösen erlösen. Das griechische Wort, das hier mit böse übersetzt wird, hat viele Bedeutungen: in schlechtem Zustand, krank, schmerzbereitend, verkommen, untauglich, beschwerlich, verdorben etc. Es beschreibt all das, was unser Leben gefährdet.

Denn dein ist das Reich, die Kraft und die Herrlichkeit in Ewigkeit. Amen.
Das Vaterunser schließt mit einem Lobpreis Gottes und dem bekräftigenden Amen.
Im Gegensatz zum Glaubensbekenntnis, das mit seiner Aufzählung von Glaubensinhalten eher rational strukturiert ist, beschäftigt sich das Vaterunser mit Grundfragen menschlichen Seins. Es ist ein *offenes Gebet*, das den Beter nicht auf eine verbindliche Interpretation festlegt. Es gibt ihm die Möglichkeit, für die eigene Person, für Beziehungen und den Umgang miteinander, für aktuelle Probleme des täglichen Lebens und Hoffnungen für eine andere Welt zu beten. Das Vaterunser ist wie ein Bilderrahmen, in den ich mein eigenes Bild hineinmale.
Das kann aber nur dann geschehen, wenn beim Beten

* Evangelisches Gesangbuch (Rheinland Westfalen Lippe), S. 1230

genug Zeit bleibt, um wenigstens eine Assoziation zuzulassen. Es hilft, zwischen den sehr gefüllten Begriffen deutliche Pausen zu machen:
Vater unser – im Himmel – geheiligt werde – dein Name – dein Reich komme - ...

Bisher haben die Kinder Gebete und Psalmverse selbst frei formuliert.* Daran anknüpfend lernen sie in dieser Unterrichtseinheit das Vaterunser als vorformuliertes Gebet Jesu kennen. Im gemeinsamen Sprechen der Worte entwickeln sie ein Gespür für das Verbindende, das in den Worten des Vaterunsers liegt. Die Bedeutsamkeit wird durch das Poster unterstrichen, das im Klassenraum für alle stets sichtbar über einen längeren Zeitraum aufgehängt wird. So besteht die Möglichkeit, das Gebet immer wieder zu lesen, situationsbezogen darauf hinzuweisen und die Worte „nebenbei" auswendig zu lernen. In der kreativen Auseinandersetzung erschließen sich die Worte des Vaterunsers auf handlungsorientierte Weise.

Bausteine der Unterrichtsreihe

Baustein 1: Das Vaterunser – das Gebet (Jesu) für die ganze Christenheit

Unterrichtsmaterial:

- ein Bogen Tonpapier
- dicke Faserschreiber
- Ritualkerze
- Lied: „Du bist da, wo Menschen leben" (◎ Track 1/2) **M 1.8**
- Kopiervorlage „Sätze des Vaterunsers", laminiert (von L vorzubereiten) **M 13.1**
- Schablonen für Pappfiguren **M 13.2**
- Text- und Arbeitskarten **M 13.3–13.11**
- Packpapier oder Tapetenrolle
- DIN-A4-Papier (blanko)
- Buntstifte
- Teelichter (in Gläsern) oder Holzpüppchen
- Lied: „Halleluja" (◎ Track 23/24) **M 13.12**

Unterrichtsschritte:

1. Die Kinder sitzen im Kreis. L legt einen Bogen *Tonpapier*, auf dem das Wort „Beten" steht, in die Mitte. Die Kinder *äußern* sich dazu** und halten *Stichworte* auf dem Papierbogen fest.

2. L stellt die *Ritualkerze* auf den Papierbogen und singt mit den Kindern das Lied „Du bist da, wo Menschen leben". **M 1.5**

3. Während L in die Unterrichtseinheit einführt, wird die *Reibetechnik* mit Schablonen vorgestellt (Anleitung s. **M 13.2**), die die Kinder in der Gruppenarbeit anwenden sollen. **M 13.2**

   L: *Ihr wisst, dass Jesus viel mit seinen Freundinnen und Freunden, seinen Jüngerinnen und Jüngern unterwegs war.*

   L malt mithilfe der Schablonen und der Reibetechnik viele Personen neben- und untereinander, sodass eine Gruppe entsteht. **M 13.2**

   L: *Oftmals zog er sich auf diesen Reisen zurück und betete.*

   Eine Person in knieender Gebetshaltung wird in einigem Abstand dazugemalt. Sie wendet sich von der Gruppe ab.

   L: *Eines Tages sagten die Jüngerinnen und Jünger zu ihm:*
   Wir möchten auch so beten wie du.
   Wie sollen wir das machen?
   Und Jesus betete mit ihnen:

   Eine stehende Figur wird über die knieende gemalt. Diese wendet sich der Gruppe zu (vgl. Abb. **M 13.2**).

   Danach liest L die Sätze des Vaterunsers mit deutlichen Pausen vor. Während des Sprechens legt L die laminierten Satzteile untereinander neben den Papierbogen. **M 13.1**

4. L: *Dieses Gebet ist das wichtigste Gebet für die Christen auf der ganzen Welt. Sicher habt ihr es auch schon einmal gehört.*

   Die Kinder nennen Gelegenheiten, die ihnen dazu einfallen.

5. L führt die Kinder in die Arbeit mit den Text- und Arbeitskarten ein. **M 13.3–13.11**

   L: *Weil das Vaterunser das gemeinsame Gebet der Christen auf der ganzen Welt ist, sollten es auch alle Christen auswendig können. Wir wollen dazu ein Vaterunser-Poster für unsere Klasse herstellen.*

   Die Kinder der Lerngruppe werden in 8 Arbeitsgruppen aufgeteilt. L heftet eine *Text-* und eine *Arbeitskarte* an die Tafel und erklärt:

* vgl. Bd. 1, Kapitel 5 und 6, Bd. 2, Kapitel 11, Bd. 3, Kapitel 1
** Anknüpfungspunkte bieten Bd. 1, Kapitel 5, Bd. 2, Kapitel 11 und Bd. 3, Kapitel 1

- Jede Gruppe bekommt eine Text- und eine Arbeitskarte. Sie bearbeitet die Aufgabe der Arbeitskarte.
- Die Ergebnisse werden zu einem Poster zusammengefügt.

6. Die nächsten 4 Unterrichtsstunden beginnen mit dem *Vorlesen* von jeweils zwei *Vaterunser-Sätzen* und ihren Erläuterungen von den Textkarten. **M 13.3–13.10**.
   Dabei zeigt ein Kind die dazugehörige laminierte Satzkarte. **M 13.1**
   Die bekannten Satzteile werden stets von allen gemeinsam wiederholt, sodass sich der Text schon ein wenig einprägt.
   Danach *arbeiten* die Kinder in ihren *Gruppen*.

> **Tipp:**
>
> Zusatzaufgabe zur Differenzierung:
> Kinder, die ihre Aufgaben beendet haben, können das Vaterunser auf ein Blatt schreiben und gestalten (beispielsweise für ein Portfolio).

7. Die Gruppen stellen ihre *Ergebnisse* vor und kleben ihre Blätter in der richtigen Reihenfolge auf einen Bogen Packpapier oder ein Stück Tapetenrolle.

8. Das fertiggestellte Poster oder (wenn nicht genug Platz ist) die laminierten Satzteile werden auf den Boden gelegt. Die Kinder sitzen im Halbkreis davor. Sie *lesen* das *Vaterunser* mit deutlichen Pausen vor. L fordert die Kinder auf, ein *Teelicht* (oder Holzpüppchen) an die Stelle des Vaterunsers zu setzen, die ihnen heute besonders wichtig ist. Wenn die Kinder möchten, können sie auch eine Begründung geben. **M 13.1**
   Dazwischen wird das Lied „Halleluja“ in verschiedenen Sprachen und mit Bewegungen gesungen: **M 13.12**
   Die Sängerinnen und Sänger werden in zwei Gruppen aufgeteilt: die „Halleluja“- und die „Preiset den Herrn“-Gruppe.
   Zunächst einmal singen alle den Text gemeinsam. Dann stimmt die jeweilige Gruppe nur ihren Text an. Eine weitere Variante besteht darin, dass jede Gruppe zu ihrem Gesang aufsteht und sich wieder setzt.

Sätze des Vaterunsers

M 13.1

Vater unser im Himmel.

Geheiligt werde dein Name.

Dein Reich komme.

Dein Wille geschehe, wie im Himmel, so auf Erden.

Unser tägliches Brot gib uns heute.

Und vergib uns unsere Schuld, wie auch wir vergeben unsern Schuldigern.

Und führe uns nicht in Versuchung, sondern erlöse uns von dem Bösen.

Denn dein ist das Reich und die Kraft und die Herrlichkeit in Ewigkeit. Amen.

Schablonen für Pappfiguren

M 13.2

Anweisung für Reibetechnik:

- Die Figuren auf Pappe aufzeichnen und ausschneiden.
- Auf einen festen Untergrund (Pappe, Holzbrett, Tablett ...) ein weißes DIN-A4-Blatt legen.
- Die entsprechende Pappfigur unter das Blatt legen und beim Sprechen übermalen, sodass die Umrisse erscheinen. Das geht am besten mit Wachsmalblöcken. Damit die Kinder aber später darauf schreiben können, sollten in diesem Fall (dicke) Buntstifte verwendet werden.

Textkarte 1

M 13.3

Lies deinen Text langsam und betont vor.

Wir beten wie Jesus:

Vater unser im Himmel.

So beginnt Jesus sein Gebet.
Er spricht Gott mit Vater an.
Er spricht zu ihm voller Vertrauen.
Jesus weiß,
Gott gibt uns Geborgenheit wie ein guter Vater,
er tröstet uns wie eine liebevolle Mutter.
Licht bringt er, wenn es dunkel um uns ist.
Weil er uns so liebt,
dürfen wir ihm alles sagen:
alles, was uns Freude macht,
aber auch alles,
was uns Sorgen bereitet.

So wie der Himmel umgibt er uns von allen Seiten.

Textkarte 2

M 13.4

Lies deinen Text langsam und betont vor.

Wir beten wie Jesus:

Geheiligt werde dein Name.

Ein Name ist etwas ganz Wichtiges.
Damit können wir jemanden ansprechen,
ihn rufen oder auch selbst gerufen werden.
So wie jeder von uns hat auch Gott einen Namen.
Erinnert ihr euch noch an die Geschichte von Mose am Dornbusch?
Dort sagt Gott seinen Namen,
damit Mose ihn dem Volk Israel weitergeben kann.
Ich bin der Ich-bin-da,
sagt Gott zu Mose.
Gottes Name ist ein Versprechen:
Ich bin immer für euch da.
Ich begleite euch, wo immer ihr auch seid.

Deshalb wollen wir ihm danken, seinen Namen heiligen.

Textkarte 3

M 13.5

Lies deinen Text langsam und betont vor.

Wir beten wie Jesus:

Dein Reich komme.

Aber wo ist das Reich Gottes?
Jesus beschreibt es uns als einen Ort,
wo wir aufeinander achten,
wo wir nicht streiten, sondern einander in Liebe begegnen,
wo wir uns nicht abwenden, sondern Fehler verzeihen können,
wo wir Verständnis füreinander haben
und freundlich miteinander umgehen.

Textkarte 4

M 13.6

Lies deinen Text langsam und betont vor.

Wir bitten wie Jesus:

Dein Wille geschehe, wie im Himmel, so auf Erden.

Gott hat uns durch Jesus gezeigt,
wie wir handeln sollen.
Er hat uns einen Verstand gegeben,
damit wir überlegen können,
was wir tun.
Aber oftmals denken die Menschen zu wenig darüber nach,
was Gottes Wille ist.
Darum gibt es so viel Unfrieden, Hass, Streit,
ja sogar Krieg.
Doch das ist nicht Gottes Wille!

Textkarte 5

M 13.7

Lies deinen Text langsam und betont vor.

Wir bitten wie Jesus:

Unser tägliches Brot gib uns heute.

Wir bitten darum,
dass wir jeden Tag genug zu essen und zu trinken haben.
Doch damit es uns gut geht,
brauchen wir mehr als Essen und Trinken:
Menschen, die uns lieb haben,
die uns etwas beibringen,
die unsere Wege begleiten.
Auch darum dürfen wir Gott bitten.
Wir sollen dankbar dafür sein
und die Menschen nicht vergessen,
denen es nicht so gut geht wie uns,
die hungern oder in Kriegsgebieten leben.

Textkarte 6

M 13.8

Lies deinen Text langsam und betont vor.

Wir bitten wie Jesus:

Und vergib uns unsere Schuld,
wie auch wir vergeben unsern Schuldigern.

Wo Menschen miteinander leben,
machen sie Fehler:
Wir verletzen einander mit Worten.
Wir wenden uns voneinander ab,
ohne zu sagen, warum.
Gott ist immer bereit, uns unsere Fehler zu verzeihen,
wenn sie uns Leid tun.
Und so will er, dass auch wir immer bereit sind,
aufeinander zuzugehen, uns die Hand zu reichen
und einander zu verzeihen.

Textkarte 7

M 13.9

Lies deinen Text langsam und betont vor.

Wir bitten wie Jesus:

Und führe uns nicht in Versuchung,
sondern erlöse uns von dem Bösen.

Wir tun oft absichtlich Sachen,
von denen wir genau wissen,
dass sie nicht gut oder richtig sind.
Manchmal sagen wir die Unwahrheit,
weil wir uns einen Vorteil davon versprechen.
Wir nehmen anderen etwas weg,
weil wir es auch haben wollen.
Oder wir zerstören Dinge,
weil wir sie den anderen nicht gönnen.
Wir spüren, dass das, was wir machen, falsch ist.
Darum bitten wir Gott, uns zu helfen,
das Richtige zu tun.

Textkarte 8

M 13.10

Lies deinen Text langsam und betont vor.

Wir beten wie Jesus:

Denn dein ist das Reich
und die Kraft und die Herrlichkeit in Ewigkeit. Amen.

Wir wissen, dass die Bibel von Gott dem Schöpfer erzählt.
Mit allen Menschen auf der ganzen Welt
loben wir Gott für das, was uns umgibt:
Berge und Täler,
Pflanzen und Tiere,
Wind und Wasser,
Sonne, Mond und Sterne.
Mit allen Menschen auf der ganzen Welt
danken wir Gott für unser Leben.

Arbeitskarte

M 13.11

Material:

- weißes DIN-A4-Blatt
- Pappe
- Buntstifte
- Faserschreiber
- Scheren

Aufgabe:

1. Gestaltet zunächst mit der Reibetechnik den Hintergrund eures Blattes für das Poster.
   Stellt dazu Schablonen aus Pappe her, die zu eurem Text passen.
   Legt sie unter das Blatt und malt mit Buntstiften darüber.

2. Schreibt mit Faserschreibern euren Vaterunser-Satz auf das Blatt.
   Wörter, die ihr besonders wichtig findet, könnt ihr durch eure Schreibweise hervorheben, z. B.
   – indem ihr sie dicker schreibt
   – indem ihr sie schriftgestaltend schreibt
   – indem ihr sie durch ein Bild ersetzt ...

Halleluja

M 13.12

Text und Melodie: mündlich überliefert ◎ 23/24

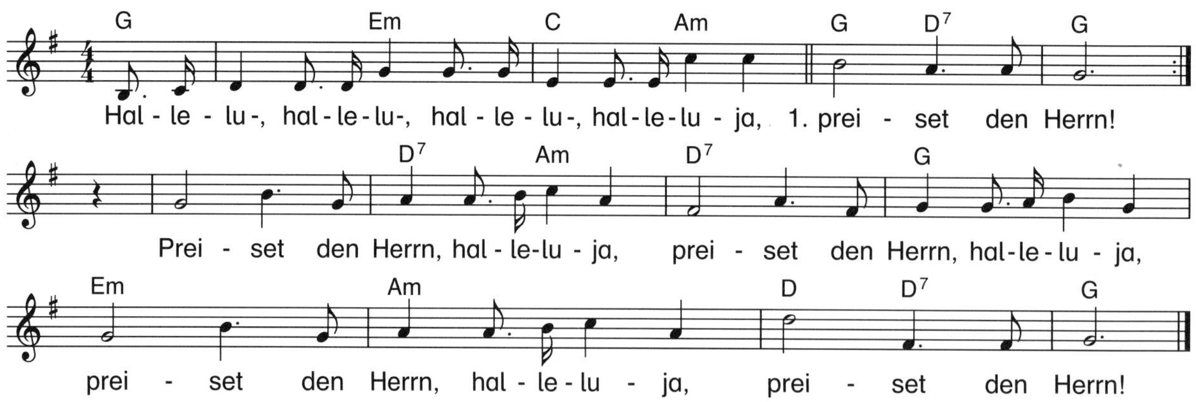

2. Praise ye the Lord ... (englisch)
3. Gloire au Seigneur ... (französisch)
4. Tumsifuni ... (Suaheli)
5. Pujilah Tuhan ... (indonesisch)

14 Gott vergibt – wir können vergeben

Thema: Jesus und die Ehebrecherin (Joh 8,1-11/Mt 6,12)

Intention der Unterrichtsreihe

Anhand der Geschichte Joh 8,1-11 erkennen, dass Jesus Schuld vergibt und damit neues Leben ermöglicht.

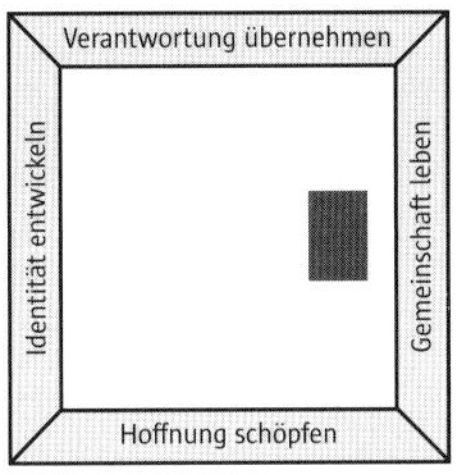

3–4 Std.

Kompetenzerwartung:

Die Schüler kennen Handlungsmöglichkeiten zur Konfliktlösung und -vermeindung, bewerten diese auf der Grundlage biblisch-christlicher Normen.

Theologisch-didaktischer Kommentar

Text (Joh 8, 1-11)

[1] Jesus aber ging zum Ölberg. [2] Und frühmorgens kam er wieder in den Tempel, und alles Volk kam zu ihm, und er setzte sich und lehrte sie. [3] Aber die Schriftgelehrten und Pharisäer brachten eine Frau zu ihm, beim Ehebruch ergriffen, und stellten sie in die Mitte [4] und sprachen zu ihm: Meister, diese Frau ist auf frischer Tat beim Ehebruch ergriffen worden. [5] Mose aber hat uns im Gesetz geboten, solche Frauen zu steinigen. Was sagst du? [6] Das sagten sie aber, ihn zu versuchen, damit sie ihn verklagen könnten. Aber Jesus bückte sich und schrieb mit dem Finger auf die Erde. [7] Als sie nun fortfuhren, ihn zu fragen, richtete er sich auf und sprach zu ihnen: Wer unter euch ohne Sünde ist, der werfe den ersten Stein auf sie. [8] Und er bückte sich wieder und schrieb auf die Erde. [9] Als sie aber das hörten, gingen sie weg, einer nach dem andern, die Ältesten zuerst; und Jesus blieb allein mit der Frau, die in der Mitte stand. [10] Jesus aber richtete sich auf und fragte sie: Wo sind sie, Frau? Hat dich niemand verdammt? [11] Sie antwortete: Niemand, Herr. Und Jesus sprach: So verdamme ich dich auch nicht; geh hin und sündige hinfort nicht mehr.

Text (Mt 6,12)

Und vergib uns unsere Schuld, wie auch wir vergeben unsern Schuldigern.

Johannes weiß, wie auch die kleinste Erzählung dramatisch gestaltet werden muss: Er verzichtet auf unnötige Details, weiß, was ein retardierendes (verzögerndes) Moment ist, bezieht die Leser, die die Rechtslage kennen, mit ein und fordert sie indirekt auf, auch ihr Urteil abzugeben.
Jesus lehrt das Volk im Tempel. Er ist also ein Sachverständiger. Damit ist die Öffentlichkeit für die folgende Szene vorbereitet. In einem aktuellen Ehebruchsfall wollen die Pharisäer seine Meinung hören. Alle den Handlungsablauf störenden Einzelheiten lässt Johannes weg: Es treten keine Zeugen auf und der Ehemann erscheint ebenso wenig wie der auch strafrechtlich belastete Geliebte. Denn auf Ehebruch steht die Todesstrafe durch Steinigen oder Erdrosseln für beide: Ehebrecherin und Geliebten. Johannes zeigt dann in V. 6, worum es eigentlich geht: Nicht um die Frau, sondern darum, Jesus unglaubwürdig zu machen. Die Szene ist gut vorbereitet und die Fangfrage geschickt überlegt: Wie würdest du in diesem Fall entscheiden? Unterstützt Jesus die Todesstrafe in aller Öffentlichkeit, dann heißt es später: Der immer Barmherzigkeit und Vergebung predigt, hat gekniffen. Seine Anhänger würden sich von ihm abwenden. Spricht er sich gegen die Todesstrafe aus, dann ist er ein Gesetzesbrecher. Dann heißt es hinterher: Dieser Mann achtet die Gesetze nicht, die den Bestand unserer Gesellschaftsordnung garantieren. Er ist ein Fall für die Gerichte.
Und was tut Jesus? Er bückt sich und schreibt mit dem Finger auf die Erde. Er bremst das Tempo der Handlung. Der Leser kann durchatmen und sich überlegen, was er antworten würde. Jesus gewinnt erst einmal Zeit. Wie kann er die Frau retten und zugleich die Ehe verteidigen? Zu den Anklägern geht er erst einmal auf Distanz. Aber die haken nach. Und dann kommt Jesu Antwort: *Wer von euch ohne Sünde ist, werfe den ersten Stein.* Das mussten nämlich die Zeugen tun. Da aber keine Zeugen auftreten, sind die Ankläger auch gleichzeitig Zeugen (V. 8,4 f.). Cleverer Johannes! Die-

se Antwort hat sie kalt erwischt. Die Steine, die sie werfen wollen, fliegen wie ein Bumerang zu ihnen zurück. Einer nach dem anderen verlassen sie die Szene. Jesus wendet sich der Frau zu. Niemand hat sie verurteilt. Ohne den Finger zu heben, aber mit dem deutlichen Hinweis darauf, dass sie ihr Leben ändern muss, sagt Jesus: *Du hast dein Leben noch einmal geschenkt bekommen. Lebe es!*

In dieser Unterrichtseinheit erschließen die Kinder ausgehend von der Vaterunser-Bitte „Und vergib uns unsere Schuld" (Mt 6,12)* die Erzählung „Jesus und die Ehebrecherin" (Joh 8,1-11). Es wird noch einmal deutlich herausgearbeitet, dass Gott anders handelt als wir Menschen. Diese Erkenntnis ermöglicht es den Kindern dann, die Erzählung einzuordnen.

Bausteine der Unterrichtsreihe

Baustein 1: Und vergib uns unsere Schuld

Unterrichtsmaterial:

- laminierte Vaterunser-Karte 6 **M 13.3**
- Magnete
- dunkles Tonpapier, helle Stifte
- Lied: „Da berühren sich Himmel und Erde" (◉ Track 25/26) **M 14.1**
- Bastelvorlage „Herz" (auf rotes Papier kopiert) **M 14.2**

Unterrichtsschritte:

1. L *betet* mit den Kindern das *Vaterunser* und heftet die laminierte Textkarte 6 an die Tafel. Ein Kind liest den Text der Karte vor. **M 13.3**
2. L liest den *Text* noch einmal bis „Wir wenden uns voneinander ab ..." *vor* und bittet die Kinder, *weitere Beispiele* zu nennen, z. B. wir belügen uns, wir beschimpfen einander, wir beschuldigen uns, wir wollen uns nicht vertragen, wir versuchen andere hereinzulegen ... Diese Aussagen werden auf *„Schuldsteine"*, die die Kinder aus dunklem Tonpapier gerissen haben, geschrieben und um die Bitte geheftet.
3. Ein Kind liest den 2. Teil des Textes vor. Im Gespräch wird erarbeitet, was sich verändern kann, weil Gott uns verzeiht. Die Antworten werden auf Herzen geschrieben und den Schuldsteinen zugeordnet. **M 14.2**
4. Lied: „Da berühren sich Himmel und Erde" **M 14.1**
5. Im *vertiefenden Gespräch* erarbeitet L mit den Kindern die Parallelen zwischen dem Text des Liedes und ihren Aussagen auf den Schuldsteinen und Herzen.

> **Hinweis:**
>
> Die Schuldsteine und Herzen werden in Baustein 2 noch einmal benötigt.

Baustein 2: Jesus und die Ehebrecherin

Unterrichtsmaterial:

- Lied: „Da berühren sich Himmel und Erde" (◉ Track 25/26) **M 14.1**
- Erzählung „Jesus und die Ehebrecherin" **M 14.3**
- Overheadprojektor
- von L vorbereitete Figuren aus Tonpapier **M 14.4**
- kleine Zettel, Stifte
- Arbeitsblatt **M 14.5**

Unterrichtsschritte:

Bei der folgenden Erzählung werden den verschiedenen Personen oder –gruppen Figuren zugeordnet und beim Erzählen von den Kindern auf den OHP gelegt und bewegt. Die Positionierungen werden evtl. zwischendurch besprochen. **M 14.4**

1. Zu Beginn singen L und die Kinder das Lied: „Da berühren sich Himmel und Erde". **M 14.1**

   L: *Wir haben herausgefunden,*
   dass dieses Lied beschreibt,
   was geschieht,
   wenn wir so handeln, wie Gott es sich vorstellt.
   Jesus war einer, der das getan hat.

L erzählt den 1. Teil der Geschichte „Jesus und die Ehebrecherin". **M 14.3**

* vgl. Kapitel 13, Textkarte 6, S. 132

2. Am Ende von Teil 1 schreiben die Kinder *Beratungszettel* für Jesus: Was soll er jetzt tun?

3. L *erzählt den 2. Teil* der Geschichte unter Einbeziehung der Beratungszettel. Dann folgt das Ende, so wie es im Johannesevangelium erzählt wird.

4. L heftet die Schuldsteine und Herzen aus Baustein 1 an die Tafel. Die Kinder beschriften *weitere Schuldsteine und Herzen,* die sich aus der Geschichte ergeben, und heften sie zu den anderen.

   Schuldsteine: z. B. mit dem Finger auf jemanden zeigen, jemanden vorschnell verurteilen ...
   Herzen: z. B. jemandem eine zweite Chance geben, ...

6. Mithilfe des Tafelbildes bearbeiten die Kinder das *Arbeitsblatt.* **M 14.5**

7. Sie *stellen* ihre *Ergebnisse vor* und singen zum Abschluss noch einmal das Lied: „Da berühren sich Himmel und Erde". **M 14.1**

Da berühren sich Himmel und Erde

M 14.1

Text: Thomas Laubach
Melodie: Christoph Lehmann

◎ 25/26

2. Wo Menschen sich verschenken, die Lieben bedenken, und neu beginnen, ganz neu, …
3. Wo Menschen sich verbinden, den Hass überwinden, und neu beginnen, ganz neu, …

Bastelvorlage „Herz"

M 14.2

Jesus und die Ehebrecherin

M 14.3

Lehrererzählung, Teil 1

Jesus war in Jerusalem.
Oft ging er morgens in den Tempel.
Viele Leute kamen zu ihm. Sie stellten ihm Fragen.
Sie wollten seinen Rat. Sie hörten ihm gern zu.
Einige schauten nur mal schnell vorbei.
Andere blieben länger da und wollten ganz nah bei ihm sein.
Manche konnten ihn nicht leiden. Sie wandten sich von ihm ab, versuchten, ihn auf die Probe zu stellen oder mit Fragen hereinzulegen.

Jesus tritt auf. Die Zuhörer scharen sich um ihn. Ein Zuhörer kommt, bleibt stehen, geht weiter.
Andere bedrängen ihn oder wenden sich ab.

Drei Schriftgelehrte kamen mit einer Frau.
Sie steuerten auf Jesus zu und blieben stehen.
Die Frau stellten sie in die Mitte. Einer von ihnen trat vor.

Die Frau muss zwischen den Schriftgelehrten stehen, so als würde sie bewacht.
Die Gruppe nähert sich.

Der Schriftgelehrte zeigte mit dem Finger auf die Frau und sagte laut, dass es alle hören konnten:
„Diese Frau hat ihren Mann verlassen.
Gerade haben wir sie bei ihrem Freund erwischt."
Die Frau schaute jeden der Schriftgelehrten ängstlich an.
Was würde jetzt geschehen?

Die Frau rückt in die Mitte zwischen die Schriftgelehrten und die Zuhörergruppe.
Ein Schriftgelehrter tritt vor.
Die Kinder formulieren Gedanken der Frau.

Und der Schriftgelehrte sprach weiter: „Du weißt doch, was unser Gesetz bestimmt. Diese Frau muss gesteinigt werden!"
Er schaute in die Runde, drehte sich dann zu Jesus und fragte:
„Was sagst du dazu?"

Der Schriftgelehrte bewegt sich auf Jesus zu.
Die Zuhörergruppe öffnet sich und steht hinter Jesus.
Die beiden anderen Schriftgelehrten rücken näher.
Die Kinder schreiben Beratungszettel für Jesus.

Jesus und die Ehebrecherin

M 14.3

Teil 2

Jesus bückte sich nach vorn und begann, mit dem Finger in den Sand zu schreiben. Er überlegte: ...

Die Kinder lesen ihre Beratungszettel vor.

Jesus schrieb weiter ruhig mit dem
Finger im Sand und ließ die Schriftgelehrten warten.
Doch sie ließen nicht locker: „Nun, was sagst du?“
Jesus hob die Augen, sah jeden der drei Männer an und sagte:
„Der von euch ohne Fehler ist, werfe den ersten Stein!“
Die drei Männer gingen nacheinander langsam und schweigend weg.
Diese Antwort hatten sie nicht erwartet.

Die drei Schriftgelehrten gehen langsam und einzeln aus dem Bild.
Die Kinder vermuten, was die Schriftgelehrten erwartet haben.

Schnell zerstreuten sich auch die Zuhörer.

Die Zuschauer zerstreuen sich in verschiedene Richtungen mit Bemerkungen: „Ich weiß nicht, was ich glauben soll. Das muss ich zuhause erzählen“ etc.

Als niemand mehr da war, schaute Jesus die Frau an und sagte:
„Hat dich jemand verurteilt?“
„Nein“, antwortete sie.

Die Frau und Jesus stehen sich gegenüber.
Sprechpause

„Dann geh und ...“

Die Frau geht, schaut zurück, geht weiter.
Die Kinder überlegen sich die Fortsetzung des Satzes.

Vorlagen für Tonpapierfiguren

M 14.4

Arbeitsblatt

M 14.5

Nach einem aufregenden Erlebnis mit Jesus machen sich alle auf den Weg nach Hause. Welche Gedanken gehen ihnen durch den Kopf?

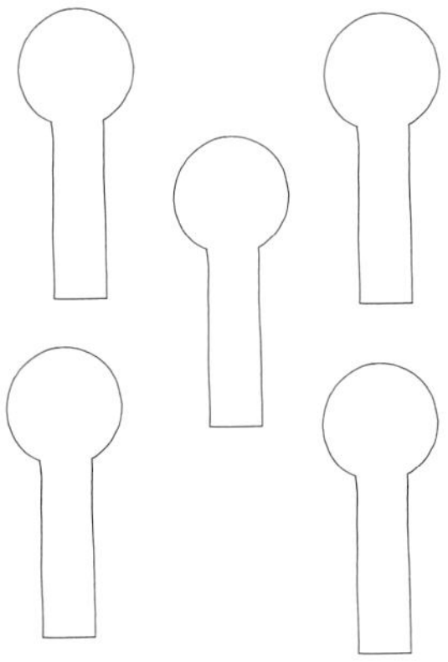

Wer von euch ohne Schuld ist, werfe den ersten Stein.

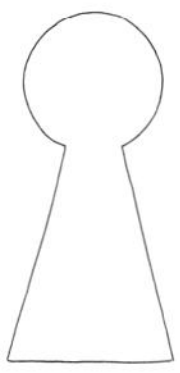

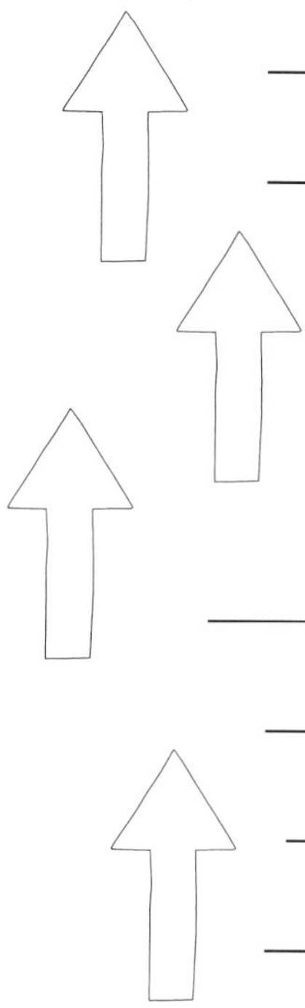

KOPIERVORLAGE

15 Aufgerichtet werden, Leben aus der Fülle haben, getröstet werden, sehend werden

Thema: Jesus begegnen

Intention der Unterrichtsreihe

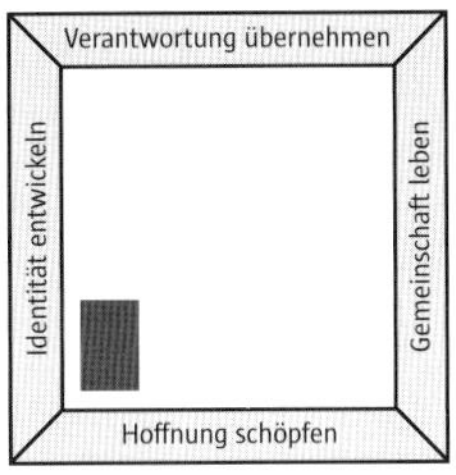

Geschichten über Jesus und sein Handeln kennenlernen und entdecken, dass diese Geschichten auch eine Bedeutung für das eigene Leben haben.

8 Std.

Kompetenzerwartung:

Die Schüler lesen ausgewählte Texte als erzählte Glaubenserfahrung, die Menschen mit dem verkündeten Christus machen.

Theologisch-didaktischer Kommentar

Die vorliegende Unterrichtsreihe fasst mehrere biblische Geschichten unter dem Thema „Jesus begegnen" zusammen. Die Kinder sollen einerseits mehr über Jesus und sein Handeln erfahren und andererseits entdecken, dass diese Geschichten auch eine Bedeutung für ihr eigenes Leben haben können. Letzteres wurde mithilfe der Emmaus-Geschichte in Band 2* auch schon herausgearbeitet. Es bietet sich an, die Kinder an den dort verwendeten Text „Christus hat keine Hände" (**M 13.6**) zu erinnern.
Im Verlauf der Unterrichtseinheit entsteht ein Leporello. Auf die Felder der Vorderseite schreiben die Kinder eine von ihnen gefundene Überschrift zu der jeweiligen biblischen Geschichte und gestalten sie kreativ aus. Auf der Rückseite übertragen die Kinder die entsprechende Situation der Geschichten auf ihr eigenes Leben: Wenn ich ..., dann erinnere ich mich daran, wie Jesus ...
Die Unterrichtsreihe ist so konzipiert, dass nicht notwendigerweise alle vier Geschichten hintereinander behandelt werden müssen. Eine Reduktion auf zwei oder drei Geschichten oder die Behandlung einzelner Geschichten ist möglich. Wenn weniger als drei Geschichten besprochen werden, entsteht statt des Leporellos eine Doppelkarte oder ein Bild.
Als Lied wird in dieser Unterrichtsreihe der Bibel-Rap „Menschen begegnen Jesus" eingesetzt. Er kann angehört, gemeinsam gesungen oder auch anstelle der Lehrerzählung verwendet werden. Fächerverbindend kann im Musikunterricht über Rap und die Rhythmisierung von Liedern gesprochen werden.
Am Ende der Unterrichtsreihe bietet sich eine Präsentation der entstandenen Arbeiten an: Die Kinder berichten und begründen, welche Geschichte ihnen am besten gefallen hat, die Leporellos werden ausgestellt und angeschaut, der die Unterrichtsreihe begleitende Rap kann noch einmal gehört oder gesungen werden.

Im Folgenden gibt es einen kurzen Kommentar zu jeder biblischen Geschichte:

Heilung des Gelähmten (Mk 2,1-12)
Draußen eine dicht gedrängte Menge, ein überfülltes Haus, vier Männer bringen einen Gelähmten. Sie haben keine Chance, zu Jesus vorzudringen, der drinnen spricht.
Doch die Vier geben nicht auf und gewitzt sind sie obendrein. Sie reißen einfach das Flachdach auf, lassen den Gelähmten hinab und legen ihn Jesus vor die Füße.
Eine Glaubensgeschichte, die Hindernisse braucht. Die Vier sind unbeirrbare Glaubensvorbilder. Jesus erkennt das an, wendet sich dann dem Gelähmten zu und sagt: *Mein Sohn, deine Sünden sind dir vergeben.* Das ist ein etwas überraschender Therapieschritt. Kennt Jesus seine Krankengeschichte? Und was sind seine Sünden? Das griechische Wort für *Sünde* stammt aus der Sprache des Sports. Es bedeutet *Fehler* und *Fehlwurf*, aber auch *Fehlschläge* im Leben. Vielleicht hängt seine Krankheit damit zusammen.
Einige Schriftgelehrte unterbrechen die Handlung. Sie bestreiten Jesus das Recht, Sünden zu vergeben. Jesus reagiert mit einer Doppelfrage: Was ist leichter zu sagen, deine Sünden sind dir vergeben oder steh auf und geh? Jetzt sind die Schriftgelehrten in der Klemme. Was sollen sie darauf antworten? Sünden kann ja nur Gott vergeben. Aber wer wird den Gelähmten heilen? Jesus wartet ihre Antwort nicht ab. Er verbindet

* Kapitel 13, S. 158 ff.

Sündenvergebung und Heilung. Der Gelähmte steht wieder auf den Beinen. Jesus hat ihn aufgerichtet und schickt ihn nach Hause. Aufgestanden ist er im Vertrauen auf Jesus, der nicht einmal nach seiner Vorgeschichte gefragt hat. Der Leser kann sich natürlich überlegen, wovon Jesus ihn geheilt hat. Was hat ihn erstarren lassen und ihn unbeweglich gemacht? Das Feld der Vermutungen ist groß, aber nicht im Sinne des Autors der Erzählung. Ihm kommt es auf drei Aussagen an:

- Ergreift wie die Vier im Vertrauen auf Jesus die Initiative.
- Macht keinen „Fehlwurf" wie die Schriftgelehrten und verweigert die Hilfe nicht.
- Jesus kann nur heilen und euch bewegen, wenn ihr ihm vertraut.

Speisung der 5000 (Mk 6,35-44)

Die Geschichte erzählt davon, dass 5000 Menschen mit fünf Broten und zwei Fischen gesättigt werden. Aber weder der Verfasser dieses Textes noch seine Leser sind so naiv, das zu glauben. Also muss der Schlüssel für die Erzählung auf einer anderen Ebene liegen.

Der Evangelist Markus erzählt: Die Jünger und Jesus werden von vielen Menschen in Anspruch genommen. Da sie nicht einmal Zeit zum Essen finden, ziehen sie sich per Boot an einen ruhigen Platz zurück. Aber auch dort werden sie von der Menge eingeholt (Mk 6,31-33). Jesus steigt aus dem Boot und analysiert die Situation: Diese Menschen sind orientierungslos und führungslos wie eine Herde ohne Hirte. Er stellt sich ihnen und lehrt sie (Mk 6,34). Soweit die *Vorgeschichte*.

Darüber wird es Abend und die Jünger machen den Vorschlag, die Menschen wegzuschicken, damit sie sich in den umliegenden Dörfern selbst versorgen. Jesus lehnt diese Problemlösung mit einem überraschenden Gegenvorschlag ab: *Gebt ihr ihnen zu essen!* Blitzschnell rechnen die Jünger die Kosten durch: Wir müssten für 200 Denare *Brot* kaufen und es ihnen *geben*. Aber auch diese Idee verwirft Jesus. Und damit teilt er den Jüngern mit, dass sie nicht verstanden haben, worum es hier geht. Vom karitativen Standpunkt aus gesehen wäre ihre Lösung in Ordnung, aber Jesus reicht sie nicht weit genug. Während die Jünger noch mit den Gedanken bei dem Geld sind, das sie nicht haben, überrascht Jesus sie mit einer Frage: Was können wir den Menschen anbieten? Wie groß sind unsere Ressourcen? Fünf Brote und zwei Fische ist die Antwort. Und mit dem, was zur Verfügung steht, ergreift Jesus sofort die Initiative: Bildet Gruppen (wörtlich: Gartenbeete = Abteilungen). Er organisiert die Menschen und lässt sie sich setzen. So beruhigt er die Situation und schafft gleichzeitig den angemessenen Rahmen für ein gemeinsames Essen. Er nimmt die fünf Brote und die beiden Fische, schaut zum Himmel und wie beim Abendmahl spricht er den *Segen* (M. Luther übersetzt: dankte), *bricht* das Brot und *gibt* es den Jüngern zum Weiterverteilen. Alle werden satt. Und die Erzählung endet mit einer letzten Überraschung: Es bleiben noch zwölf Körbe Brot übrig.

Mit dem *Mehrwert* der Erzählung lassen sich noch ein paar Körbe füllen:

1. Liebe macht erfinderisch.
2. Leben gibt es nicht zu kaufen.
3. Wer teilt, schafft Überfluss.
4. Jesus folgen heißt, alles geben.
5. Im Reich Gottes wird keiner mehr hungern, weder physisch noch psychisch.
6. Jesus gibt sein Leben, damit wir leben.
7. Wer seine Ressourcen entdeckt, hat volle Hände.
8. Gib alles und du gewinnst alles.
   Behalte alles und du verlierst alles. (Mahatma Gandhi)
9. ...

Die Stillung des Sturms (Mk 4,35-41)

Den ganzen Tag hatte Jesus am See Genezareth gelehrt (Mk 4,1). Abendstimmung liegt über dem See. Es wird Zeit, die Versammlung aufzulösen, denn bald wird es dunkel. Jesus will noch ans andere Ufer. Die Jünger steigen zu ihm ins Boot. Ein Konvoi von Booten begleitet sie. Man sieht sie förmlich über den ruhigen See gleiten: Meeresstille und glückliche Fahrt. Völlig überraschend fällt der berüchtigte Ostwind von den Bergen und zerstört die Idylle. Vorbei ist es mit der Sicherheit. Er wühlt das Wasser auf und die Wellen schlagen ins Boot. Eben noch fühlten die Jünger sich ganz unbeschwert, jetzt verlieren sie den Boden unter den Füßen. Vier von ihnen sind Fischer. Ihnen müssten solche Situationen eigentlich vertraut sein. Aber auch sie verlieren die Nerven. Nur Jesus beeindruckt das alles nicht. Er hat sich ein Kissen unter den Kopf gelegt und schläft unbekümmert. Markus zeichnet ein Bild der Gegensätze: ruhige See und Sturm, Sicherheit und Gefahr, schlafender Jesus und furchtsame Jünger. Und die beschweren sich: Ist es dir egal, ob wir zu Grunde gehen? Von dir hätten wir eigentlich mehr erwartet! Jesus stoppt den Wind und eine große *Stille* tritt ein, nicht nur eine Windstille. Die Gefahr ist beseitigt. Die Jünger können durchatmen. In das Schweigen fällt Jesu Frage: Warum seid ihr so feige (Luther übersetzt: furchtsam)? Habt ihr keinen Glauben (Luther übersetzt: noch keinen Glauben)? Ihr wart wie gebannt von der Gefahr und unfähig zu handeln. Habt ihr mich nicht gesehen? Und dann habt ihr mir noch vorgeworfen, euch untergehen zu lassen. Im Vertrauen auf mich hättet ihr auch schlafen können. Ich verlasse euch nicht. Wenn ihr mir aber nicht vertraut und mich aus den Augen verliert, dann werdet ihr mit ähnlichen Situationen auch nicht fertig werden. Diese Jüngergeschichte zielt natürlich auf die Leser des Evangeliums. Ihnen sind Glaubenskrisen ja nicht fremd. Sie kennen das Gefühl des Verlassenseins. Markus rät ihnen, nach einer Krise erneut über Jesus nachzudenken und sich zu fragen: Wer ist der? Kann er vielleicht mehr für mich sein, als ich ihm zutraue?

Heilung eines Blindgeborenen (Joh 9,1-7)

Jesus begegnet einem Mann, der seit seiner Geburt blind ist. In seiner Gegenwart lässt Johannes die Jünger eine „dumme" Frage stellen, die die Erzählung vorantreiben soll: „Wer ist schuld an der Krankheit, der Blinde oder seine Eltern?" Mit einer lapidaren Antwort wischt Jesus die Frage einfach weg. Johannes möchte nämlich das Gespräch über den Zusammenhang von Schuld und Blindheit auf einer anderen Ebene diskutieren. Darum lässt er Jesus sagen: Die Werke Gottes sollen an dem Blinden sichtbar werden (Joh 9,3). Johannes ist zurück bei einem seiner Lieblingsthemen*: Die meisten Menschen sehen zwar alles Mögliche, aber nicht das, worauf es ankommt. Deshalb leben sie, obwohl sie ihre Augen benutzen, in der Finsternis. Mit der Blindenheilung zeigt Johannes, dass Jesus sehend machen und dem Blinden ein neues Leben geben kann. Primär geht es ihm aber nicht darum, dass der Blinde seine Umgebung und die Menschen wahrnehmen kann, sondern darum, Jesus, das Licht der Welt, zu sehen. Und seine Leser ruft er auf, sich zu entscheiden: Jesu Zeit war begrenzt und eure ist es auch (Joh 9,4). Wartet nicht bis zur letzten Minute, um euch für das Licht zu entscheiden. Wenn ihr von der Finsternis überrascht werdet, ist es zu spät. Johannes hat seine Leser ermahnt. Nun kann der Blinde geheilt werden. Der bekennt sich aber erst zu Jesus (Joh 9,38), nachdem ihm in den Verhören durch die Vertreter der Finsternis klar geworden ist, dass er auf der richtigen Seite steht (Joh 9,10-18; 24-34).

Bausteine der Unterrichtsreihe

Baustein 1: Menschen begegnen Jesus

Unterrichtsmaterial:

- Helles Tonpapier DIN A2 (aus einem Bogen Querstreifen für drei Kinder schneiden)
- Stifte
- Liedruf „Ich denke an dich" (◎ Track 27/28) **M 15.1**

Unterrichtsschritte:

1. In der Mitte steht die Ritualkerze.
   L: *Wir erinnern uns an Jesus, an das, was wir schon von ihm gehört haben, an das, was Menschen mit ihm erlebt haben.*

   Die Kinder *wiederholen Geschichten,* die sie mit Jesus verbinden und erzählen, wie er mit Menschen umgegangen ist. Als Hilfestellung können folgende *Satzanfänge* dienen: Jesus hilft ... Jesus redet mit ... Jesus kümmert sich ...
   Dazwischen wird der Liedruf: „Ich denke an dich" gesungen. **M 15.1**
2. L: *Einige Geschichten von Menschen, die Jesus begegnet sind, kennen wir schon. In der Bibel gibt es viele davon. Wir lernen in den nächsten Stunden noch andere Geschichten kennen. Um uns auch später noch an besonders wichtige Dinge aus diesen Geschichten erinnern zu können, erstellen wir ein Leporello.*
3. Die Kinder falten aus einem Streifen hellen Tonpapier ein Leporello mit 5 gleichgroßen Seiten. Danach wird die Titelseite mit der Überschrift „Menschen begegnen Jesus" versehen und ausgestaltet.

Baustein 2: Mk 2,1-12: Wer Jesus vertraut, dem wird geholfen

Unterrichtsmaterial:

- Folie von Material: „Frierende Alte", Plastik von Ernst Barlach (Folie 8) **M 15.2**
- Magnete
- Arbeitsblatt: „Bildergeschichte" **M 15.3**
- Geschichte „Heilung des Gelähmten" (Lösung für **M 15.3**) **M 15.4**
- Leporello
- Einzelne Bilder der Bildergeschichte **M 15.3**
- Stifte, Klebstoff
- Bibel-Rap: Menschen begegnen Jesus" (◎ Track 29/30) **M 15.12**

Unterrichtsschritte:

1. L zeigt den Kindern das Bild der Plastik „Frierende Alte". Die Kinder äußern sich spontan zum Bild. **M 15.2**

* Vgl. dazu den theologisch-didaktischen Kommentar zu Joh 8,12 (Kapitel 9, S. 94 f.)

2. L bittet ein Kind, die *Haltung der Frau* auf dem Bild *nachzustellen*. Die anderen Kinder dürfen dabei Hilfestellung leisten. Wenn die entsprechende Haltung gefunden ist, fordert L das Kind auf, zu beschreiben, wie es sich *fühlt*. Dazu kann L auch folgende Tipps geben: *Wie atmest du? Wie fühlt sich dein Rücken an? Kannst du alles um dich herum sehen?*

3. Die anderen Kinder *überlegen*, was ein Mensch, der so sitzt und schaut, *denken* oder *sagen* könnte. Sie verleihen dem „Standbildkind" Sprache: Sie treten hinter das Kind, legen ihm die Hand auf die Schulter und sagen ihren Satz (z. B. „Ich kann mich nicht bewegen." „Ich fühle mich traurig und klein." ...)
   Die Kinder erkennen, dass ein Mensch, der in dieser Haltung sitzt, wie erstarrt, wie gelähmt ist.

4. Im weiteren Verlauf denken die Kinder darüber nach, was diesem Menschen *helfen* könnte. Sie probieren verschiedene Möglichkeiten aus (z. B. sich daneben setzen, in den Arm nehmen, hochziehen ...). Das „Standbildkind" sagt, ob ihm das angenehm oder unangenehm ist.

5. Danach nimmt das „Standbildkind" noch einmal die Bildposition ein, aus der die anderen Kinder es *aufrichten* sollen. Dazu darf immer nur eine Veränderung vorgenommen werden (z. B. den linken Arm lösen, den rechten Arm lösen, ein Bein strecken, die Hand aufstützen etc.).

6. Nun soll das „Standbildkind" noch einmal beschreiben, wie es sich fühlt. Dabei werden die Fragen „Wie atmest du? Wie fühlt sich dein Rücken an? Kannst du alles um dich herum sehen?" wieder aufgenommen.
   Die Kinder erkennen, dass ein Mensch, der so aufgerichtet steht, wie befreit ist.
   Wichtig: Danach wird das Kind mit einer Geste, einer Bemerkung aus seiner Rolle entlassen. L fordert das Kind z. B. auf, sich zu schütteln, und spricht dazu: *Damit schüttelst du deine Rolle ab.* Oder L spricht mit begleitenden Handbewegungen: *Ich streife dir jetzt deine Rolle ab.*

7. L führt mit den Kindern ein *vertiefendes Gespräch* darüber, ob sie selber auch das Gefühl kennen, „wie gelähmt zu sein", und wer dann helfen kann (z. B. Freunde).

8. L teilt das *Arbeitsblatt* „Bildergeschichte" aus. **M 15.3**
   L: *In der Bibel steht eine Geschichte über einen Menschen, der gelähmt war und dem durch seine Freunde und durch Jesus geholfen wurde. Bringt die Bilder und die Textstreifen in eine richtige Reihenfolge. Wer fertig ist, überprüft seine Version mit der Lösung.* **M 15.4**

9. In einem *abschließenden Unterrichtsgespräch* bringen die Kinder das Erlebte und die Geschichte in einen Zusammenhang. Z. B.: „Manchmal ist man so traurig, dann kann man sich gar nicht mehr bewegen. Man sieht auch gar nichts mehr. Man kann sich selbst nicht helfen. Es ist schön, wenn dann jemand kommt und hilft." „Helfen ist ziemlich anstrengend. Für die Freunde war es bestimmt auch schwierig den Gelähmten durch das Dach zu bringen." „Wenn man wieder steht, dann fühlt man sich richtig frei und erlöst. So ging das dem Gelähmten bestimmt auch, nachdem Jesus ihm geholfen hat." „Wenn man Freunden oder Jesus vertraut, dann kann einem geholfen werden."

10. Die Kinder formulieren eine Überschrift für die Geschichte und gestalten mit ihr und einem Bild der Bildergeschichte eine Seite des Leporellos.

11. Die Kinder setzen die Situation der Geschichte in Beziehung zu ihrem eigenen Leben, indem Sie den Satz: „Wenn ich ..., dann erinnere ich mich daran, wie Jesus ..." ergänzen und ihn auf die Leporello-Rückseite schreiben.

12. Abschließend wird Strophe 1 des Bibel-Raps „Menschen begegnen Jesus" gehört oder gesungen. **M 15.12**

Baustein 3: Mk 6,35-44: Wer Jesus vertraut, der hat genug zum Leben

Unterrichtsmaterial:

- Geschichte „Speisung der 5000, Teil 1" **M 15.5**
- Geschichte „Speisung der 5000, Teil 2" **M 15.6**
- Leporello
- Stifte
- Brot (ein kleines Stück)
- Bibel-Rap: „Menschen begegnen Jesus" (◎ Track 29/30) **M 15.12**

Unterrichtsschritte:

1. L gibt den Kindern ein *kleines Stück Brot* mit der Bemerkung, dass jeder sich davon etwas nehmen darf.
   L spricht mit den Kindern darüber, was geschehen ist: Das Stück Brot war klein, trotzdem haben alle etwas davon bekommen (oder eben auch nicht!). Woran hat es gelegen? Die Kinder berichten auch

von eigenen Erfahrungen aus ähnlichen Situationen.

2. L: *In der Bibel gibt es eine Geschichte, die ich euch dazu erzählen möchte.*

   L erzählt den ersten Teil der Geschichte "Speisung der 5000". **M 15.5**

3. L: *Wie könnte die Geschichte weitergehen?*

   Die Kinder überlegen in Gruppen Lösungen und spielen sie als *Stegreifspiel* vor.

4. L erzählt das Ende der Geschichte. Die Kinder *vergleichen* ihre Lösungen mit der biblischen Geschichte. Was ist gleich, was ist unterschiedlich? **M 15.6**

5. Die Kinder spielen die biblische Version der Geschichte noch einmal als *Stegreifspiel* nach.

6. L führt mit den Kindern ein *vertiefendes Gespräch* darüber, was das Besondere an dieser Geschichte ist, indem sie sie mit ihren eigenen Erfahrungen vom Anfang vergleichen. Dabei wird herausgearbeitet: Wenn alle miteinander teilen, dann bekommt jeder genug. Dann reicht es für alle, obwohl nur wenig da ist. Jesus zeigt, dass vieles möglich ist, auch wenn es zuerst unmöglich erscheint.

7. Die Kinder finden eine *Überschrift* für diese Geschichte und gestalten eine weitere Seite des Leporellos.

8. Auf der Rückseite dieser Leporelloseite setzen die Kinder die Situation der Geschichte noch einmal in Beziehung zu ihrem *eigenen Leben,* indem sie den Satz ergänzen: „Wenn ich ..., dann erinnere ich mich daran, wie Jesus ..."

9. Abschließend wird Strophe 2 des Bibel-Raps „Menschen begegnen Jesus" gehört oder gesungen. **M 15.12**

Baustein 4: Mk 4,35-41: Wer Jesus vertraut, der braucht keine Angst zu haben

Unterrichtsmaterial:

- Umrisspüppchen, Schiff und Wellen aus buntem Papier von L vorbereitet nach Vorlage **M 15.7**
- Magnete
- Geschichte „Sturmstillung" **M 15.8**
- Arbeitsblatt „Comic" **M 15.9**
- Leporello
- Faltanleitung Papierschiff **M 15.10**
- Papier zum Falten
- Stifte, Klebstoff
- Bibel-Rap: „Menschen begegnen Jesus" (◎ Track 29/30) **M 15.12**

Unterrichtsschritte:

1. L heftet ein Schiff, Umrisspüppchen und Wellen mit Magneten an die Tafel. **M 15.7**

   L: *In welche Situationen können das Schiff und die Menschen geraten?*

2. Die Kinder stellen an der Tafel unterschiedliche Situationen dar und *erzählen* dazu Geschichten. L führt mit den Kindern ein *vertiefendes Gespräch* über die möglichen Gefühle der Menschen. Die Kinder berichten von Situationen, in denen sie sich ähnlich gefühlt haben (ängstlich, aufgeregt, fröhlich, abenteuerlustig).

3. L *erzählt* den Kindern mit den Hilfsmitteln an der Tafel die Geschichte der Sturmstillung. **M 15.7 + M 15.8**

4. Auf dem *Arbeitsblatt* gestalten die Kinder die Geschichte als Comic, indem sie Sprech-, Denkblasen und Bildunterschriften ergänzen. **M 15.9**

5. L führt mit den Kindern abschließend ein *vertiefendes Unterrichtsgespräch* über die Geschichte, mit dem Ziel herauszuarbeiten: Wer Jesus vertraut, braucht keine Angst zu haben, auch wenn wir manchmal das Gefühl haben, er sieht uns nicht und lässt uns allein.

6. Die Kinder finden eine *Überschrift* für diese Geschichte und gestalten eine weitere Seite des Leporellos, indem sie ein kleines Papierschiff falten und aufkleben. **M 15.10**

7. Auf der Rückseite dieser Leporelloseite setzen die Kinder die Situation der Geschichte noch einmal in Beziehung zu ihrem *eigenen Leben*, indem sie den Satz ergänzen: „Wenn ich ..., dann erinnere ich mich daran, wie Jesus ..."

8. Abschließend wird Strophe 3 des Bibel-Raps „Menschen begegnen Jesus" gehört oder gesungen. **M 15.12**

Baustein 5: Joh 9,1-7: Wer Jesus vertraut, dem gehen die Augen auf

Unterrichtsmaterial:

- Geschichte „Heilung des Blindgeborenen" **M 15.11**
- Leporello
- Stifte
- Bibel-Rap: „Menschen begegnen Jesus" (◉ Track 29/30) **M 15.12**

Unterrichtsschritte:

1. L macht mit den Kindern eine *Übung* zum Thema „Nicht hinsehen wollen". L leitet das Spiel an:
   - Die Kinder werden in zwei Gruppen geteilt (Gruppe A und Gruppe B).
   - Die Kinder der Gruppe A erhalten den Auftrag, zügig im Raum hin- und herzugehen. Sie sollen keinen Augenkontakt aufnehmen und auch niemanden berühren. Sie führen ihren Auftrag aus, egal was Gruppe B tut.
   - Die Kinder der Gruppe B erhalten den Auftrag, sich im Raum verteilt hinzustellen und sich nicht zu bewegen. Nach einiger Zeit fordert L die Gruppe B auf, durch Zeichen die Gruppe A auf sich aufmerksam zu machen. Nach kurzer Zeit gibt L die Anweisung, dass Gruppe B dazu jetzt auch die Kinder der Gruppe A rufen und ansprechen soll.

2. Die Kinder beider Gruppen *beschreiben* kurz, was sie erlebt und wie sie sich gefühlt haben. Danach werden die Rollen getauscht, und es findet ein abschließendes Gespräch über die Erlebnisse und Gefühle statt. Die Kinder *vergleichen* ihre Erfahrungen in den zwei unterschiedlichen Rollen, z. B.: „Wenn man versucht allem auszuweichen, nicht hinzugucken, nichts wahrzunehmen, ist man wie blind." „Wenn wir nicht auf die anderen achten, können oder wollen wir ihnen auch nicht helfen."

3. L *erzählt* die Geschichte „Heilung des Blindgeborenen". **M 15.11**
   Statt der Erzählung kann L auch Teil 4 des Bibel-Raps „Menschen begegnen Jesus" vorspielen. **M 15.12**
   Die Kinder führen ein Gespräch darüber, was Jesus mit dieser Geschichte aussagen will:
   - Jesus öffnet die Augen, damit wir etwas verstehen und wahrnehmen können.
   - Der Blinde in der Geschichte ist ein Beispiel für uns, auch wir sind manchmal wie blind und wollen nicht hinsehen.
   - Jesus möchte, dass wir hinsehen und helfen, wenn jemand Hilfe braucht.

4. Die Kinder finden eine *Überschrift* für diese Geschichte und gestalten eine weitere Seite des Leporellos: Sie malen ein großes Auge auf die Seite und schreiben ihre Überschrift hinein.

5. Auf der Rückseite dieser Leporelloseite setzen die Kinder die Situation der Geschichte noch einmal in Beziehung zu ihrem *eigenen Leben*, indem sie den Satz ergänzen: „Wenn ich ..., dann erinnere ich mich daran, wie Jesus ..."

6. Abschließend wird Strophe 4 des Bibel-Raps „Menschen begegnen Jesus" gehört oder gesungen. **M 15.12**

Ich denke an dich

M 15.1

Text und Melodie: Sepp Faist 27/28

Aus: „Gott ist da! Singt Halleluja!“
© Sepp Faist

„Frierende Alte“, Plastik von Ernst Barlach

M 15.2

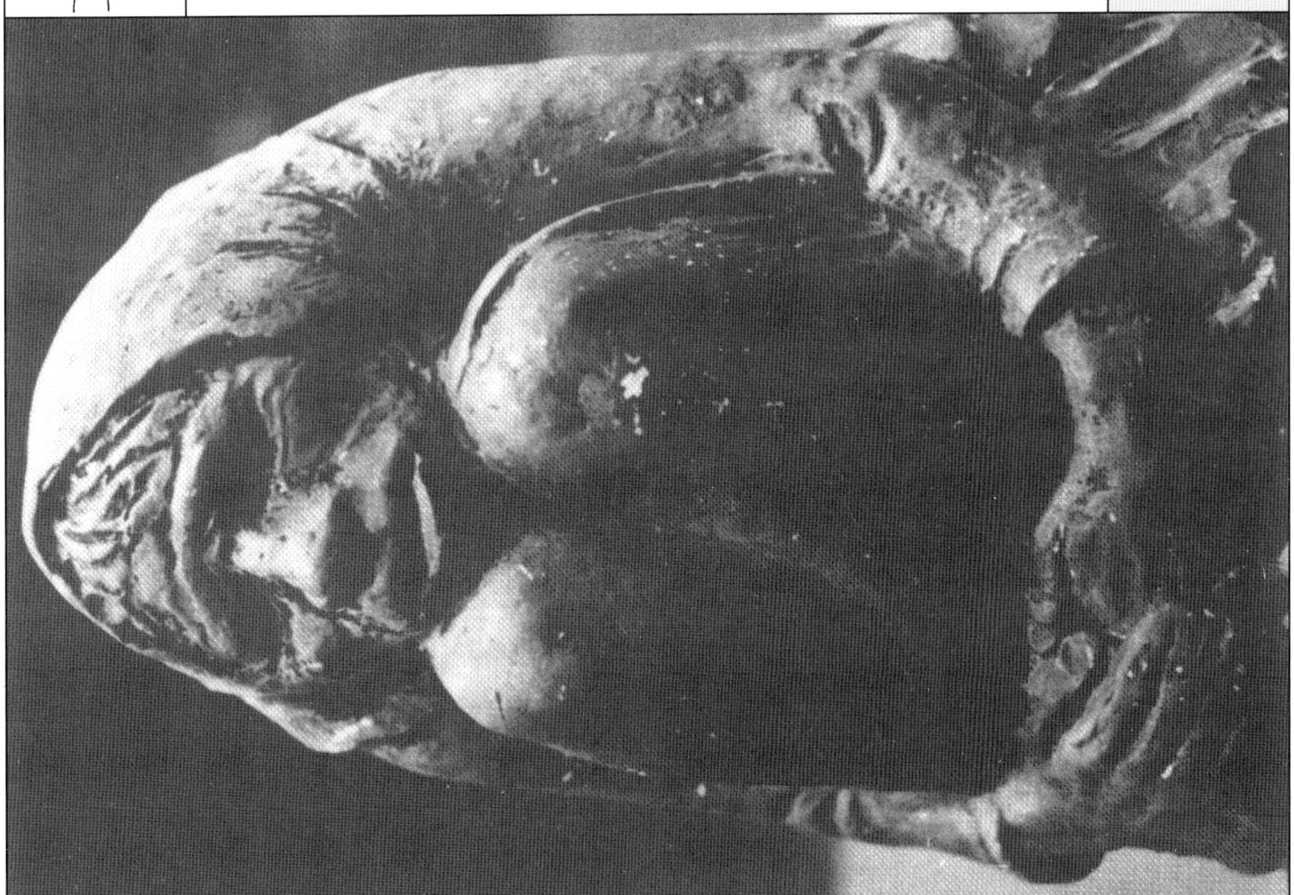

(Folie 8)

Bildergeschichte

M 15.3

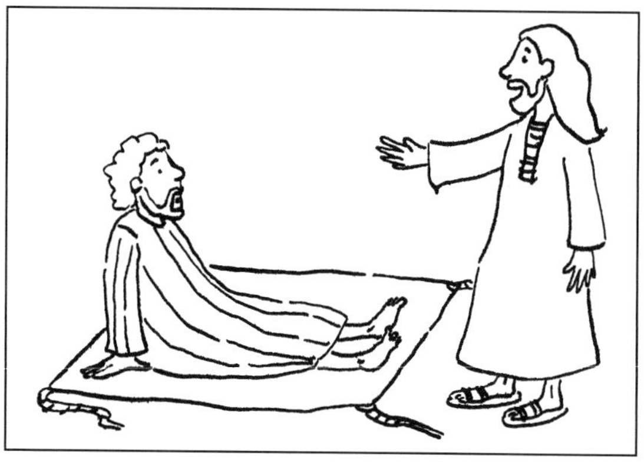

Der Gelähmte nahm seine Trage und verließ das Haus.
Die Menschen staunten: „So etwas haben wir noch nie erlebt."

Jesus sah ihren Glauben und sagte zu dem Gelähmten:
„Steh auf! Deine Fehler sind dir vergeben."
Einige Schriftgelehrte schüttelten den Kopf: „Nur Gott kann Sünden vergeben."
„Ich kann es auch", antwortete Jesus. „Steh auf, nimm deine Trage und geh nach Hause."

Da brachten vier Männer einen Gelähmten.
Wegen der vielen Menschen kamen sie nicht zu Jesus durch.
Deshalb rissen sie das Dach auf.
Sie machten ein Loch für die Trage und ließen sie mit dem Gelähmten hinunter.

Jesus war in Kapernaum.
Es sprach sich schnell herum, in welchem Haus er sich aufhielt.
Das Haus war voll.
Draußen standen die Menschen dicht gedrängt.

Heilung des Gelähmten

M 15.4

Jesus war in Kapernaum.
Es sprach sich schnell herum,
in welchem Haus er sich aufhielt.
Das Haus war voll.
Draußen standen die Menschen dicht gedrängt.

Da brachten vier Männer einen Gelähmten.
Wegen der vielen Menschen kamen sie nicht zu Jesus durch.
Deshalb rissen sie das Dach auf.
Sie machten ein Loch für die Trage und
ließen sie mit dem Gelähmten hinunter.

Jesus sah ihren Glauben und sagte zu dem Gelähmten:
„Steh auf! Deine Fehler sind dir vergeben."
Einige Schriftgelehrte schüttelten den Kopf:
„Nur Gott kann Sünden vergeben."
„Ich kann es auch", antwortete Jesus.
„Steh auf, nimm deine Trage und geh nach Hause."

Der Gelähmte nahm seine Trage und verließ das Haus.
Die Menschen staunten: „So etwas haben wir noch nie erlebt."

Speisung der 5000, Teil 1

M 15.5

Viele Menschen hörten Jesus zu.
Gegen Abend sagten die Jünger:
„Dieser Ort ist abgelegen.
Hier gibt es nichts zu essen.
Schick alle schnell nach Hause.
Dann können sie sich unterwegs noch Brot kaufen."

Aber Jesus antwortete ihnen:
„Gebt ihr ihnen doch etwas zu essen."

„Was? Wir sollen für 200 Denare Brot kaufen?"

Speisung der 5000, Teil 2

M 15.6

„Schaut nach, wie viel Brot noch da ist.“
Die Jünger machten sich auf die Suche:
„Wir haben fünf Brote und zwei Fische gefunden.“

Jesus rief den Menschen zu:
„Setzt euch in Gruppen hin.“
Als alle saßen, nahm er die fünf Brote und die zwei Fische.
Er schaute zum Himmel, sprach den Segen und brach das Brot, das die Jünger verteilten.
Die zwei Fische verteilte Jesus selbst.
Alle hatten etwas zu essen und wurden satt.

Zuletzt wurde das eingesammelt, was übrig geblieben war.
An diesem Tag sind 5000 Menschen satt geworden.

Umrissbilder

M 15.7

Sturmstillung

M 15.8

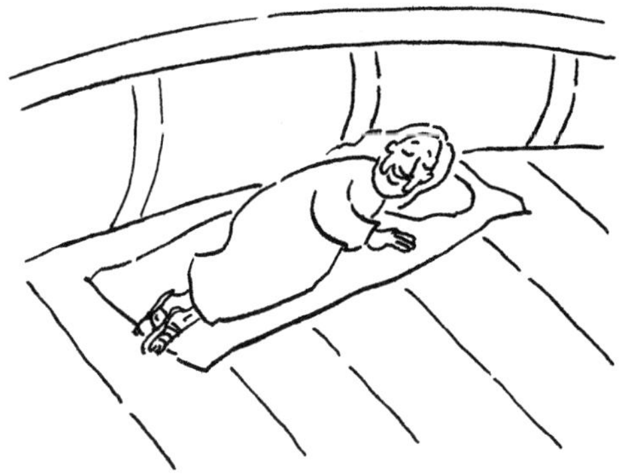

Jesus hatte gepredigt.
Am Abend sagte er:
„Wir wollen ans andere Ufer fahren."
Die Menschen gingen nach Hause.
Jesus stieg in ein Fischerboot.
Ein paar andere Boote waren auch noch da.
Plötzlich kam ein Wirbelsturm.
Die Wellen schlugen ins Boot,
und es stand voll Wasser.
Jesus war hinten im Boot.
Er schlief auf einem Kissen.
Die Jünger weckten ihn:
„Ist es dir egal, ob wir untergehen?"
Jesus stand auf, drohte dem Sturm und sprach zum Meer:
„Schweig und verstumme!"
Der Wind legte sich und es entstand eine große Stille.
Die Jünger fragte er: „Warum seid ihr so feige?
Habt ihr keinen Glauben?"
Sie fürchteten sich sehr und sagten zueinander:
„Wer ist der? Auch Wind und Meer gehorchen ihm."

KOPIERVORLAGE

Comic

M 15.9

Faltanleitung Papierschiff

M 15.10

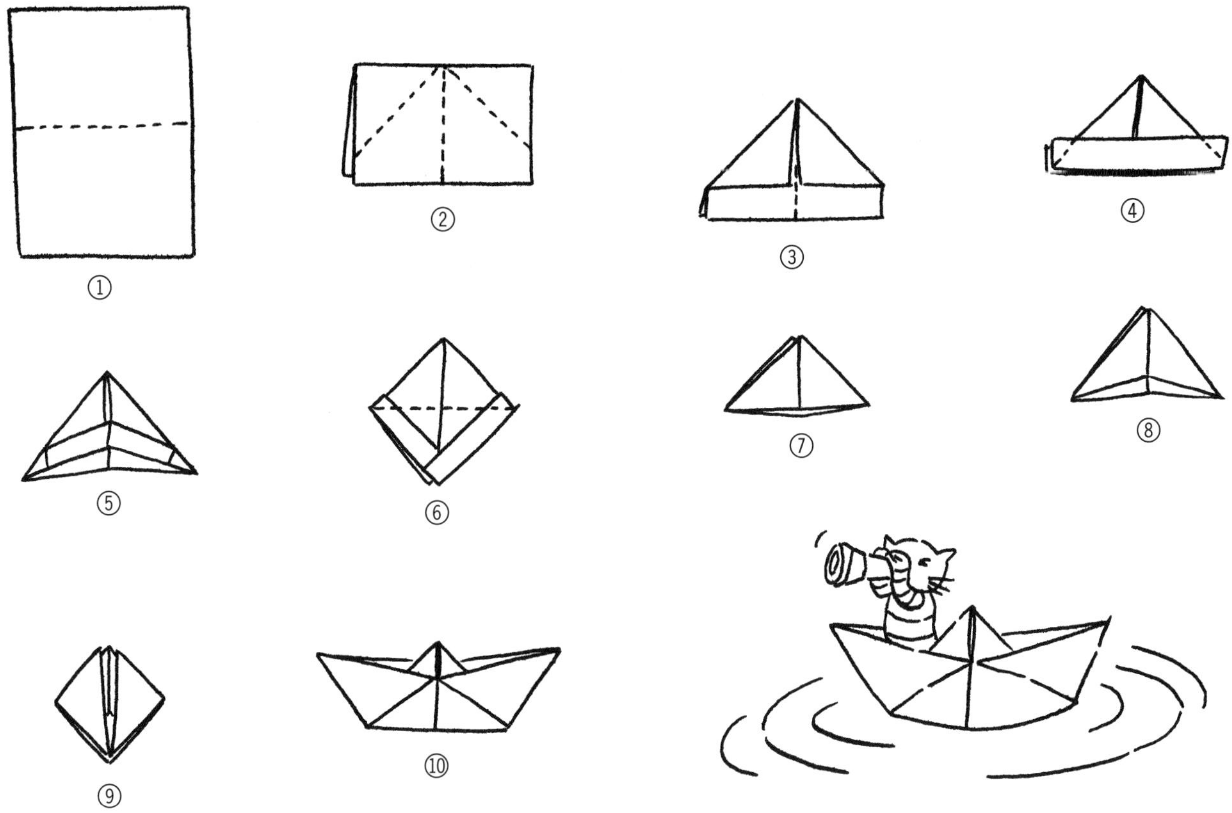

Heilung des Blindgeborenen

M 15.11

Im Vorübergehen sah Jesus einen Menschen, der blind geboren war.
Die Jünger fragten ihn:
„Haben seine Eltern Schuld an seiner Krankheit?“
Jesus antwortete: „Darum geht es nicht.
Er hat keine Schuld und seine Eltern auch nicht.
Ich helfe ihm.
So wie dem Blinden sollen auch euch die Augen aufgehen,
damit ihr seht, was Gott will und was ich tue.“
Dann spuckte er auf die Erde, machte einen Brei
und strich ihn auf die Augen des Blinden.
Danach sagte er zu ihm: „Geh zum Teich Siloah
und wasch dein Gesicht.“
Der Blinde ging zum Teich, wusch sein Gesicht
und kam sehend wieder.

Bibel-Rap: „Menschen begegnen Jesus“

M 15.12

X1–4 sind die vier Schläge eines Vierertakts.
Zum Singen ohne Playback bietet es sich an, bei X1 und X3 mit den Händen auf die Oberschenkel zu schlagen und bei X2 und X4 in die Hände zu klatschen.

Text und Melodie:
Sebastian Schade

◎ 29/30

	X1	X2	X3	X4
Ref.:	**Wer hilft dem**	**Menschen, der**	**krumm ist, zu**	**stehn?**
	Wer gibt dem	**Menschen, der**	**Hunger hat,**	**Brot?**
	Wer schenkt dem	**Menschen, der**	**Angst hat, den**	**Mut?**
	Wer bringt dem	**Menschen, der**	**blind ist, das**	**Licht?**
	Jesus,			**es ist**
	Jesus.			

Strophe 1

Als	Jesus einst	kam nach	Kaperna-	um,
da	sprach es sich	schnell im	Dorf he-	rum.
Und	jeder	wollte ihn aus der	Nähe	sehn.
Da	war das Haus	voll, sie mussten	draußen	stehn.
Nun	brachten	Männer, ich glaub, es	waren	vier,
ihren	gelähmten	Freund, damit er	Hilfe findet	hier.
Es	war alles	voll, und so	stiegen sie aufs	Dach,
	rissen es	auf und alle,	alle riefen:	„Ach,
was	kommt denn	dort von	oben her-	unter?“
Es	war der	Gelähmte, den die	Freunde ließen	runter.
	Jesus	sah, wie sehr sie	an ihn	glaubten.
Wie	sehr sie	ihm im	Herzen ver-	trauten.
So	sprach er	schnell zu dem	Gelähmten	hier:
„All	deine	Fehler die, die	vergebe ich	dir!“
Doch	weil einige	zweifelten, dass	Jesus das	kann,
sprach	Jesus er-	neut zu dem	gelähmten	Mann:
„Steh	auf, nimm deine	Trage und	geh nach	Haus!“
Und	so geht die	Geschichte doch	wirklich gut	aus.

Strophe 2

Viele	Menschen	kamen, hörten	Jesus	zu.
Es	war schon	Abend und die	Sonne ging zur	Ruh.
Da	sprachen die	Jünger: „Jesus,	schick sie nach	Haus.
Der	Ort ist weit	weg, wir	sind zu weit	raus.
Hier	gibt's nichts zu	essen, doch der	Magen	knurrt.
So	lass sie doch	gehen, bevor die	Masse	murrt.“
„Gebt	ihr ihnen zu	essen“, Jesus	einfach	sagte.
Sie	zählten ihr	Geld, und einer	schließlich	fragte:
„Wie	sollen wir	denn damit für	alle Brote	kaufen?
Sie	werden sich	doch nur um die paar	Stücke	raufen!“
	Jesus schickte sie	los, um zu	sehen, was jeder	hat.
Fünf	Brote und zwei	Fische, davon	wird doch keiner	satt.
Doch	Jesus	sprach: „In Gruppen	setzt euch	hin.

Bibel-Rap: „Menschen begegnen Jesus“

M 15.12

	X1	X2	X3	X4
Wa-	rum zweifelt	ihr, wenn ich doch	bei euch	bin?“
Er	schaute zum	Himmel und	sprach den	Segen,
	brach das	Brot, das die	Jünger weiter	geben.
Die	Fische	Jesus aber	selber ver-	teilte,
und	damit er	sie vom	Zweifel	heilte,
denn	5000	Menschen wurden auf	diese Weise	satt.
Echt	keiner	mehr, der noch	wirklich Hunger	hat.

Strophe 3

Am	See Geneza-	reth hatte	Jesus ge-	lehrt,
den	ganzen	Tag und nun war es	nicht ver-	kehrt,
die	Versammlung aufzu-	lösen, die	Dunkelheit brach	an,
da-	mit auch jeder	sicher nach	Hause gehen	kann.
Mit dem	Boot will	Jesus ans	andere	Ufer.
Die	Jünger fahren	mit als	seine	Helfer.
Ein	paar kleine	Boote	begleiten	sie.
Das	Meer war	ruhig, was für eine	Harmo-	nie.
Doch	plötzlich fällt der	Ostwind	über sie	her,
das	Wasser wühlt	auf, die	Wellen wüten	sehr.
Das	Boot, es	tanzt und	schlingert auf und	ab.
Sie	denken schon:	Das Meer wird	unser	Grab.
Sie	suchen	Jesus, als	Retter in der	Not.
Doch	er schläft	ruhig, als würd` er	nicht	bedroht.
Sie	schreien	laut: „Herr, hilf, wir	gehen	unter!“
Doch	er spricht	ruhig, klingt aber	gar nicht	munter.
	„Warum haltet	ihr so wenig von	Gottes	Kraft?
	Glaubt ihr nicht	daran, dass er wieder	Ruhe	schafft?“
Dann	steht er	auf und mit	Wort und	Geste
be-	ruhigt er den	Sturm und es wird	still, ver-	stehste.
Die	Gefahr ist be-	seitigt, die Jünger	atmen	durch.
Sie ver-	stehn: Nur	Glaube führt durch	Angst hin-	durch.
So	fahren sie	weiter, im	Herzen neuen	Mut.
Jesu	Kraft zu er-	leben, das tat ihnen	wirklich	gut.

Strophe 4

Und	Jesus	sah einst einen	jungen	Mann.
Der	war blind ge-	boren und	nicht gut	dran.
Die	Jünger	fragten:	„Wer hat hier ge-	sündigt,
die	Eltern oder	er? Wer	wird be-	schuldigt?“
Doch	Jesus	antwortete	deutlich und	klar:
	„Niemand ist´s,	der hier	schuldig	war,
sondern	Gottes Werk	soll hier	offenbar	werden,
denn	ich bin das	Licht für euch	hier auf	Erden.“
Er	spuckte auf die	Erde, machte	daraus einen	Brei,
schmierte	dies auf blinde	Augen, keine	Schwinde-	lei.
Jesus	sprach zu dem	Blinden: „Geh zum	Teich und	wasch dich.“
So	tat er und	wusch sich, kann	sehen und	freut sich.
Er	geht dann zu-	rück und	kann ver-	stehn,
wer	Jesus ver-	traut, dem werden die	Augen auf-	gehn.

16 Hoffnung wächst – Frieden ist möglich

Thema: Das Gleichnis vom Senfkorn (Lk 13,18.19)

Intention der Unterrichtsreihe

Erkennen, dass das Reich Gottes auf der Welt schon angebrochen ist, wenn Menschen so handeln, wie Jesus es vorgelebt hat.

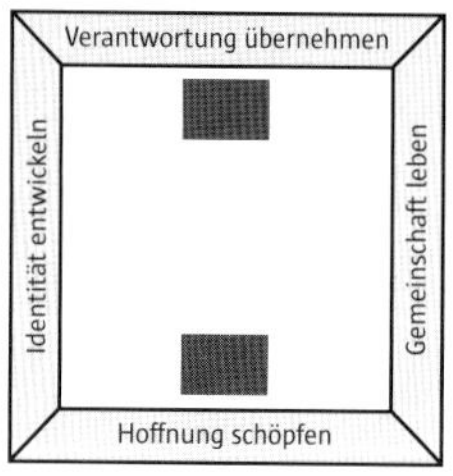

3–4 Std.

Kompetenzerwartung:

Die Schüler deuten die Reden Jesu als Veranschaulichung des anbrechenden Gottesreiches.

Theologisch-didaktischer Kommentar

Text (Lk 13,18.19)

18 *Er aber sprach: Wem gleicht das Reich Gottes, und womit soll ich`s vergleichen?*
19 *Es gleicht einem Senfkorn, das ein Mensch nahm und in seinen Garten säte; und es wuchs und wurde ein Baum, und die Vögel des Himmels wohnten in seinen Zweigen.*

Gerade hat Jesus eine Frau geheilt und den Menschen einen Vorgeschmack vom Reich Gottes gegeben. Und das Volk freut sich über seine herrlichen Taten (Lk 13,17). Er aber denkt darüber nach, wie er das Reich Gottes definieren soll und sucht ein passendes Bild dafür (Lk 13,18). Das Gleichnis vom Senfkorn beschreibt keinen weltbewegenden Vorgang: Aus einem kleinen Senfkorn wächst ein Baum, in dem Vögel wohnen. Was muss daran groß erklärt werden? Vielleicht haben die Hörer über das Gleichnis gelächelt, als Jesus es ihnen vortrug. Ein ausgewachsener Senfstrauch ist mit seinen zwei Meter fünfzig doch kein Baum. Eine 40 oder 50 Meter hohe Zeder dagegen, die kann man als Baum bezeichnen. Handelt es sich bei der Einordnung der Senfstaude als Baum um eine bewusst eingesetzte Ironie? Ja, so ist es mit dem Reich Gottes, es hat zwar angefangen, aber größer als zwei Meter fünfzig ist es noch nicht geworden. Und übrigens, es verzichtet auf alle Zeichen der Größe, denn ein Senfstrauch wird nun mal nicht viel größer. Ein Gleichnis wird ja nicht in den leeren Raum hinein erzählt. Nehmen wir einmal an, dass es Leuten aus Jesu Umgebung mit der wunderbaren Vision vom Reich Gottes viel zu langsam geht. Sie sagen: Jesus, wo stehen wir mit deinem Konzept? Du heilst, hilfst und predigst. Und mit der Heilung der gekrümmten Frau (Lk 13,12) hast du bewiesen, wie ernst es dir damit ist. Aber die raue Wirklichkeit spricht gegen die schnelle Verwirklichung des Gottesreichs. Dein Einsatz ist leider nur ein Tropfen auf den heißen Stein. Wann kommt endlich der große Durchbruch? Jesus versteht die Ungeduld. Aber er nimmt den Jüngern die Arbeit nicht ab, den Gleichnissatz zu entschlüsseln: Die Entwicklung braucht Zeit und geschieht in kleinen Schritten. Warum habt ihr kein Vertrauen und seid so ergebnisfixiert? Gebt nicht auf, denn Gott ist mit euch auf dem Weg. Freut euch an dem, was schon erreicht ist. Ein paar Vögel sitzen ja schon im Baum. Ungeduld und das Argumentieren mit der rauen Wirklichkeit sind der Tod jeder Vision. Und erinnert euch an eins: Nur Gott kann sein Reich herbeiführen.

Es bietet sich an, die Unterrichtseinheit 16 „Das Gleichnis vom Senfkorn“ direkt an Kapitel 15 anzuschließen, da der Inhalt der Jesusgeschichten, die in Baustein 2 zur Erarbeitung herangezogen werden, bei den Kindern noch sehr präsent sind.

Für den dargestellten Einstieg ist es wichtig, dass den Kindern das Vaterunser* bekannt ist, weil von der Bitte „Dein Reich komme.“ ausgegangen wird. Eine weitere Vernetzung geschieht durch das Lied „Da berühren sich Himmel und Erde“.**

** vgl. Kapitel 13, S. 124 ff.
** vgl. Kapitel 14, S. 138

Bausteine der Unterrichtsreihe

Baustein 1: Wie sieht das Reich Gottes aus?

Unterrichtsmaterial:

- Ritualkerze
- großes Tuch, kleines buntes Tuch oder Blatt Papier
- laminierte Satzteile des Vaterunser **M 13.1**
- weiße Blätter
- Malstifte
- Lied: „Da berühren sich Himmel und Erde" (◎ Track 25/26) **M 14.1**

Unterrichtsschritte:

1. Die Kinder und L sitzen im Kreis um eine *gestaltete Mitte:*
   Auf einem Tuch steht die Ritualkerze. Die laminierten Satzstreifen des Vaterunsers liegen um die Kerze herum. **M 13.1**
   Alle sprechen gemeinsam das *Vaterunser*. Danach wird die Bitte „Dein Reich komme." auf ein kleines, buntes Tuch oder ein buntes Blatt gelegt und so besonders hervorgehoben.

2. Die Kinder äußern ihre *Erinnerungen* an diese Bitte. L kann auch auf das Poster im Klassenraum verweisen.*
   Die Kinder formulieren möglicherweise Sätze wie:
   – In Gottes Reich achten wir aufeinander.
   – In Gottes Reich gibt es keinen Streit.
   – In Gottes Reich verzeihen wir einander.

3. Anschließend *malen* die Kinder ein Bild, wie sie sich das Reich Gottes vorstellen und *schreiben* einen kurzen Text dazu.

4. Mithilfe der Bilder arbeitet L in einem *Gespräch* mit den Kindern heraus,
   – dass das Reich Gottes einer Welt gleicht, in der wir gerne leben würden.
   – dass die Menschen manchmal so handeln, dass vom Reich Gottes schon etwas sichtbar ist.
   – dass wir immer auch die Erfahrung machen, dass Menschen es nicht schaffen, miteinander so umzugehen, wie es dem Handeln im Reich Gottes entspricht.
   L sammelt die Bilder ein, um daran in Baustein 2 anknüpfen zu können.

5. Lied: „Da berühren sich Himmel und Erde" **M 14.1**

Baustein 2: Das Gleichnis vom Senfkorn

Unterrichtsmaterial:

- Lied: „Da berühren sich Himmel und Erde" (◎ Track 25/26) **M 14.1**
- Bilder der Kinder aus Baustein 1
- Erzählung Lk 13,18.19
- Senfkörner
- Folie von Material: „Bild einer Senfstaude" (Folie 9) **M 16.1**
- Informationstext **M 16.2**
- buntes Tonpapier
- Anleitung Wasserblume **M 16.3**
- Stifte, Scheren
- brauner und grüner Tonkarton für den von L vorzubereitenden Baum
- meditative Musik (◎ Track 31)

Unterrichtsschritte:

1. Die Kinder *wiederholen* mithilfe ihrer Bilder die Ergebnisse aus Baustein 1. Dazu wird das Lied „Da berühren sich Himmel und Erde" gesungen. **M 14.1**

2. L: *Wir haben schon viele Geschichten von Jesus gehört.*

   Die Kinder wiederholen ihnen bekannte Geschichten.

   L: *Einmal wurde Jesus von seinen Zuhörern gefragt:*
   „Womit kann man das Reich Gottes vergleichen?"
   Da erzählte er ihnen folgende Geschichte.

   L erzählt das Gleichnis vom Senfkorn (Lk 13,18.19).

3. L gibt jedem Kind ein Senfkorn in die Hand. Die Kinder äußern sich dazu:
   – Es ist winzig klein.
   – Man muss gut aufpassen, dass man es nicht verliert.
   – Es muss gut gepflegt werden, damit es wachsen kann.

4. L zeigt ein Bild einer Senfstaude und gibt Informationen dazu. **M 16.1 + M 16.2**

5. Das anschließende *Gespräch* nimmt die Frage auf, warum Jesus die Frage mit dieser Geschichte beantwortet und nicht mit Sätzen wie die in Baustein 1

* vgl. Kapitel 13, S. 126, Karte 3 und das erstellte Klassenposter

erarbeiteten. Die Kinder stellen fest, dass das Gleichnis erzählt, wie sich das Reich Gottes entwickelt und dass das nur möglich ist, wenn Menschen so handeln, wie Jesus es vorgelebt hat.

6. L erinnert an die Jesusgeschichten.
Die Kinder wiederholen, wie das Verhalten Jesu in den Geschichten beschrieben wird.

L: *Jesus hat durch sein Tun gezeigt, wie wunderbar es im Reich Gottes sein kann, und hat einen winzigen Samen wie vom Senfkorn in unsere Welt, unsere Gedanken, in unser Herz eingepflanzt.*
Wir können dafür sorgen, dass er wächst.

Die Kinder erinnern sich an ihre Leporellos aus Kapitel 15:
– Das Reich Gottes beginnt, wenn wir Menschen aus ihrer Lähmung befreien.
– Das Reich Gottes beginnt, wenn wir traurige Menschen trösten.
– Das Reich Gottes beginnt, wenn wir miteinander teilen. Etc.

7. L zeigt den Kindern eine zusammengefaltete Blüte, die so rund wie ein Samenkorn ist. Diese Blüte kann sich entfalten, wenn sie „genährt" wird.

8. Die Kinder basteln eine Blüte, schreiben einen „Reich-Gottes-Satz" darauf und falten die Blütenblätter nach innen. **M 16.3**

9. Die Blüten werden auf ein mit Wasser gefülltes Gefäß (Tablett) gesetzt. Nach kurzer Zeit öffnen sich die Blüten. Zu meditativer Musik lesen die Kinder ihren Satz vor. ◎ **Track 31**

10. Wenn die Blüten getrocknet sind, werden sie an einen gemalten oder aus Tonpapier gefertigten Hoffnungsbaum geklebt.

11. Zum Abschluss wird noch einmal das Lied: „Da berühren sich Himmel und Erde" gesungen. **M 14.1**

Tipp:

Es bietet sich bei dieser Unterrichtseinheit an, ein aktuelles Projekt zu unterstützen, das z. B. den „Frieden" fördert.

© Thomas Schoepke

Senfkorn

Das Samenkorn des Schwarzen Senfs, einer einjährigen Pflanze mit holzigem Stamm, die sehr schnell aufschießt und eine Höhe von 2,5–3 m erreicht. Dieser „Baum" ist ein beliebter Aufenthalt der Distel- und Goldfinken, die seine ölhaltigen Samenkörner besonders gern fressen (Mt 13,3 f.). Die zerquetschten Senfkörner und das daraus gewonnene Öl werden auch medizinisch verwendet. Die geringe Größe des Senfkorns (0,95–1,1 mm Durchmesser) ist sprichwörtlich und wird von Jesus im Gleichnis vom werdenden Gottesreich verwendet, das kaum bemerkt und unscheinbar seinen Anfang nimmt und doch eine Dynamik und eine Wachstumskraft entfaltet, die seine Ausbreitung in alle Welt vorantreibt.

* Der Text ist aus: Rienecker/Maier 2000, Spalte 1476

Anleitung Wasserblume

M 16.3

Material:

– Buntes Tonpapier
– Schere
– Stift

Anleitung:

Schneide die Blume aus.
Schneide die Blütenblätter bis zur gestrichelten Linie ein.
Knicke sie anschließend nach innen um.

Schreibe in den Blütenboden einen Satz zum Reich Gottes.

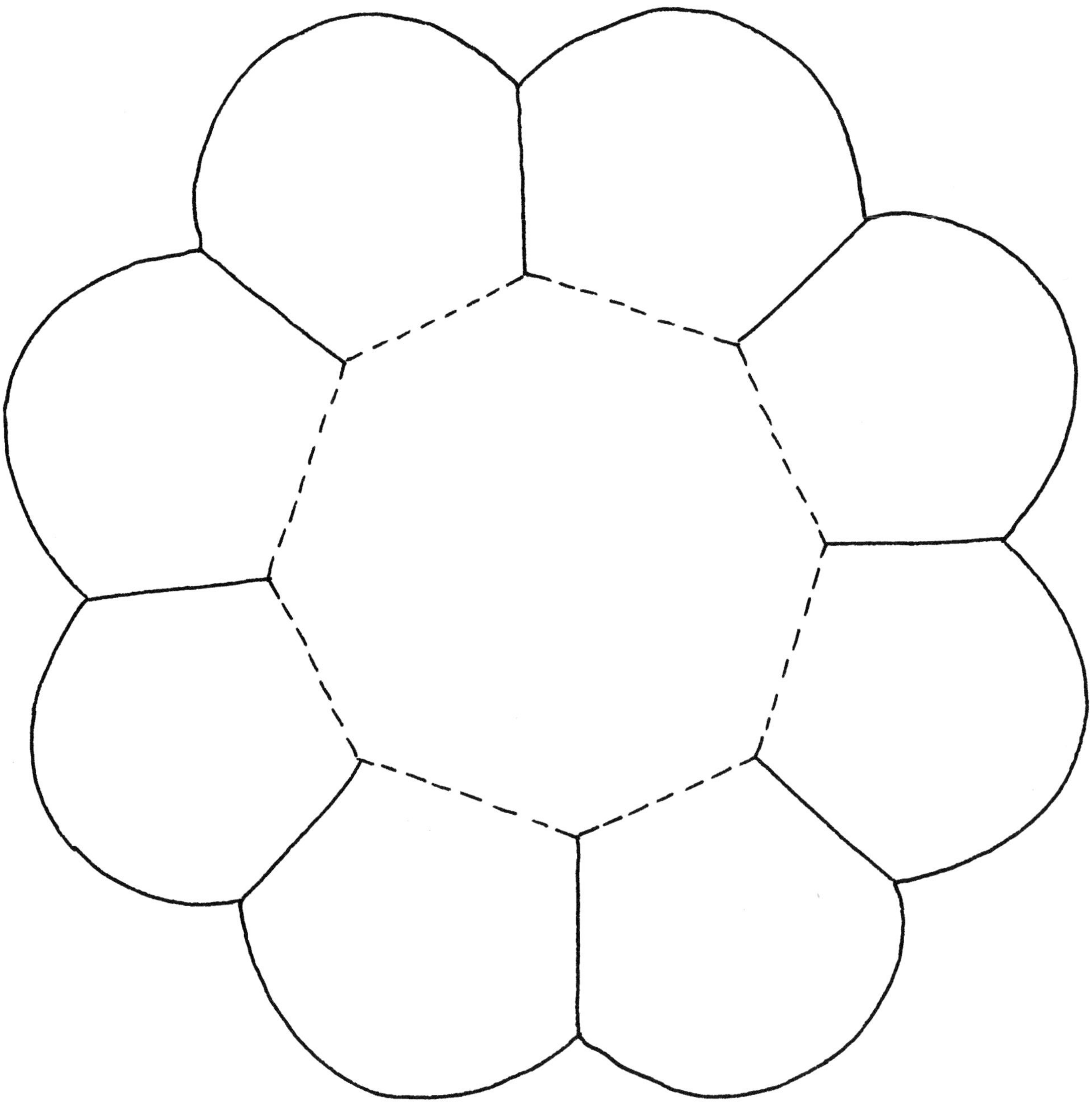

ÜBERSICHT ÜBER DIE BEGLEITMATERIALIEN

Lieder, meditative Stücke/CD-Liste

Track	Titel	Material	Str./Wdh.	Dauer
	Reden mit Gott – fragen nach Gott			
1.	***Du bist da, wo Menschen leben*** T/M: Detlev Jöcker	**(📖 M 1.8)**	**5**	**1:44**
2.	(Playback)		5	**1:44**
	Gott als Schöpfer			
3.	***Siehe da, es war gut*** T: 1. Mose 1,1 ff./M: Volker Ochs	**(📖 M 2.9)**	**2**	**1:14**
4.	(Playback)		2	**1:14**
5.	***Laudato si*** T: nach Franz von Assisi/M: mündlich überliefert	**(📖 M 2.10)**	**6**	**3:44**
6.	(Playback)		6	**3:44**
	Gott rettet und befreit sein Volk – Mose und Mirjam			
7.	***Hört auf Gott*** T: Rolf Krenzer/M: Ludger Edelkötter	**(📖 M 3.10)**	**3**	**3:27**
8.	(Playback)		3	**3:27**
	Weihnachten – Gott wird Mensch – Gottes Licht ist in der Welt			
9.	***Lied zum Licht*** T/M: Franz Kett	**(📖 M 5.2)**	**3**	**1:46**
10.	(Playback)		3	**1:46**
11.	***Seht, die gute Zeit ist nah*** T/M: Friedrich Walz	**(📖 M 5.6)**	**1**	**0:38**
12.	(Playback)		1	**0:38**
	Gottes Name als Versprechen			
13.	***Vertraut mir doch*** T/M: Sebastian Schade	**(📖 M 6.2)**	**1**	**1:54**
14.	(Playback)		1	**1:54**
	Begegnung mit Judentum, Christentum und Islam			
15.	***Ich weiß von dir*** T: Micaela Röse/M: Sebastian Schade	**(📖 M 7.6)**	**4**	**1:30**
16.	(Playback)		4	**1:30**
	Begegnung mit Judentum, Christentum und Islam			
17.	***Danklied „Dayenu“*** T/M: traditionell	**(📖 M 8.5)**	**3**	**2:08**
18.	(Playback)		3	2:08

Track	Titel	Material	Str./Wdh.	Dauer
	Auferstehung – Christus, Licht der Welt			
19.	***Christus, dein Licht*** T/M: Jacques Berthier (1923–1994)	**(📖 M 9.4)**	**2**	**1:57**
20.	(Playback)		2	**1:57**
	Gott bewahrt vor dem Verlorengehen			
21.	***Der Herr ist mein Hirte*** T: Psalm 23/M: Sebsatian Schade	**(📖 M 11.3)**	**1**	**2:03**
22.	(Playback)		1	**2:03**
	Reden mit Gott – fragen nach Gott			
23.	***Halleluja*** T/M: mündlich überliefert	**(📖 M 13.12)**	**5**	**3:00**
24.	(Playback)		5	**3:00**
	Gott vergibt – wir können vergeben			
25.	***Da berühren sich Himmel und Erde*** T: Thomas Laubach/M: Christoph Lehmann	**(📖 M 14.1)**	**3**	**2:00**
26.	(Playback)		3	**2:00**
	Aufgerichtet werden, Leben aus der Fülle ...			
27.	***Ich denke an dich*** T/M: Sepp Faist	**(📖 M 15.1)**	**6**	**2:04**
28.	(Playback)		6	**2:04**
29.	***Bibel-Rap „Menschen begegnen Jesus“*** T/M: Sebastian Schade	**(📖 M 15.12)**	**4**	**5:06**
30.	(Playback)		4	**5:06**
	Hoffnung wächst, Frieden ist möglich			
25.	***Da berühren sich Himmel und Erde*** T: Thomas Laubach/M: Christoph Lehmann	**(📖 M 14.1)**	**3**	**2:00**
26.	(Playback)		3	**2:00**
	Meditative Stücke			
31.	**Meditation 1** M: Sebastian Schade	**(📖 Kap. 16)**		**3:34**
32.	**Meditation 2** M: Sebastian Schade			**2:59**

Materialien für Folien/Foliensatz

Materialien/Folien	Material-Nr.
Gott als Schöpfer	
1. Das Universum	M 2.1
Gott rettet und befreit sein Volk – Mose und Mirjam	
2. Israel und Ägypten zur Zeit des AT	M 3.2
Weihnachten – Gott wird Mensch – Gottes Licht ist in der Welt	
3. Anbetung der Hirten	M 5.7
Gottes Name als Versprechen	
4. Gottes Nähe und Größe erfahren	M 6.4
Reden mit Gott – fragen nach Gott	
5. Faden durch den Wald	M 10.1
6. Auf dem Friedhof	M 10.2
7. Eis essen	M 10.3
Aufgerichtet werden, Leben aus der Fülle, getröstet ...	
8. Frierende Alte	M 15.2
Hoffnung wächst – Frieden ist möglich	
9. Senfstaude	M 16.1

QUELLEN

Soweit nicht anders angegeben, stammen die Texte von den Autorinnen und Autoren des Buches und die Abbildungen von der Illustratorin Wibke Brandes und dem Mediendesigner Carsten Jensen.

Textquellen

M 7.4: Leo N. Tolstoj (1910): Welcher Gott ist der wahre Gottt?

Bildquellen

M 2.1: NASA: Weltkugel
M 5.7: Rembrandt: Anbetung der Hirten
M 6.4: Sr. Katarina Kraus: Gottes Nähe und Größe erfahren.
Aus: Die Massai-Bibel. Chr. Belser AG für Verlagsgeschäfte & Co. KG
M 10.1–M 10.3: Aus: Heike Ellermann: Der rote Faden. Lappan Verlag GmbH
M 15.2: Ernst Barlach: Frierende Alte
© Ernst Barlach Lizenzverwaltung, Ratzeburg
M 16.1: W.D.J. Koch: Brassica nigra
© Thomas Schoepke, www.plant-pictures.de

LITERATUR

BERGER, Klaus: Am Anfang war Johannes. 2. Aufl., Gütersloh 2003

BIERITZ, Karl-Heinrich: Das Kirchenjahr. München 1987

BIESINGER, Albert; BRAUN, Gerhard: Gott in Farben sehen. München 1995, S.81

BULTMANN, Rudolf: Das Evangelium des Johannes. Göttingen 1952

EVANGELISCHES GESANGBUCH. Ausgabe für die Evangelische Kirche im Rheinland die Evangelische Kirche von Westfalen die Lippische Landeskirche. Gütersloh 1995

EVERDING, Willi: Von Advent bis Zuckerfest. 2. Aufl. Bielefeld 1997

FISCHEDICK, Heribert: Von einem, der auszog, das Leben zu lernen. Glaube und Selbstwerdung. München 1987

GUNNEWEG, Antonius: Geschichte Israels. 6. Aufl. Stuttgart/Berlin/Köln 1989

GOETHE, J. W. von: Die wahlverwandschaften Teil 2, Kapitel 2. Werke Band 6: Romane und Novellen 1. Textkritisch durchgesehen von Erich Trunz, kommentiert von Erich Trunz und Benno von Wiese. München 1981

HÄRING, Hermann: Gebet. In: Drehsen, Volker u.a.: Wörterbuch des Christentum. Gütersloh/Zürich 1988

JANOWSKI, Bernd: Klage II. Biblisch. In: Betz, Hans Dieter (Hrsg.) u.a.: Religion in Geschichte und Gegenwart. Handwörterbuch für Theologie und Religionswissenschaft, Band 4. 4. Aufl., Tübingen 2001

KAST, Verena: Trauern. 2. neugestaltete Auflage Stuttgart 1999

KEEL, Othmar: Die Welt der altorientalischen Bildsymbolik und das Alte Testament. 4. Aufl. Zürich/Einsiedeln/Köln 1984

KEEL, Othmar: Erwägungen zum Sitz im Leben des vormosaischen Passa und zur Ethymologie von pasach. (Im Original hebräisch geschrieben). ZAW 84

KISHON, Ephraim: Chamsin und Silberrausch. in: Drehn Sie sich um, Frau Lot. Bergisch-Gladbach 2003

NOTH, Martin: Das 2. Buch Mose, Exodus. 7. Aufl. Göttingen 1984

PÖTZSCH, Arno: Du kannst nicht tiefer fallen ... In: Evangelisches Kirchengesangbuch. Ausgabe für die Evangelische Kirche im Rheinland, die Evangelische Kirche in Westfalen, die Lippische Landeskirche. Gütersloh 1995, Lied 533

RIENECKER, Fritz; MAIER, Gerhard: Lexikon zur Bibel. Wuppertal 2002

STAUBLI, Thomas: Begleiter durch das Erste Testament. 3. Aufl. Düsseldorf 2003

TRIBLE, Phyllis: Bringing Miriam out of the shadow. In: Brenner, Athalya: A feminist companion to Exodus and Deuteronomy. Sheffield 1994

WEIMAR, Peter; ZENGER, Erich: Exodus, Geschichten und Geschichte der Befreiung Israels. Stutt garter Bibelstudien 75. Stuttgart 1975

WESTERMANN, Claus: Genesis, Kommentar Altes Testament, 1. Teilband: Genesis 1–11. 3. Aufl. Neukirchen–Vluyn 1983

ZENGER, Erich: Gottes Bogen in den Wolken. Stuttgart 1983

ZINK, Jörg: Dia Bücherei Christliche Kunst. Eschbach 1981